MANUEL

DES DAMES,

OU

L'ART DE L'ÉLÉGANCE,

SOUS LE RAPPORT DE LA TOILETTE, DES HONNEURS
DE LA MAISON, DES PLAISIRS, DES OCCUPATIONS
AGRÉABLES ;

Par Mme CELNART.

SECONDE ÉDITION,

REVUE, CORRIGÉE, AUGMENTÉE ET ORNÉE DE FIGURES.

Paris,

A LA LIBRAIRIE ENCYCLOPÉDIQUE DE RORET;

RUE HAUTEFEUILLE, N° 10 bis.

1833.

MANUEL

DES DAMES,

ou

L'ART DE L'ÉLÉGANCE.

PRÉFACE.

Lorsque je publiai le *Manuel des Dames*, j'avais spécialement en vue de réhabiliter l'art de la toilette, de la montrer également salutaire sous le rapport de l'économie, de l'hygiène, de la morale. Ce principe, si vrai, si sage, et que je conserve religieusement, a eu ses inconvéniens, comme toutes les choses trop exclusives: il a produit de longs détails sur des soins trop minutieux, sur des travaux arides et peu utiles ; il a donné à cet ouvrage une allure bourgeoise, mesquine ; il l'a privé de ce parfum de grâce et d'agrément que supposait naturellement un pareil sujet. Que voulez-vous ? Je venais de feuilleter les *arts de plaire*, les *livres de beauté*, et autres évangiles de courtisane, et je ne croyais jamais faire assez pour n'être pas confondue avec leurs auteurs.

L'ouvrage que j'ajoute à la collection des Manuels, disais-je alors, se distingue essentiellement de tous ces livres consacrés à la toilette et à la conservation de la beauté. Toute femme sensée les dédaigne avec raison. En effet, ces préceptes vétilleux, dont l'observation exigerait l'oubli des soins domestiques comme des travaux intellectuels ; cet examen inconvenant de toutes les parties du corps, pour lesquelles ils osent indiquer des moyens d'embellissement, doivent faire laisser de pareils ouvrages aux coquettes de profes-

sion. Mais, si ce mépris est justement déversé
sur des indications ridicules ou immorales, il
n'est pas moins vrai qu'une femme doit se
soigner, se conserver, s'embellir autant qu'il
est possible, sans nuire à sa fortune, blesser
la morale ou altérer sa santé; elle peut même,
en cela, les servir puissamment, puisque
l'ordre, la propreté, l'hygiène, un travail
fructueux, sont les bases des soins qu'elle
consacre à sa personne; puisque c'est dans le
but de plaire à son époux, de donner de
bonnes habitudes à sa famille, d'épargner,
sans avarice, les frais de son entretien. Des
avantages inférieurs, mais désirables encore,
se joignent à ces intéressans motifs: faire valoir ses agrémens, prévenir favorablement les
gens par le bon goût de sa mise et la grâce de
son maintien; jouir du charme de la société,
où l'on ne se plaît qu'autant qu'on sait y plaire;
pouvoir, dans l'occasion, se permettre une dépense imprévue, grâce à l'économie que l'on se
sera procurée en soignant et réparant ses effets.

Ces observations subsistent, et dans toute
leur force; mais, libre aujourd'hui de la préoc-
cupation causée par de misérables lectures, je
veux, s'il est possible, restituer à ce Manuel
la poésie de l'élégance.

Je l'ai divisé en six différentes parties. Dans
la première, considérant la toilette sous le
rapport de l'ordre et de la santé, je traite de
la manière d'entretenir les cheveux, les dents,
le teint, la peau, la taille, les mains, etc. Je
m'occupe ensuite de prouver l'absurdité, l'im-
minent danger des fards et des cosmétiques en

général ; j'indique ceux que l'on peut employer sans danger ; j'indique la règle à suivre dans l'emploi des parfums. Je donne le moyen de guérir les petits accidens qui nuisent à la beauté, comme boutons, hâle, rousseurs, pellicules farineuses, points noirs ou tannes, verrues, cors, petites envies des doigts, et quelques autres. Je propose de bonnes habitudes hygiéniques, source unique de beauté et de fraîcheur. Dans la seconde partie, j'envisage la toilette sous le double point de vue de convenance et d'élégance. Il s'agit donc spécialement de longs détails sur l'ordre et la propreté qui doivent présider aux soins de la toilette ; de l'art de se coiffer, lacer, chausser agréablement. La troisième partie a pour objet le choix des vêtemens, selon l'heure, la saison, les circonstances ; de la manière de se parer pour un bal, une assemblée, une promenade ordinaire, un repas du matin ou du soir ; du *négligé* ou *demi-négligé :* du choix des garnitures et de la forme des robes habillées ou non habillées ; de la différence de parures entre les dames et les demoiselles ; des rapports des parures et des couleurs avec l'âge, la taille, le caractère de la figure, la teinte des cheveux ; du choix à faire dans les modes, afin de n'en être ni trop près, ni trop loin ; des moyens de porter convenablement le deuil, selon l'usage ; enfin, des soins à prendre pour se bien tenir, et avoir un maintien, une démarche et des gestes convenables.

Quant à la quatrième section, elle regarde principalement la partie économique de l'élégance. En traitant de la conservation, de la réparation des effets, des moyens éprouvés pour enlever les taches, elle répond à ce besoin d'utilité que nos mœurs ont rendu accessoire de l'agréable.

L'importante influence de l'élégance sur le logement, sur le mobilier, sur la manière dont une maîtresse de maison doit en faire les honneurs, manquait dans la première édition, et fait dans celle-ci la cinquième partie.

Enfin, la sixième partie est à la fois consacrée aux plaisirs, aux voyages, aux jolis travaux dont les dames s'occupent en société. Les Manuels *de la bonne compagnie, des demoiselles* restreignent nécessairement cet appendice qui, néanmoins, me semble le complément des conseils de l'élégance : et, maintenant, j'offre aux lectrices le parfum de cette aimable fleur de la civilisation, sans trop craindre qu'en mon ouvrage ce parfum incertain, éphémère, ne suffise point pour me faire pardonner de lourds et prosaïques détails.

Le caractère de nos dames me promet un bon accueil; car, quoi qu'en disent quelques détracteurs du sexe, les jeunes femmes de notre époque ne sont point coquettes dans la flétrissante acception de ce mot : elles veulent plaire, sans doute, mais par des moyens innocens et dans des motifs honorables. En prenant soin de leur personne, en s'efforçant de l'embellir, c'est un hommage qu'elles rendent à la sainteté du mariage. Les temples les plus vénérés ne sont-ils pas ornés de fleurs?

MANUEL

DES DAMES.

PREMIÈRE PARTIE.

CHAPITRE I.

CONSERVATION DES CHEVEUX.

Commençons, mesdames, notre cours de coquetterie en toute sûreté de conscience. Le désir de plaire est innocent en soi, et même il est très-louable chez une femme mariée, qui doit faire sa principale occupation de se rendre agréable à son époux. Sans nul doute, le soin de sa personne ne saurait, sans être blâmable, la porter à négliger la culture de son esprit, la surveillance de sa maison, l'éducation de ses enfans; mais il doit marcher avec ces importans devoirs; mais il doit y mettre le sceau. Une personne active, soigneuse, et point trop dissipée, sans être sédentaire, peut aisément fournir à tout cela. Les femmes les plus estimables seraient bien fâchées de n'être qu'estimées de leur mari; donc il faut qu'elles s'efforcent d'exciter, de nourrir un sentiment plus doux. L'abandon, l'infidélité que déplorent tant d'épouses, tiennent souvent à leur négligence d'elles-mêmes. Qui peut calculer les suites d'un premier dégoût? Vous vous présentez constamment propre, soignée, sous un aspect avantageux, à votre futur, dont les yeux prévenus vous admirent sans cesse, et vous êtes mal tenue, en désordre, auprès d'un époux que la possession, l'habitude, désenchantent de jour en jour. Les soins que vous prenez de temps en temps de votre toilette pour paraître dans le monde rendent encore plus désagréable et plus criante votre négligence habituelle; car vous accordez aux convenances, à la vanité peut-être, ce que vous refusez à l'amour. N'imitons point, mesdames, ce mélange discordant de désordre et de recherche : soyons d'une propreté constante, minutieuse; car la propreté embellit la laideur, comme la malpropreté enlaidit les plus heureux charmes. Donnons ce qu'il convient au rang, à la jeunesse, aux occasions de paraître, mais, autant qu'il se peut, soyons moins brillantes dans le monde, et plus joliment mises chez nous. Conservons-nous, parons-nous, pour celui dont nous devons soigner les plaisirs comme accomplir le bonheur. Un si respectable motif doit (si l'on peut s'exprimer ainsi) sanctifier notre toilette, et en proscrire sévèrement toute dépense inutile, tout fard, toute indécence. Je ne crains point d'avancer un sophisme en disant que la coquetterie ainsi pratiquée est une vertu, et que les moralistes nous diraient de bon cœur : Allons, mesdames, soyez coquettes. Soyons-le donc, et d'abord occupons-nous de nos cheveux.

Seconder, soigner la nature, ne point prétendre à la forcer, voilà tout l'art de la toilette. Cette réflexion, que nous aurons lieu de rappeler dans tout le cours de cet ouvrage, s'applique principalement aux cheveux, ornement naturel et précieux sans lequel les plus riches, les plus élégantes parures sont sans agrément. On peut les cultiver, les préserver d'accidens divers, les réparer même, quand leur couleur, leur nature sont défavorables, et que des causes physiques ou morales en ont déterminé la chute. Mais autant leur culture et leur préservation sont faciles et sûres, autant leur réparation est difficile, longue, dangereuse, et quelquefois même impossible. C'est donc une nouvelle raison d'user de soins préservateurs.

La propreté est l'âme de la toilette comme de la

santé. Votre soin principal doit être de tenir votre
chevelure extrêmement propre. Pour cela, il faut,
to s les matins, avant d'arranger vos cheveux, les démêler avec un *démêloir* que vous tirerez bien en droite
ligne et d'aplomb, afin de ne pas les casser. S'ils sont
très-longs et très-épais, il faudra les séparer en deux
ou trois parties, et les peigner séparément. Cette pratique est surtout indispensable quand un peigne plus
fin succède au démêloir. Quand les cheveux sont bien
nettoyés avec ces deux sortes de peigne, on les frotte
avec une brosse carrée, à manche, dont les crins sont
très-doux, ou mieux encore sont remplacés par de
fines racines de riz.

De plus, il faut, de temps en temps, passer les cheveux au peigne très-fin d'ivoire. Quand ils ne sont pas
d'une nature graisseuse, et qu'ils ont beaucoup de
longueur, il suffit d'employer ce peigne tous les quinze
jours ou trois semaines. Dans le cas contraire, on doit
se servir du peigne d'ivoire tous les huit, ou les quatre
jours. Quand les cheveux sont naturellement couverts
d'une espèce de farine pelliculeuse, il est urgent de
les peigner à l'ivoire tous les jours, et pendant dix
minutes au moins.

Vient ensuite l'arrangement des cheveux, dont nous
nous occuperons plus tard. Nous nous bornerons à
dire, quant à présent, que, dans l'économie de la coiffure, il faut éviter, autant que possible, de passer les
cheveux au fer, et de les créper en les battant avec le
peigne; car l'une de ces pratiques les dessèche, et
l'autre les tord, les crispe, et leur enlève tout leur
brillant. Si on les lie avec un cordon, il ne faut pas
trop le serrer, ni le prendre en laine, de peur de les
user insensiblement. Il est bon aussi de prendre garde
de n'en point tourner ni nouer quelques-uns avec le
cordon, ce qui les casse, fait souffrir, et, par-dessus
le marché, empêche la coiffure de lisser convenablement. On ne doit jamais non plus les relever avec un
peigne à dents d'acier, parce que ce métal en brise
le tissu.

Le soir venu, vous déferez bien délicatement votre
coiffure, en ôtant d'abord toutes les épingles noires
qui peuvent s'y trouver, en secouant les mèches de

cheveux à mesure que vous les détacherez. Ces précautions sont surtout utiles quand on a été coiffée par
un coiffeur. Les mèches détachées, vous les démêlez
bien, et les nattez proprement; car jamais il ne faut
se coucher avec des cheveux mêlés et non fixés par
une natte. Rien ne les détériore plus que cette négligence, qui, au reste, est une très-grande malpropreté; car la chevelure repousse le bonnet, s'en
échappe, et tombe roulée et mêlée horriblement sur
l'oreiller, qu'elle salit : elle cause, outre ces désagrémens, de vives démangeaisons à la tête. Je sais bien
que, dans l'habitude de la vie, il n'est aucune jeune
dame qui se néglige à ce point; mais, dans le temps
des bals, des assemblées, où l'on rentre tard, on se
décoiffe, on se couche à la hâte, et tous les accidens
que je viens de décrire ont lieu, au grand dommage
de la chevelure.

Quand vous sortez du bal, ou de tout autre lieu où
la poussière a dû couvrir vos cheveux, après les avoir
détachés et démêlés, essuyez-les bien avec une serviette très-sèche, et, dès le lendemain, passez-les au
peigne d'ivoire. Si vous avez la bonne habitude de
vous occuper du soin du ménage, couvrez vos cheveux quand vous serez à la cuisine, parce que la
fumée les ternit.

Dans la saison du froid et de l'humidité, taponnez-
les de temps en temps avec un linge chaud : taponn-
nez-les aussi d'un linge, mais non chauffé, lorsqu'en
été ils sont baignés de sueur.

Enfin, pour donner de la force à vos cheveux, les
empêcher de s'effiler, de devenir crochus, de pâlir à
leur extrémité, prenez la bonne habitude d'en couper
tous les quinze jours un demi-pouce environ par le
bout. La nature reparera bien au-delà cette perte.
Si vous aviez long-temps négligé cette pratique, et
que vos cheveux fussent inégaux, il faudrait les couper
carrément, même lorsqu'à certaines mèches vous en
retrancheriez près de trois pouces. Vos cheveux s'al-
longeront tous ensemble, seront toujours égaux, prendront à leur extrémité une teinte analogue au reste de
la chevelure, se débarrasseront de ces vilains crochets qui les partageaient par le bout, et si leur na-

ture est de friser, ils formeront de belles boucles égales. De plus, étant relevés sur le sommet de la tête,
ils cesseront de produire dans votre coiffure un côté
bombé et un côté plat, ou de vous faire une natte
épaisse à sa naissance, et terminée comme une queue
de rat. On appelle cela *rafraîchir* les cheveux.

Je suis sûre que ces soins importans, et qui sont en
grande partie l'art de conserver les cheveux, ne paraî-
tront à beaucoup de mes lectrices que d'insignifians
préliminaires, habituées qu'elles sont à entendre van-
ter par les innombrables, les prétentieux *prospectus*
des coiffeurs et parfumeurs, l'efficacité de mille
cosmétiques. Mais, quand j'aurai ôté de cette masse
tout ce qu'il y a de superflu, de pernicieux; quand
j'aurai surtout effacé les noms pompeux, et montré
combien, en certains cas, il convient d'user avec sobriété, même des meilleures pommades, j'aurai
prouvé à-peu-près que l'emploi des cosmétiques n'est
qu'accessoire pour la conservation des cheveux.

Il est bon de se servir de pommade fine, ou de ces
huiles dites *antiques*, légèrement parfumées, mais encore faut-il avoir égard à la saison, à la nature des
cheveux, au degré de transpiration qui s'exhale de la
tête.

En hiver, il vaut mieux se servir de l'huile antique
que de la pommade; parce que les cheveux, alors sé-
chés et comme roidis par le froid, ont besoin d'être
humectés d'un liquide légèrement gras qui leur
donne de la souplesse. En été, au contraire, les
cheveux mouillés insensiblement par la sueur ont
besoin de pommade, mais de très-peu, et même,
pour beaucoup de chevelures, il est préférable de
s'en abstenir. Par les temps humides et pluvieux,
l'huile et la pommade employées seules et en quantité,
sont bien plus nuisibles qu'utiles, en ce qu'elles contribuent encore à rendre les cheveux incapables de supporter la frisure. Cet inconvénient de l'humidité est
avec raison une vive contrariété pour les dames: car,
malgré tous les soins possibles, il leur donne l'apparence de la malpropreté. Pour y remédier, elles ont
recours au fer, et préparent ainsi la chute de leurs
cheveux. Plusieurs personnes sont dans l'usage de

faire dissoudre un peu de gomme arabique dans quelques gouttes d'eau, de mouiller les doigts de cette dissolution, et d'en humecter les boucles de cheveux. Afin de tirer tout le parti possible de cette méthode, il faut, dès que la boucle est ainsi collée, la peigner légèrement, et la repasser entre les doigts secs, pour qu'elle n'offre pas ensuite une désagréable roideur : lorsqu'elle sera à demi-sèche, on pourra y mettre un peu de pommade, pour empêcher les cheveux de paraître ternis.

Tout cela est bien du travail, aussi conseillerai-je à celles de mes lectrices qui ont beaucoup d'occupations, ou dont, en tout temps, les cheveux refusent de tenir la frisure, de porter *un tour en cheveux frisés.* Il va sans dire qu'il doit être parfaitement assorti à la chevelure, et qu'on ne le met point lorsqu'on est coiffée en cheveux, ou que l'on a à faire toilette. On s'en sert chez soi, sous un bonnet, un berret; on le porte sous un chapeau pour sortir sans cérémonie : de ce temps-là, les boucles de cheveux, roulées et retenues au moyen d'une épingle noire bien courte, placée transversalement au milieu, ou d'une petite lame de plomb, demeurant sur le tour plus ou moins de temps. prennent enfin solidement les contours de la frisure. Cette méthode est bonne à mettre en pratique en toute saison, les jours que l'on doit aller au bal; parce qu'on ne saurait trop s'attacher à ce que les boucles tiennent comme il faut. Quelques dames laissent sous le tour leurs cheveux dans les papillottes; il suffit d'annoncer cet usage pour le condamner : en effet, le papier paraît à travers les cheveux, met un intervalle désagréable entre le tour et le front, et l'idée de la négligence actuelle s'unit à celle de la coquetterie à venir. Point de cela, n'est-ce pas, mesdames; nous voulons, avant tout, paraître avantageusement aux yeux de nos maris, et nous montrer toujours soignées dans la maison. On pense bien, d'après ces avis, que je crierais *haro* contre les papillottes, les plombs seuls, ou les épingles qui retiennent les boucles; mais cette négligence serait d'un si mauvais ton, que je n'en soupçonne même pas mes aimables lectrices.

La nature des cheveux commande encore plus impérieusement que la saison l'emploi de telle substance à l'exclusion de telle autre : elle en règle aussi la quantité. Effectivement, il ne faut qu'y songer ; les cheveux secs, rudes, qui ont la propriété de se hérisser, veulent beaucoup plus de matière graisseuse que des cheveux qui naturellement en sont enduits. Ainsi, de l'huile, et beaucoup d'huile convient à ces cheveux ingrats, tandis que les autres demandent à peine d'être légèrement frottés de temps en temps avec une parcelle de pommade étendue dans la main. Les cheveux gras jusqu'à en être aplatis, refusent non-seulement l'huile et la pommade, mais encore ils veulent être souvent lavés avec une petite dissolution de savon préparé. Nous nous occuperons de ce moyen de conserver les cheveux quand nous aurons épuisé l'article des pommades.

De quelques substances graisseuses que vous vous serviez, huile ou pommade, prenez-les toujours très-fines, fraîches, pas trop épaisses, et légèrement parfumées. Les odeurs fortes, telles que le musc, l'ambre, la fleur d'orange, la tubéreuse, et autres semblables, doivent être entièrement proscrites. Les parfums suaves et doux de l'héliotrope, de la rose, du narcisse, etc., sont mille fois préférables, à moins que vous ne consommiez que très-peu ; car ces odeurs délicates se perdent ou du moins s'affaiblissent avec le temps : alors les huiles et pommades au jasmin, à l'œillet, à la vanille, conviennent principalement : elles sont un intermédiaire entre ces derniers parfums et les premiers, qu'il faut vous interdire complétement. De fréquentes migraines, un malaise nerveux, quoique inaperçu à cause de l'habitude, une notable diminution d'incarnat, et le désagrément de paraître prétentieuse et coquette, voilà les fruits que vous en retireriez.

Lorsqu'en hiver les huiles se figent, et que les pommades se durcissent, il ne faut point s'en servir en cet état, mais attendre qu'une douce chaleur leur ait rendu leur mollesse et leur liquidité. La méthode de les présenter au feu les rancit ; plongez-les plutôt dans l'eau tiède dont vous devez vous servir pour votre toilette. Ayez, en été, la précaution de les tenir dans un endroit frais, surtout les pommades; parce que la chaleur les rend désagréablement liquides.

Lorsque, par leur nature, où par l'emploi prolongé ou exagéré des huiles et pommades, les cheveux sont gras au point d'être ternes, compactes, plats, il faut recourir aux lotions savonneuses. Ayez une demi-tasse d'eau tiède, versez-la dans une soucoupe, puis trempez dans cette eau, pendant quelques instants, du savon de toilette très-légèrement parfumé : agitez-le un peu, bientôt l'eau sera écumeuse; alors vous écarterez bien les mèches de vos cheveux, et avec une éponge humectée de l'eau savonneuse, vous les laverez bien de tous côtés : si, pendant l'opération, l'eau vient à se refroidir, vous la réchaufferez jusqu'au degré de tiédeur. Les cheveux parfaitement nettoyés, vous essuierez bien la tête avec des linges un peu chauffés, puis vous la brosserez à plusieurs reprises avec la brosse de riz. Dans l'été, on peut se servir de linges non chauffés, et même d'eau fraîche, surtout lorsqu'on en a l'habitude ; mais il vaudra toujours mieux faire un peu tiédir l'eau au soleil : cette pratique sera plus ou moins fréquente, selon l'espèce de la chevelure. Les cheveux blonds, qui sont rarement graisseux, et dont la finesse et la douceur préviennent l'emploi des pommades, sont ceux de tous qui doivent être lavés plus rarement.

Gardez-vous bien de remplacer le léger alcali du savon par quelques liqueurs spiritueuses, telles que : l'eau de Cologne, l'eau-de-vie de lavande, etc. Ces spiritueux sèchent les cheveux, les corrodent, et contribuent à les faire promptement rompre ou tomber. Ne vous servez d'eau-de-vie sur la tête que dans deux cas seulement; voici le premier : Quand le peigne qui relève vos cheveux, comprimant trop la partie où il pose, l'aura blessée, écartez les cheveux, et frottez la place avec une éponge ou un nouet de linge imbibé d'eau-de-vie; la douleur, qui est ordinairement fort vive, disparaîtra en peu de temps. Je dirai plus tard quel est le second cas.

Emploi du jaune d'œuf pour dégraisser les cheveux.

Voici un moyen bien facile pour dégraisser la chevelure. Il s'agit de prendre un jaune d'œuf cru, d'en humecter la main, de la passer sur les cheveux à plusieurs reprises, puis de les peigner au peigné fin. On sait que le jaune d'œuf absorbe les taches graisseuses sur les étoffes.

Usage de la poudre d'iris de Florence pour le même objet.

Les moyens précédens sont tous utiles; mais le suivant leur est bien préférable sous le rapport de la commodité et de l'agrément. Depuis la première édition de ce Manuel, j'en fais la constante expérience, en me promettant de le recommander.

Quand vous remarquerez que vos cheveux sont un peu graisseux, le soir, avant de vous coucher, vous les écarterez bien sur les épaules, et vous les poudrerez de poudre d'iris de Florence extrêmement fine. Vous vous servirez, à cet effet, de la *houppe de Cygne* à poudrer. Cette poudre absorbante agira pendant la nuit, et le lendemain matin vous l'enleverez avec le peigne fin, à moins que votre chevelure ne soit très-graisseuse; car alors il faudrait attendre encore au surlendemain. Comme la poudre d'iris est jaune clair, elle laisse un peu de cette teinte sur les cheveux; mais, quand on s'est peignée ensuite deux ou trois fois, la seule trace qu'il en reste est une délicieuse odeur.

Cette poudre se vend, chez les pharmaciens, à raison de 20 centimes l'once, et chez les parfumeurs, beaucoup plus cher. En boîtes de quatre onces, prises à la douzaine et coûtant 12 francs, elle revient par conséquent à 25 cent. l'once.

MM. Dissey et Piver, parfumeurs, rue St.-Martin, n° 111, à Paris, qui la vendent ainsi en gros, débitent aussi, mais à meilleur marché, du *son préparé et parfumé* pour dégraisser les cheveux. J'ignore s'il offre autant d'avantage que l'iris.

Les cheveux poussent quelquefois d'une manière bizarre : tantôt ils s'avancent sur le milieu du front, en toupet, tantôt ils descendent le long des oreilles, en manière de *favoris*, comme aux hommes; tantôt aussi ils s'étendent sur la nuque, où ils forment une sorte de collet. Tous ces accidens ont un effet désagréable et ridicule. Couper ces cheveux, les rend plus

2

épais et plus forts, les arracher est impossible; les épiler est dangereux. Toutes les préparations cosmétiques, pour la dépilation, que les charlatans prônent et qu'ils vendent fort cher, ont pour tout résultat de vous rendre dupes, à moins cependant qu'elles n'attaquent le tissu de la peau, ce qu'elles font ordinairement. Les meilleurs dépilatoires, au reste, n'ont qu'un succès temporaire : au bout d'un certain temps le poil renaît. Le fameux *rusma* des Orientaux, si fort en usage dans les harems, n'a pas un effet différent.

Voici la manière de le composer, telle que la donne le *Dictionnaire des Sciences médicales,* au mot *dépilation,* par Cadet de Gassicourt.

Rusma dépilatoire des Orientaux.

On prend deux onces de chaux vive, on la mêle avec une demi-once d'orpiment ou réalgar (sulfure d'arsenic); on les fait bouillir dans une livre de lessive alcaline assez forte; pour l'essayer, on y plonge une plume, et, lorsque les barbes tombent, le *rusma* est convenablement préparé : on en frotte les parties velues dont on veut détruire les poils; on les lave ensuite avec de l'eau chaude. Ce dépilatoire est d'une grande causticité, il attaque souvent le tissu de la peau en même temps que les poils : on ne doit donc l'appliquer qu'avec la plus grande circonspection.

Pour diminuer l'énergie de cette composition, l'on se contente de mélanger la chaux et l'orpiment, et de les humecter d'eau tiède au moment de s'en servir. C'est vraisemblablement la *crème parisienne épilatoire* (1) en poudre impalpable. Je me suis servie de cette composition pour dégager le front : elle enlève bien les cheveux, mais ils reparaissent au bout d'une dizaine de jours. Je conseille de ne pas réitérer l'application plus de trois fois; parce qu'alors la peau éprouve une vive cuisson et se déchire quelque peu. Cependant, si on veut absolument se dépiler, on fera bien d'en remettre dès que les cheveux reparaîtront;

---

(1) Elle se vend 2 fr. la boîte, chez Tohogue, rue Saint-Honoré, n° 82, à Paris.

ce caustique les abat comme un rasoir. Les personnes blondes y trouveront plus d'avantages ; parce que ce dépilatoire, en rasant les poils, n'ôte pas la petite nuance qui reste après leur chute, comme celle de la barbe paraît chez les hommes bruns. Voici la manière de s'en servir :

Crème parisienne épilatoire.

Mettez quelques pincées de cette composition dans un petit vase, tel qu'un coquetier, une cuiller à bouche (pourvu qu'elle soit en bois), ou bien une très-petite soucoupe : versez dessus quelques gouttes d'eau tiède ; délayez en consistance de bouillie un peu épaisse, et appliquez-la sur les endroits que vous voulez épiler. Laissez-la de cinq à huit minutes ; humectez-la avec un peu d'eau tiède ; puis enlevez-la humide, et légèrement, avec la pointe d'un couteau : lavez ensuite avec une éponge imbibée d'eau tiède, essuyez doucement en évitant de frotter.

Il faut toujours laisser un intervalle de vingt-quatre heures d'une application à l'autre.

Revenons au *rusma* que les Arabes et les Persans nomment *nouret, nure, nuret*. Plusieurs personnes y ajoutent de l'axonge, et en font une pommade qu'elles colorent et parfument ensuite à volonté. Voyons comment on s'en sert dans les harems de Turquie. On varie les proportions du mélange suivant l'âge des personnes qui doivent s'en servir, la nature de leur peau, et la couleur de leurs cheveux ; tantôt on met une once d'orpiment sur huit onces de chaux vive, tantôt deux onces d'orpiment sur douze onces de chaux, quelquefois trois onces d'orpiment sur quinze onces de cette dernière substance : ce troisième mélange est le plus actif. Pour en tempérer la dangereuse causticité, on y ajoute un huitième d'amidon ou de farine de seigle ; on en forme une pâte avec un peu d'eau tiède ; on l'applique sur les endroits velus, et on l'y laisse séjourner pendant quelques minutes : on a soin de l'humecter un peu afin qu'il ne sèche pas trop promptement, et l'on essaie si le poil se détache aisément et sans résistance ; ordinairement il semble brûlé, alors l'opération est faite. Il ne faut jamais employer le *rusma*

qu'en petite quantité ; car autrement il pourrait déterminer une dangereuse inflammation de la peau.

La crème épilatoire dont j'ai parlé ne produit nulle
fâcheuse impression sur la peau, quand son application n'est pas continuelle. Avant d'apposer les dépilatoires, il est bon de couper les cheveux que l'on veut
abattre, afin qu'il produise plus d'effet. Quelque temps
après l'application, il faut porter sur la partie dépilée
une bandelette de laine, afin d'user le poil à mesure
qu'il reparaîtra. On la met, pendant la nuit, sous le
bandeau : afin que cette bandelette ne soit pas en
contact avec les autres cheveux, sur lesquels elle agirait aussi ; elle ne s'étendra que sur l'endroit dépilé,
et s'attachera au moyen de deux rubans de fil : cette
bandelette n'entraîne aucun inconvénient, mais le résultat en est d'une lenteur extrême. On peut encore
employer avec succès deux compositions dont je don-
nerai la recette dans le chapitre des cosmétiques.

Les trochisques d'arsenic, l'onguent de chaux vive
de Mynsicht, le sulfure de baryte, qu'on réduit en liniment, avec une suffisante quantité d'eau, sont encore des dépilatoires que l'on peut recommander, sauf
à prendre, en les employant, de très-grandes précautions. Quant au suc de persil, d'acacia, de tithymale
mêlé d'huile, à la gomme de cerisier dissoute dans
l'eau, aux œufs de fourmis, et autres semblables, on
doit sourire et les laisser-là.

Mais, tandis que quelques dames déplorent ce luxe
de chevelure, et s'exposent à de graves accidens pour
le faire passer, d'autres se consument en efforts pour
arrêter la chute rapide de leurs cheveux, pour les ramener de nouveau sur leur tête dégarnie. Cette disgrâce naturelle, nommée *alopécie*, vient ordinairement à la suite des grandes maladies, ou lorsqu'on a
laissé mêler long-temps ses cheveux sans les peigner,
comme pendant une fluxion, un érysipèle à la
face, une couche, pendant lesquels on n'ose point,
—par excès de précaution, se découvrir la tête. Sans
doute, *le corps vaut mieux que le vêtement*, et s'il fallait
opter entre la conservation de la chevelure et la guérison, il n'y aurait pas à balancer. Mais, dans le cas de
ces maladies non dangereuses, on fera fort bien de

faire, de temps en temps, démêler ses cheveux, en se plaçant commodément pour cela, sans sortir de son lit. Quand on sera peignée, on pourra se frotter, et se taponner la tête avec des linges chauds, puis se recoiffer bien vite. Par cette pratique, on évitera à-la-fois une insupportable démangeaison, la vive souffrance qu'il faut subir pour débrouiller les cheveux mêlés, et enfin la chute totale ou partielle de ce précieux ornement. Les grandes chaleurs sont encore funestes aux cheveux; aussi, dès le commencement de l'été, faut-il redoubler de soin, de propreté; faut-il multiplier les lotions savonneuses, et *rafraîchir* souvent les cheveux.

Lorsque, malgré toutes les précautions, les cheveux continuent de tomber en grande quantité, il faut faire son sacrifice : les couper ou les faire raser; car autrement on s'exposerait à n'avoir à l'avenir qu'une chevelure inégale, clair-semée, effilée, au lieu qu'avec ce moyen extrême, on est sûre de se voir, au bout de quelques années, une chevelure magnifique, plus épaisse et plus belle qu'auparavant. Dès le premier mois, on voit déjà croître un duvet serré qui confirme cette espérance. On peut accélérer son accroissement en trempant du savon de toilette dans un peu d'eau-de-vie, et en s'en frottant bien la tête le soir en se couchant : quand les cheveux seront un peu longs, il faudra bien les écarter, afin que cette dissolution de savon pénètre jusqu'à la racine. Je sais que beaucoup de gens condamneront ce procédé, mais j'en ai fait l'expérience. Les graisses humaines, la moelle de bœuf, que la cupidité, la routine, ou le charlatanisme prônent avec tant d'ardeur, n'ont pas plus d'efficacité que la pommade ordinaire, ou toute autre substance graisseuse : vous ferez bien de mettre alternativement la pommade et le savon. Vous pourrez encore faire usage de l'*huile pour faire pousser les cheveux* et de *la pommade canadienne.* (*Voyez* chapitre *des Cosmétiques.*)

Quand on peut encore espérer de conserver ses cheveux, et que leur chute diminue graduellement, il faut, en les rafraîchissant souvent, user du remède précédent. Mais, lorsqu'ils tombent tous en masse, sans que de nouveaux poils reviennent à mesure aux endroits dégarnis les premiers, les bulbes ont péri, rien ne saurait les ranimer, et l'on reste entièrement chauve. Cette chute complète des cheveux, nommée *calvitie*, est beaucoup plus rare chez les femmes que chez les hommes; néanmoins, dans les deux sexes, les maladies aiguës, les veilles prolongées, l'abus du café, une conduite irrégulière, produisent également ce fâcheux état. Lorsqu'il est décidé, ne cherchez plus de remèdes. Une perruque bien faite et bien assortie est le seul palliatif.

Mais, aujourd'hui, une perruque est presque une honte, tandis que, pour nos mères, c'était un ornement! N'examinons pas le préjugé de part et d'autre; nous aurons plutôt fait d'indiquer les moyens de dissimuler la malencontreuse coiffure.

Le premier et, dit-on, l'un des meilleurs, est de s'adresser au sieur Vallon, coiffeur à Paris, qui, en 1819, prit un brevet d'invention pour une *perruque mecanique à tulle chevelu*. Les élastiques en cuivre y sont avantageusement remplacés par un petit mécanisme à ressort et à bouton, placé convenablement après la perruque et se cachant par l'oreille droite.

On désigne, par le nom d'*implanté*, un nouveau genre de perruque qui rend exactement la disposition des cheveux sur la tête, de telle sorte que le peu de chair qui paraît vers la racine de la chevelure se trouve parfaitement imité. *L'implanté* est plus ou moins bien fait, suivant que les *passées* de cheveux dans le taffetas sont plus ou moins fines. Quand la *passée* est d'un seul cheveu, que d'ailleurs la perruque est faite avec goût, et, pour ainsi dire, naturelle, à force d'exactitude, elle ne peut se distinguer de la véritable chevelure. Si l'on transpire à la tête, il faut nécessairement avoir deux perruques pour faire sécher l'une ou l'autre. (Voyez le *Manuel du coiffeur*.)

On se trouve également obligé de porter perruque la première année de la croissance des cheveux, à moins que l'on n'ait toujours un bonnet. C'est même un excellent moyen de favoriser leur accroissement, parce que l'air les sèche et diminue leur force. Ils poussent rapidement jusqu'à ce qu'ils soient parvenus à la longueur d'environ un demi-pied, mais après cela leur action est très-lente. N'importe, il y en a assez

pour laisser la perruque et se coiffer en cheveux. Nous
expliquerons cela plus tard. En attendant, nous re-
commandons fortement de ne point friser ses cheveux
naissans, *à la Ninon*; car le fer qu'il faudrait employer
leur serait excessivement nuisible. On doit les natter
dès qu'il est possible, et les rafraîchir très-souvent.

Dans notre *Manuel*, nous procédons en vraie sa-
vantes.

Ainsi, nous avons vu l'*alopécie*, la *calvitie*; voici
maintenant la *canitie*, ou la décoloration des cheveux,
contre laquelle il n'y a guère d'indications que chez les
fabricans de dupes, et cela nous est bien égal; l'âge,
la débauche, de longues et profondes études, de vives
affections morales sont les causes de cet état. Or, dans
le premier cas, on cache ses cheveux, et l'on est raisonnable : le second nous est inconnu; le suivant,
très-peu ordinaire, et le dernier nous permet-il de
songer aux soins de notre extérieur?

Mais l'on est jeune, gaie, heureuse, et l'on a les
cheveux d'un blond-paille, d'un noir terne, d'un roux
achevé! A force de couper et de recouper la chevelure trop blonde, elle prendra, en repoussant, une
nuance plus foncée; on en sera quitte pour avoir les
cheveux moins ondés et moins fins. Sont-ils d'un noir
terne et comme sali, lissez-les long-temps avec la
main humectée d'huile, et choisissez des coiffures dont
la couleur fasse bien ressortir le noir. Enfin, des cheveux roux, prenez une perruque. On voit que je ne
suis point au nombre des partisans de la coloration
des cheveux. C'est que cette prétendue coloration est
une source d'ennuis renaissans, de fortes dépenses, et
de dangers plus ou moins grands. « Ces préparations
vantées pour teindre les cheveux consistent presque
toutes dans des oxides métalliques, dont l'action sur
la chevelure et sur la peau de la tête est excessivement
nuisible. Elles s'opposent à la transpiration, et peuvent donner lieu à des maux de tête, à des douleurs
d'oreilles, à des inflammations des yeux plus ou moins
graves. Les cosmétiques n'ont pas même l'effet qu'on
s'en propose : ils teignent à la vérité les cheveux, mais
bientôt ceux-ci venant à s'accroître, la portion la plus
récemment sortie trahit la supercherie par sa couleur

disparate : il est plus sage et plus sain de laisser ses cheveux tels qu'ils sont. Ainsi s'exprime M. Ratier, médecin, dans la *Nouvelle Médecine domestique.* Il aurait pu ajouter que la substance délétère des cosmétiques en question peut pénétrer à l'intérieur par l'absorption, et causer des maux terribles.

La coloration des cheveux obtenue par les végétaux est presque toujours inefficace. Cependant on peut en essayer. Beaucoup d'auteurs recommandent, comme un moyen de teindre les cheveux en noir, les feuilles de cyprès broyées dans du vinaigre. L'usage d'un peigne de plomb est conseillé pour les cheveux roux : il les noircit, mais en les salissant. Au reste, *voyez,* à ce sujet, *l'Art de conserver et d'augmenter la beauté, par Lami,* page 229 jusqu'à 240, et l'ouvrage intitulé *Embellissemens du corps humain, par Liébaut,* publié en 1582, et je réponds qu'après cette lecture, vous renoncerez au projet de teindre vos cheveux.

CHAPITRE II.

CONSERVATION DES DENTS.

On doit veiller avec encore plus de soin à conserver ses dents que ses cheveux, puisque ces parties sont aussi essentielles à la santé qu'à la beauté : quelque bien portante que vous soyez, si vos dents sont malpropres et cariées, la mastication est imparfaite, la digestion s'altère, et par conséquent la santé se détruit. Avant même que cet immanquable résultat ait effacé vos agrémens, ils perdent tout leur prix si une belle et bonne denture n'en rehausse l'éclat. Qu'importent la fraîcheur, la grâce des traits, de la bouche, si des dents, chargées d'un tartre impur, révoltent à-la-fois la vue et l'odorat? Car il ne faut point se le dissimuler, la fétidité de l'haleine vient presque toujours de la malpropreté des dents, bien qu'on l'attribue ordinairement à l'estomac ou à la poitrine : ces causes peuvent exister sans doute, mais très-rarement, d'une manière obscure, que la médecine

seule peut.apprécier, au lieu que la plus simple réflexion démontre qu'il est impossible que des dents
malpropres n'aient pas une mauvaise odeur. Quand
quelques particules d'alimens, et surtout de viande,
se sont logées dans l'intervalle, n'ont-elles pas une
odeur infecte quand on les en retire le lendemain? et
lorsqu'elles demeurent constamment, que d'autres s'ac-
cumulent sans cesse, la fétidité de la bouche tiendrait
à un autre motif? De plus, en négligeant ses dents, on
articule mal, on rit avec contrainte, et l'on se prépare
les plus intolérables douleurs.

La propreté est le plus grand spécifique contre l'altération des dents; nous nous en occuperons d'abord:
quelques dentifrices concourent à son action bienfaisante; nous les indiquerons ensuite; enfin, nous terminerons par donner les moyens d'arrêter la carie des
dents.

Le grand ennemi de la blancheur, de la solidité de
la denture, est la concrétion nommée *tartre,* que les
alimens déposent autour des dents, sur le bord des
gencives. Ce tartre, d'abord semblable à une espèce
de limon jaunâtre, finit par devenir une croûte osseuse
qui jaunit, déchausse les dents, repousse et détruit
les gencives. L'essentiel est donc de l'empêcher de se
former, et d'enlever, à mesure qu'elles se déposent,
les parcelles qui en restent sur les dents.

Ces moyens sont extrêmement faciles et peu coûteux; car les meilleurs dentifrices se composent de
substances simples, communes, et si quelques sels
d'un prix élevé s'y joignent, c'est en si petite quantité,
que la dépense est toujours légère. Il n'y a que les
opiats, les poudres et les liqueurs des charlatans qui
soient onéreux.

Occupons-nous d'abord des précautions propres à
prévenir le dépôt du tartre. D'abord, il faut manger
des deux côtés, et sur toutes les dents à la fois; car
les dents privées du mouvement qui leur est naturel
s'affaiblissent et s'encroûtent au bout de quelque
temps; nul doute que cette inaction prolongée fini-
rait par en déterminer la chute. On doit ensuite se rincer la bouche toutes les fois que l'on vient de manger,
afin de débarrasser les dents du sédiment que les ali-

mens broyés y déposent. Pour cela, il ne suffit pas d'introduire de l'eau dans la bouche et de la rejeter aussitôt, il faut passer et repasser la langue dessus et dessous les deux mâchoires, rejeter ensuite l'eau, puis en prendre de nouveau et la rejeter tout de suite, sans faire agir la langue cette fois. Si quelques filamens de viande se sont logés dans les intervalles des dents, l'action de rincer la bouche est insuffisante, et le cure-dent devient nécessaire. Si quelque carie actuelle ou arrêtée a laissé des trous à une dent, vous devez encore bien plus veiller à ce que rien ne demeure dans ce vide. Les pépins de fruits, le cœur des poires pierreuses y pénètrent fréquemment ; quoique moins susceptibles de fétidité que les filamens de chair, ces substances doivent être extraites soigneusement ; mais alors il ne faut pas vous contenter d'enfoncer à l'ordinaire le cure-dent dans l'interstice de deux dents : il convient d'ouvrir la bouche devant une petite glace, de regarder comment est placé le pépin, et de le soulever avec le cure-dent. En agissant autrement, vous pourriez passer beaucoup de temps à faire agir l'instrument sans obtenir d'autre résultat que la fatigue et le saignement des gencives.

Toutes ces opérations doivent avoir lieu en particulier, et l'on ne devrait pas même avoir besoin de le recommander. Mais le dégoûtant usage qui s'est établi, depuis quelques années, chez les personnes du meilleur ton, me prescrit un semblable avis. On voit, à la fin du repas, de jeunes dames se rincer la bouche à table, se frotter les dents avec le bout de leur serviette, et rejeter dans leur assiette l'eau toute chargée d'impuretés. Il est superflu de qualifier une telle pratique, et de presser mes aimables lectrices de s'en abstenir.

Ce serait également une excellente habitude de se rincer la bouche le soir en se couchant, et le matin en se levant. Les particules visqueuses des alimens étant ainsi successivement enlevées, on n'aurait presque pas besoin de se servir de la brosse, et encore moins d'avoir recours au dentiste, dont le davier (1), dans

(1) Instrument dont les dentistes se servent pour enlever le tartre durci des dents.

une main inhabile, peut offenser l'émail des dents, en même temps qu'il en ôte le tartre. Lors même que l'on serait sûr d'avoir affaire à un dentiste exercé, il faut toujours faire en sorte d'éviter l'action du davier ; car il est impossible que son action ne blesse pas les gencives, et n'ébranle pas un peu les dents.

L'eau ne suffit pas cependant pour rendre aux dents ce brillant que le limon des alimens leur enlève journellement, aussi faut-il les nettoyer avec un dentifrice approprié à la nature de sa bouche, et qui aura d'autres recommandations que les éloges exagérés de son débitant. On ne saurait être trop en garde contre la multitude des poudres, des opiats, des élixirs odontalgiques que prônent les prospectus ampoulés et bigarrés des charlatans. Après avoir long-temps consulté divers médecins, et fait une longue étude de plusieurs ouvrages sur l'hygiène des dents, j'indique en toute assurance les moyens suivans : j'ai l'expérience de tous.

Poudre dentifrice de M. Cadet de Gassicourt.

Mêlez ensemble une demi-once de sucre tamisé, deux gros de kina gris en poudre, un gros de crème de tartre insoluble, quatre gros de poudre de charbon extrèmement fine, et douze grains de cannelle.

Toutes ces substances ont chacune une propriété bienfaisante que le mélange accroît. Le kina raffermit les gencives, le sucre nettoie bien les dents par le frottement, et le tartre par son acide. L'effet anti-putride du charbon n'a pas besoin d'être rappelé. La cannelle sert d'aromate et contribue à l'action du kina. Toutefois ces substances, employées séparément, auraient plus ou moins d'inconvénient.

Le kina seul jaunirait l'émail, le tartre pourrait l'altérer avec le temps, le sucre serait insuffisant, le charbon laisserait une teinte noirâtre au bord des gencives, tandis que ce mélange, non-seulement en neutralise les mauvais effets, mais encore en double les bons.

Cette poudre convient surtout aux gens dont les gencives sont molles et saignent facilement.

Autre poudre pour conserver les dents.

Cette recette, excellente d'ailleurs, a plus en vue

la conservation des dents que celle des gencives, bien que ces organes se conservent mutuellement. Les personnes dont les gencives sont naturellement fermes devront la préférer à la poudre précédente. Celles qui ont de la disposition au scorbut pourront également s'en servir, pourvu qu'elles se rincent la bouche avec de l'eau mêlée d'eau-de-vie, dans laquelle on aura fait dissoudre du kina (deux gros par pinte).

Prenez quatre gros de poudre de charbon ou de pain brûlé, passez-la au tamis de soie, afin de la rendre extrêmement fine; tamisez deux gros de sucre pilé; joignez-y deux grains de sulfate de quinine, et deux grains de magnésie.

Le quinine est la substance du kina dégagée de l'écorce jaunâtre du bois.

Lotions savonneuses pour blanchir et conserver les dents.

Mêlez deux parties d'essence de savon purifié pour la toilette, avec une partie d'eau-de-vie, et un gros de racine de pyrètre pulvérisée; versez-en un doigt dans un verre, ajoutez-y un peu d'eau, trempez la brosse à dents dans ce mélange, et frottez-vous les dents.

On peut aussi faire simplement dissoudre un peu de savon parfumé dans de l'eau mêlée d'eau-de-vie, d'eau de Cologne ou d'esprit de cochléaria.

Préparation pour raffermir les dents ou pour en arrêter la carie; par M. le docteur Chaussier.

Mêlez : Eau, une livre;
Esprit-de-vin, une demi-livre;
Sel ammoniac, un demi-gros.

Employez cette liqueur en gargarismes, à la dose d'une cuillerée, gardez-la un peu dans la bouche, rincez-la et gardez quelque temps le mélange sur les dents affectées, ou qui menacent de le devenir.

Pour raffermir seulement, et conserver les dents lorsqu'elles sont saines, faites dissoudre un gros de sel ammoniac dans une demi-pinte d'eau-de-vie, et versez-en quelques gouttes dans l'eau avec laquelle vous vous rincez la bouche avant d'avoir nettoyé vos dents, et après l'avoir fait.

Ces moyens sont suffisans pour entretenir la bouche parfaitement propre et saine. J'en indiquerai d'autres cependant au chapitre *des Cosmétiques;* je les renvoie là, parce que d'abord une plus longue nomenclature des procédés ferait perdre de vue la suite des précautions qu'exige la conservation des dents, et ensuite, parce que ces derniers, quoique fort bons, n'ont pas pour moi l'autorité d'une expérience personnelle. Parlons maintenant de la meilleure manière de nettoyer les dents.

Chaque matin, avant de vous peigner, ayez de l'eau de rivière, fraîche en été, tiède en hiver; mélangez-la d'eau-de-vie simple, ou préparée selon la méthode du docteur Chaussier; substituez-y à volonté l'eau-de-vie de Gayac, l'eau de Cologne, de mélisse, vulnéraire, et l'élixir odontalgique de M. Leroy-de-la-Faudiguières, etc.; mais de l'eau-de-vie, en quelques cas, est préférable aux liqueurs aromatiques; rincez-vous la bouche à plusieurs reprises avec cette eau aromatisée; prenez ensuite un morceau de racine de guimauve préparée pour frotter les dents, trempez-le dans l'eau aromatisée, et frottez-en les dents dans le sens de leur longueur, afin de bien enlever tout le limon autour du petit arc que forment les gencives au-dessus des dents, et ménagez en même temps cet arc délicat; rincez-vous de nouveau la bouche; prenez ensuite une éponge fine et bien propre, imbibez-la de l'eau aromatisée, et frottez-en les dents, non-seulement à l'extérieur, mais à l'intérieur des deux mâchoires, surtout en-dessous, dans le devant de la mâchoire inférieure, où le tartre forme à la longue des espèces d'arcs-boutans; frottez bien aussi la mâchoire supérieure : mais ce ne pourra être que très-rapidement, parce que l'éponge, arrêtée quelques momens sur cette partie, vous causerait des nausées. Baissez bien la tête, ce mouvement facilitera l'opération. Les grosses dents réclament aussi vos soins; plus elles sont enfoncées, plus il est urgent de les bien frotter. La facilité avec laquelle l'éponge pénètre jusqu'à ces dents sans blesser les lèvres ni les gencives, est une des raisons qui me font préférer son usage à celui de la brosse : comme il est impossible de

frotter dans leur longueur les dents voisines du point
de jonction des mâchoires, on les nettoie imparfaitement avec la brosse, ou bien l'on attaque les gencives.

La brosse, dont le service est plus rapide, ne doit
pourtant pas être proscrite : il s'agit seulement de la
bien choisir. Prenez-la de petit modèle, à trois rangs,
c'est-à-dire de la moindre étendue possible ; prenez-la
surtout en blaireau très-doux. Faites attention aussi à
la manière dont elle est montée. Si elle ne l'est à
l'anglaise, si vous ne voyez pas sur le dos la trace
des fils de cuivre qui retiennent les poils, vous pouvez être assurée que ces poils détachés vous rempli-
ront la bouche à mesure que vous frotterez les dents.

Il est fort utile encore d'avoir une brosse *forme-ra-
teau* pour nettoyer l'intérieur de la denture.

A chaque fois que vous aurez frotté une partie de la
bouche, vous en sortirez l'éponge, vous la laverez
dans de l'eau pure, et la retremperez dans l'eau aromatisée : vous terminerez par lui faire bien frotter la
langue ; vous vous rincerez ensuite la bouche, et l'o-
pération sera terminée. Je donne encore la préférence
à l'éponge sur le *gratte-langue,* petit instrument allongé et plat, dont on se sert pour enlever le limon
qui s'attache principalement au milieu de la langue.
Cet instrument est en baleine, en os, en écaille,
même en argent ou en or. Le gratte-langue convient
mieux lorsque la langue est constamment chargée,
mais alors ce n'est pas seulement à lui qu'il faut avoir
recours.

Lorsque, par hasard, on éprouve un peu d'inflammation aux gencives, il faut suspendre pendant quelques
jours l'usage de l'eau-de-vie, ou d'autre liqueur spiritueuse. En pareil cas, il faut s'abstenir également de
la poudre dentifrice où se trouve du kina : un peu de
poudre fine de pain brûlé délayée dans du miel est
alors l'opiat le plus convenable. Cet opiat, au reste,
peut habituellement servir ; et si l'on y ajoute deux
grains de quinine (sur une demi-once de poudre de
pain), on en fera un excellent dentifrice.

L'excellente habitude de se laver et frotter chaque
jour les dents avec l'eau aromatisée n'est pas encore
suffisante pour les dégager de *tout* limon, et conserver

la pureté de l'émail. Tous les deux, trois, ou quatre jours (selon le degré de blancheur de votre denture), il faut employer un des dentifrices indiqués. Pour cela, après vous être rincé la bouche avec l'eau aromatisée de quelques gouttes de liqueur spiritueuse, vous prenez une brosse douce, vous l'humectez un peu, vous lui faites toucher la poudre, et vous vous frottez les dents dans leur longueur. Il vaudrait peut-être mieux se servir d'un petit pinceau très-doux, dont les soies seraient contenues dans un tuyau de plume : de cette manière, on pourrait délicatement nettoyer l'arc des gencives, et les intervalles des dents : on pourrait porter la poudre ou l'opiat jusqu'au fond des mâchoires, et nettoyer aussi les petites sinuosités des molaires. L'éponge, toute bonne qu'elle soit, ne vaut rien pour employer les dentifrices. Après que les dents sont bien couvertes et frottées de la poudre humectée, on termine avec l'éponge comme il a été expliqué précédemment.

C'est un très-bon usage de dégager les dents avec le cure-dent avant de les nettoyer, surtout lorsqu'on ne se sert pas de la poudre dentifrice; mais lors même qu'on se lave seulement avec l'eau aromatisée, le pinceau vaut encore beaucoup mieux.

Lorsque les dents sont extrêmement minces, un peu grisâtres, ce qui annonce le peu d'épaisseur et de solidité de l'émail, il faut éviter de les frotter et surtout d'employer le moindre acide. Cette disposition est naturelle, ou tient à l'emploi de mauvais dentifrices, tels que la pierre-ponce, l'alun, et les acides purs. Il ne reste plus qu'à employer des substances douces et absorbantes, comme la gomme adragant en poudre impalpable, la cire blanche molle, la fécule de pomme de terre mêlée de sucre candi bien pulvérisé.

Nous terminerons cette instruction sur la conservation de la denture par plusieurs observations très-importantes.

Lorsque les dents sont inégales (ce qui arrive surtout aux incisives de la mâchoire supérieure), elles gênent la mastication, et nuisent au bel effet de *l'arcade dentaire*, pour parler comme les dentistes; il faut

alors les faire limer transversalement : cette opération n'a rien de douloureux, et n'ébranle pas la mâchoire, comme on le redoute à tort et communément.
Tout ce que l'on peut en craindre, c'est un léger et
passager agacement des dents, encore n'est-il pas
commun à tout le monde. Les dents ont aussi quelquefois besoin d'être limées longitudinalement, et cela,
lorsqu'étant très-serrées, et en quelque sorte comprimées l'une sur l'autre, elles retiennent le tartre, et
menacent ainsi de se détériorer promptement. Mais
il faut à peine les écarter ; parce que des dents dont
l'éloignement est très-apparent sont laides et presque
ridicules. Une personne de ma connaissance compa-
rait les dents écartées aux touches de vielle, et certes
elle avait bien raison.

Les dents ont encore besoin d'être limées lorsqu'on
les a dentelées par la condamnable habitude de s'en
servir pour couper des brins de fil, ce que l'on ne saurait trop éviter, ainsi que d'employer des épingles,
des aiguilles, le bout d'un poinçon, ou d'un couteau,
à la place d'un cure-dent. Tout le monde le sait ; mais
ce que presque tout le monde oublie, c'est que, par là,
on détruit la grâce et la fraîcheur des gencives, en
aplatissant la petite pointe conique dont elles en-
tourent la base des dents, et que, par conséquent, on
ébranle celles-ci : on oublie également que l'épingle
peut enlever une partie de l'émail, ouvrir ainsi la
porte au supplice de la carie, ou déposer des particules délétères de vert-de-gris. L'habitude de casser
des noyaux de fruits, des noisettes, avec les dents,
expose au malheur de les rompre, ou au danger de les
ébranler.

Il faut éviter encore soigneusement de mettre alternativement les dents en contact avec des corps trop
chauds ou trop froids, comme de boire froid immédiatement après le potage. Je conseille encore de s'abstenir des tablettes de réglisse, du raisinet, etc., qui
noircissent les dents, à moins que ce ne soit le matin
avant de se les nettoyer ; car il ne suffirait pas de se
rincer la bouche après avoir mangé ces substances,
pour enlever le jaune-brun dont elles couvrent l'émail.
Les préparations salines et visqueuses, tous les mets

salés et enfumés ; les fromages fermentés, les œufs
durs, la grosse vénaison trop attendrie ; les truffes et
toutes les espèces de mousserons ; les haricots, les
pois, les châtaignes, le vinaigre, les vins aigres ; toutes
les sortes de fruits acides ; les sucreries et confitures,
principalement les bonbons glacés, tendent à produire
le tartre, à l'accumuler sur les dents, et de plus les
acides et sucreries y déterminent souvent un agacement désagréable. Ce n'est pas cependant que l'on
doive se priver de tous ces mets ; seulement, après en
avoir fait usage, il faudra prendre un soin particulier
des dents, et les nettoyer le soir même avec la poudre
dentifrice, ou du moins avec l'eau aromatisée.

En cas de maladie, il faut également, et plus encore peut-être, maintenir la bouche dans un état de
minutieuse propreté. C'est le moyen de se débarrasser
de cette épaisseur de la langue, de ce goût *pâteux*,
fétide, sanguinolent, dont se plaignent sans cesse les
malades. Dès que vous aurez pris une médecine, un
vomitif, rincez-vous promptement la bouche, non-
seulement pour vous délivrer du mauvais goût, mais
aussi pour préserver les dents. Dès que vous aurez
vomi, il est essentiel de bien dégager les dents des
matières acides et visqueuses qui demeurent alors
dans la bouche ; se rincer, en ce cas, plusieurs fois la
bouche avec de l'eau tiède légèrement aromatisée est
une urgente précaution. Je la recommande surtout
aux dames enceintes qui achètent le bonheur d'être
mères par de continuels vomissemens.

Quand les gencives sont enflammées, on peut avoir
recours aux gargarismes émolliens (*voyez* chapitre des
Remèdes contre les accidens qui nuisent à la beauté) ;
des bains de pied font cesser l'engorgement des gencives gonflées de sang. Généralement toutes les habitudes hygiéniques contribuent à la conservation des
dents ; celle de garantir la tête de l'humidité a les
effets les plus directs et les plus efficaces sur la denture.

Sitôt que vous vous apercevrez qu'une de vos dents
se carie, il faut, sans délai, la faire décarier. Ce
moyen, connu des dentistes habiles, est très-préférable au plomb qui se détache continuellement, rend
la dent susceptible de souffrance à la moindre action

de l'air, et ne préserve pas toujours de la mauvaise odeur. On peut aussi faire limer la partie cariée, si elle se trouve placée à un coin de la dent ; car il faut prendre tous les moyens avant de consentir à son extraction, même lorsqu'elle ne serait pas visible. La nature ne fait rien inutilement, et puisqu'elle nous a donné trente-deux dents, c'est qu'elles nous sont absolument nécessaires.

Si cependant la carie augmente, malgré toutes les précautions, il faut extraire la dent ; car elle gâterait celles qui l'avoisinent. Quand cette malheureuse dent est une grosse molaire non visible, on en est quitte pour avoir une place vide, et alors il faut être bien circonspecte dans l'emploi de la brosse, de peur d'ébranler les dents placées à droite et à gauche de ce vide. Comme toutes les dents se tiennent, et qu'alors elles sont privées d'une partie de leur soutien, elles sont plus susceptibles que les autres. Dans le cas où l'extraction aurait lieu sur une incisive ou canine, et surtout à la mâchoire supérieure, on sera obligée de la faire remplacer ; car cette dent absente, sur le devant de la mâchoire, changerait horriblement la physionomie (1). Qui ne sait qu'une mâchoire édentée, déchaussée, jaunâtre, est tout ce qu'il y a de plus hideux : j'espère avoir fourni les moyens de prévenir un semblable malheur.

CHAPITRE III.

CONSERVATION DU TEINT ET DE LA PEAU.

En condamnant avec raison l'emploi des fards, des substances minérales, les médecins s'accordent tous à reconnaître que la réunion des moyens hygiéniques, et de soins cosmétiques simples, raisonnés, peut efficacement conserver et embellir la peau. L'expérience

---

(1) Quant à faire mettre un *dentier* à-peu-près entier, la chose me semble impossible. Je souligne le mot *dentier* pour avertir que l'on s'en sert toujours à la place de *râtelier*.

le démontre jòurnellement. En effet, la peau terne, flasque, farineuse des femmes négligentes d'elles-mêmes; la peau calleuse et grossière des habitans de la campagne, est un tissu tout différent de la peau douce, unie, ferme et fraîche d'une personne qui se soigne convenablement. Nous allons décrire en peu de mots comment on pourra parvenir à ce désirable résultat.

Nous commençons par indiquer les moyens préser-vatifs; car c'est principalement sous le rapport phy-sique, qu'il vaut mieux prévenir que réparer. D'après ce principe, vous vous garantirez, autant que pos-sible, sans affectation de l'action du soleil, ainsi que de celle du grand vent, qui sèche et durcit la peau. Vous éviterez la fumée, et lorsque, par hasard, vous vous y trouverez exposée quelques instans, vous ne manquerez point de vous essuyer le cou et le visage avec votre mouchoir; il sera tout noirci de la vapeur qui s'était attachée sur les pores : vous agirez de même quand la poussière vous aura environnée. Vous vous servirez habituellement d'un écran, pour empê-cher le feu de vous brûler la figure. Dès que vous vous y sentirez un peu de moiteur, vous l'es-suierez aussi, mais légèrement, et plutôt en ap-puyant et plaquant le mouchoir qu'en le promenant sur le visage : vous tâcherez de vous défaire de l'habi-tude que l'on a assez généralement de porter les doigts à la figure, de se gratter par désœuvrement, surtout le soir en se déshabillant. Vous ne resterez jamais à l'air après vous être lavé le visage, le cou et les bras. Enfin, vous tâcherez de vous préserver des piqûres de puces, de cousins et autres insectes.

Il est nécessaire de raffermir la peau continuelle-ment exposée à l'air; il convient aussi de l'adoucir : de là, d'une part, l'usage de l'eau aromatisée, avec des liqueurs spiritueuses, comme l'eau-de-vie, la tein-ture de benjoin, l'eau de Cologne; et, d'autre part, celui du lait, de l'huile d'amande, de la crème éten-due d'eau, de la pommade de concombres, de la pâte axérasine de la crème du cattay, etc., toutes ces choses sont bonnes et indispensables, quoique opposées. La nature de votre peau vous indiquera laquelle de ces substances doit dominer dans votre toilette. Si votre teint s'échauffe, si votre peau se sèche, s'irrite aisément, les émolliens seront plus nécessaires que les spiritueux : si vous êtes principalement sujette aux gerçures, aux rougeurs, à la peau farineuse, les spiritueux vous conviendront mieux. Toutefois, malgré ces différences, je crois que la règle que je vais indiquer sera favorable à toutes les dispositions, et réunira, avec le plus grand avantage, les secours des spiritueux et des émolliens.

La peau, ayant reçu l'impression de l'air pendant tout le jour, doit être adoucie le soir. Ainsi, en vous couchant, vous userez de liqueurs émollientes. Vous prendrez une éponge très-fine; car l'éponge, ne formant point de plis, est très-préférable au linge : vous la tremperez dans l'eau tiède; l'eau froide gerce la peau, et dans les grandes chaleurs, il faudra vous servir d'eau tiédie au soleil. Vous vous laverez le visage et vous l'essuierez, mais d'une manière particulière : vous prendrez une serviette très-fine et usée, et vous vous l'appliquerez à plusieurs reprises, et à différens endroits, sur le visage, afin qu'elle en enlève l'humidité, sans qu'il soit besoin de frotter : vous prendrez ensuite un peu de pommade de concombres (*voyez* chapitre *des cosmétiques*) dans la paume de la main, vous l'étendrez bien et vous vous passerez la main ainsi enduite sur le visage. Cette pratique sera excellente si vous êtes sujette à avoir de petits boutons de chaleur, et n'est nullement désagréable; vous ne serez pas au lit une demi-heure que la légère couche de pommade ne se sentira plus. Néanmoins, si cela vous paraissait gênant, ou déplaisait à votre mari, vous pourriez vous servir de l'huile, du lait d'amandes, du lait ordinaire et des autres objets dont j'ai donné la liste en commençant.

Vous commencerez également à vous laver le visage avec de l'eau tiède pour enlever la poussière qui peut s'y trouver, à moins cependant que vous n'aimiez mieux faire cette première ablution avec le lait d'amandes : pour tous ces liquides onctueux, il est urgent d'employer un petit morceau de toile ou de batiste usée, au lieu d'éponge ; parce qu'ils

encrassent beaucoup le linge, déposent, donnent de
l'odeur, et qu'il faut renouveler chaque soir le morceau de toile ou de mousseline, dont on s'est servi
la veille. D'après ces raisons, l'éponge ne peut jamais
être trempée que dans l'eau pure : elle le peut également dans l'eau aromatisée par l'eau-de-vie, parce
que cette eau est parfaitement limpide ; enfin, elle
convient moins à l'eau mélangée de benjoin, d'eau
de Cologne, de Ninon de Lenclos ; parce que ces
derniers aromates produisent un léger dépôt lacté.
Choisissant donc le morceau de linge, vous l'imbibe-
rez de lait d'amandes, et frotterez légèrement le visage : vous essuierez ensuite comme nous l'avons dit,
puis vous mouillerez de nouveau le linge, ou mieux
encore un nouveau. Vous le presserez entre les doigts
pour en exprimer le liquide, et, lorsqu'il ne sera plus
qu'humide, vous le secouerez et l'appliquerez tout
étendu sur le visage : vous ne le laisserez qu'un moment. Cette dernière opération donne une grande
fraîcheur à la peau ; en moins de cinq ou six minutes,
l'air aura dissipé cette légère humidité.

On agit de même pour toute autre liqueur émol-
liente ; il va sans dire qu'il faut se laver le cou, et
même la poitrine en même temps que la figure. Nous
ne l'avons pas dit en commençant, pour n'être pas
obligée de le répéter à chaque indication.

Le lendemain matin, en vous levant, vous vous
essuierez le visage avec un linge bien blanc et bien
fin, afin d'enlever à la fois ce qui aura pu rester sur la
peau, de la substance du lait d'amandes et la légère
sueur qui s'amasse pendant la nuit. Vous terminerez
la série des soins relatifs au teint et à la peau, quand
vous vous mettrez en devoir de vous nettoyer les dents,
de vous peigner, laver, etc.

Vous verserez alors quelques gouttes d'eau-de-vie,
ou de benjoin, dans un demi-verre d'eau, et vous
vous en laverez la figure avec les mêmes précautions
dont vous avez usé la veille. Seulement, après avoir
appliqué le linge sec, vous n'en mettrez pas un
mouillé, de peur de rendre la peau trop sensible à
l'impression de l'air : vous ferez cette lotion après
le nettoyage des dents, parce que la poudre colorée

dont vous vous servirez, peut s'attacher sur les lèvres et le bord du menton : vous la ferez avant de vous peigner; car l'humidité du linge et le mouvement nécessaire pour laver le front dérangeraient les frisures et les priveraient de leur solidité.

Si vous avez à enlever quelques points noirs, quelques écaillures de boutons; à prendre pour les sourcils, les cils, les oreilles, etc., quelques-unes des précautions indiquées au chapitre des accidens, il faudra commencer par là votre toilette. Vous pourrez aussi employer, avec le plus grand avantage, l'eau de veau, l'eau de poulet : j'ai l'expérience de leur efficacité. Mais il sera bon alors de s'en servir le soir à la place de l'émollient indiqué; car, si vous réunissiez l'usage de cet émollient et de cette espèce de bouillon, votre teint acquerrait un luisant exagéré, et d'autant plus désagréable qu'on ne manquerait pas de l'attribuer à l'emploi de quelque fard.

Soins des mains.

Les mains réclament aussi des soins particuliers, mais moins minutieux que les précédens : la pâte d'amandes sèche ou liquide est employée avec avantage pour les conserver blanches et douces : je pense que le savon purifié, légèrement parfumé, leur convient mieux, surtout l'hiver, en ce qu'il enlève parfaitement, et sans qu'il soit besoin de long-temps frotter, toutes les impuretés qui se glissent dans les pores, et deviennent tenaces par l'action du froid : il est principalement propre à dissoudre la graisse de la pommade et des cheveux, qui s'attache toujours plus ou moins aux doigts lorsqu'on se peigne. On sait comment il faut agir pour employer le savon : aussi me contenterai-je de dire que, quand on s'est savonné et rincé les mains, il convient, avant de les essuyer, de bien les couvrir de nouveau avec le savon, de se frotter les mains jusqu'à ce qu'il écume, et de se les essuyer sans les remettre dans l'eau : de cette manière, la peau est très-blanche et d'une extrême douceur. On pourra, pour l'augmenter encore, passer sur la main le linge humecté d'eau de benjoin. Tous les émolliens sont favorables à la main ; on ne les alterne pas avec des spiritueux, comme on le fait pour le visage. Cependant, il serait avantageux, dans l'hiver, surtout pour les personnes sujettes aux engelures, de se laver les mains avec de l'eau mélangée d'eau-de-vie, afin de raffermir la peau et de prévenir ce mal opiniâtre autant que douloureux.

Dès que vous aurez une tache d'encre sur les doigts, il faudra la savonner ou y verser une goutte de vinaigre ; si vous vous heurtez, frottez immédiatement avec de l'eau de Cologne, pour éviter que le sang ne s'extravase et ne produise une tache noire. Portez continuellement en hiver des gants de soie, sans bouts de doigts : ces gants tricotés sont resserrés à chaque bout ouvert des doigts, et ne gênent en aucune façon pour travailler. Les gants-mitaines en peau sont encore plus commodes, et sont plus élégans, mais ils préservent imparfaitement du froid.

Soins des ongles.

Quant aux ongles, vous frotterez bien la brosse qui leur est destinée, sur une tablette de savon, puis vous vous en servirez pour les brosser, et leur enlever tout le noir qui peut s'y rencontrer : vous tremperez ensuite le bout d'une très-petite éponge dans un flacon d'essence de citron, et vous en laverez bien les ongles : cela les nettoie et les raffermit on ne peut mieux.

L'usage du *blanc de neige*, séduisante préparation de MM. Dissey et Piver, non-seulement atteint le même but, mais encore donne aux ongles un poli, un brillant très-agréables. Cependant, je désire fort peu voir cette poudre si vantée sur la toilette de mes lectrices. Je leur en dirai bientôt la raison.

Pour donner une belle couleur aux ongles, on doit, chaque jour, les polir avec une petite éponge préparée, trempée dans un mélange de cinabre et d'émeri ; puis, après les avoir bien essuyés, les humecter avec un peu d'huile d'amandes amères.

Si la sécheresse courbe les ongles ou les fait casser, on applique, pendant la nuit, un corps gras sur leur surface. Si la faiblesse les amollit, vous emploierez le *cérat fortifiant* qui suit :

Huile de lentisque........... 1/2 once.

Sel...................... 1/2 gros.
Colophane.................. 1 scrupule.
Alun....................... idem.
Cire vierge............... idem.

J'ai dit qu'il faut se laver la poitrine le soir et le matin en même temps que le cou et le visage. Mais, si l'on veut entretenir ou renouveler la fermeté de la gorge, il sera bon de lui donner une sorte de douche. Pour cela, on ôte son fichu, on s'assied, on met une grande cuvette sur ses genoux ; on se baisse de manière à placer la poitrine au-dessus de la cuvette, puis, avec une grosse éponge que l'on tient un peu elevée, on verse de l'eau tiède aromatisée avec du benjoin ou de l'eau-de-vie : on essuie en appliquant des linges chauds, et l'on finit par une légère onction d'huile fine et parfumée.

Des bains.

Tout cela ne dispense pas des bains, ce principal moyen de santé, de fraîcheur, sans lequel, quelques soins que l'on prenne d'ailleurs de sa personne, la peau n'acquerra jamais toute la perfection désirable. Si le temps vous le permet, baignez-vous une fois par semaine en tout temps, et deux, trois fois même dans les grandes chaleurs. En entrant au bain, trempez une éponge d'eau froide, et lavez-vous-en le visage à plusieurs reprises. Cette pratique empêche que le sang ne se porte violemment à la tête. Il faut la renouveler de temps à autre pendant la durée du bain. Prenez toujours le bain un peu frais, restez-y au moins une heure et demie ; en vous nettoyant bien, lavez-vous avec du savon de toilette et de la pâte d'amandes en pain, puis, faites écouler l'eau de votre baignoire ; frottez-vous fortement de savon trempé avec l'eau des odalisques ; débarrassez-vous du peignoir mouillé, jetez-en tout de suite un autre très-grand sur vos épaules ; asseyez-vous dans un fauteuil ou sur une chaise couverte de linges, et frottez-vous avec des linges chauds, non-seulement jusqu'à ce que vous soyez parfaitement essuyée, mais encore lorsque vous aurez fait entièrement disparaître la sensation de froid qui suit la sortie du bain, ne laissez aucune humidité. Comme le trouble involontaire de la pudeur empêche de prendre convenablement ces soins importans, sans lesquels le bain est plus nuisible que salutaire, enveloppez-vous bien de votre peignoir, et, s'il le faut, fermez les yeux, jusqu'à ce que vous ayez terminé l'opération.

Si vous avez quelque partie faible ou douloureuse, frottez-la immédiatement en sortant du bain avec de l'eau de Cologne. Couchez-vous en rentrant, et frottez-vous encore avec une grosse éponge sèche enveloppée de linge fin : cette pratique remplace le *massage*, si fortement recommandé comme précaution hygiénique.

CHAPITRE IV.

DES COSMÉTIQUES.

Rien n'est plus opposé au désir innocent et légitime de plaire que l'usage exagéré des cosmétiques et des fards. En effet, inspirée par ce désir, on cherche dans l'hygiène, dans les soins de la propreté, les moyens de paraître agréable en général, de plaire spécialement à son époux. Lorsqu'on est égarée par la coquetterie, on altère sa santé, on emploie quelquefois les drogues les plus malpropres, et l'on est si loin de tendre à plaire à son mari, qu'on ne se montre qu'à lui seul, blême, livide, telle que rendent les fards, et qu'on le condamne au dégoût des préparations dont on se masque la nuit pour être plus belle pendant le jour.

Ces condamnables efforts de la vanité ruinent la morale, la bourse et la santé. Il est inutile, je pense, d'insister sur le premier point. Dès que les soins qu'on donne à sa personne cessent d'avoir son époux pour objet, c'est déjà un prélude à l'infidélité.

Je ne m'étendrai pas davantage sur la dépense exorbitante de cette multitude de blancs pour crépir la peau, de noirs pour teindre les cheveux, de bleus pour

tracer des veines, de rouges pour badigeonner les
joues, d'eaux *merveilleuses*, *miraculeuses* pour rendre
les yeux brillans, de carmin pour colorer les lèvres, etc., etc. : tout le monde sait que les charlatans vendent ces drogues au poids de l'or. Je ne me
propose maintenant que d'en prouver le danger et
l'absurdité.

Dangers des mauvais cosmétiques.

Ces détestables compositions ont été divisées en
cosmétiques mineurs et *cosmétiques* majeurs. L'eau de
chaux, le vinaigre et les acides végétaux, les applications camphrées, l'esprit de térébenthine, le sel de
tartre, voici les premiers. Quant aux seconds, l'alun
calciné, le sel de saturne, l'esprit de nitre, le blanc
de bismuth, la céruse, la litharge, le corail et l'étain
de glace pulvérisés, le talc de Venise, le mercure,
enfin, toutes les substances les plus délétères composent leurs crêmes, poudres, pâtes, essences. Ces substances empoisonnées se communiquent par les pores
aux fluides circulans aussi bien que par l'estomac. Le
plomb, une fois introduit dans le système animal,
quoiqu'en très-petite quantité, ne peut être neutra-
isé par l'art, et ne manque jamais de produire les
plus déplorables effets. La paralysie, la contraction
et les convulsions des membres, une faiblesse totale,
et les coliques les plus cruelles en sont les suites ordinaires. Outre ces effets sensibles, le fréquent usage extérieur du plomb et du mercure dans les cosmétiques
cause des crampes dans toutes les parties du corps,
des faiblesses et autres affections nerveuses, des ca-
tarrhes, la phthisie nerveuse, la consomption, les cra-
chemens de sang, l'hydropisie, etc. Le docteur Villich,
médecin anglais, s'exprime ainsi dans la traduction
que le savant M. Itard a donné de son *Hygiène domestique*. Tous les autres hommes de l'art confirment ces
effrayans résultats, et l'un d'eux, M. Mege, qui a
composé un ouvrage spécial sur cette matière, cite
plusieurs morts terribles qui n'ont eu d'autre cause
que l'emploi de cosmétiques pareils.

On pense bien qu'avec de pareils maux, la fraîcheur,
la beauté sont incompatibles ; mais même, avant qu'ils

se déclarent, le teint est fortement plombé ; la peau flé-
trie, ridée, horrible, par le contact délétère de ces
extravagantes compositions. Dès que les couches de
peinture sont levées, on se trouve d'un aspect si afli-
geant qu'on les redouble le lendemain, et ainsi de
suite, jusqu'à ce que l'on soit couchée sur un lit de
douleur (1).

Venons maintenant aux préparations simplement
ridicules et dégoûtantes. Des coquilles d'œufs pilées,
des ognons hachés, des pieds et boyaux de mouton,
des volailles coupées en quartiers, de la citronille,
du suif de bouc, de la craie ; des excrémens d'animaux, etc. Tout cela distillé, ou simplement mitonné
avec tous les fruits et les parfums imaginables, est sérieusement indiqué pour blanchir, adoucir et faire
briller la peau. *Voyez* le *Traité des odeurs, par Dejean,*
tous les recueils de cosmétiques, et vous acquerrez la
preuve que, loin d'exagérer, je suis restée bien en arrière.

Il y a, de nos jours, peu de femmes qui fassent un
usage habituel de toutes ces compositions, mais quelques-unes se trouvent contrariées par des taches de
rousseur, une peau huileuse, farineuse, des boutons,
une extrême pâleur, et le désir d'y remédier les porte, de temps en temps, à ajouter foi aux brillantes
promesses des prospectus de certains parfumeurs, et
possesseurs *d'admirables secrets.* Puisqu'elles veulent
absolument corriger les défauts de la nature avec d'autres moyens que ceux de l'hygiène et de la propreté,
indiquons-leur du moins des préparations innocentes,
qui ne pourront leur faire aucun mal, et leur coûteront dix fois moins cher que des cosmétiques analogues, mais revêtus de noms pompeux.

Choix des cosmétiques.

Il arrive cependant que l'on préfère ces derniers

(1) Pour donner une idée de la manière d'opérer des fabricans
de cosmétiques, je citerai un exemple choisi au hasard entre mille.
Ils conseillent de tourner un morceau d'alun calciné dans un blanc
d'œuf, et d'appliquer ensuite la bouillie qui en résultera sur la peau
pour la blanchir. Or, un procédé exactement semblable ronge les
taies qui se forment sur l'œil. J'en ai l'expérience.

comme plus élégans, plus agréables, plus nouveaux.
Pour satisfaire ce désir bien naturel, sans blesser les
lois de l'économie, je vais indiquer aux dames un
choix des produits de parfumeurs renommés, tels que
MM. Farina, Piver, Naquet, etc. Je sais fort bien
qu'elles ne feront point ces manipulations elles-mêmes; mais le premier pharmacien, le plus humble
parfumeur les exécuteront d'après les formules. De
cette manière, mes lectrices épargneront 40 p. 100
au moins, surtout en province où les objets délicats
de parfumerie sont excessivement coûteux.

Outre ce motif très-plausible, un autre motif m'a
dicté ces formules, assez ennuyeuses d'ailleurs. J'ai
voulu montrer à mes pupilles comment procèdent les
parfumeurs éclairés, et les engager à se défier de tout
cosmétique inconnu.

Encore une excuse à ma liste de recettes. Le moyen
de n'être pas écouté, c'est de vous montrer exclusif;
car on se défie avec raison de l'influence qu'exerce
sur vous la prévention ou l'habitude. Par conséquent,
j'aurais tort de m'en tenir aux compositions indiquées
dans les chapitres concernant les dents, le teint, la
chevelure. J'aurais d'autant plus tort, que beaucoup
de pâtes, de poudres, d'essences, séduisantes par
leur douceur, leurs teintes, leurs parfums, ont des
effets tout aussi salutaires que les modestes cosmétiques dont j'ai parlé plus haut. N'en privons donc pas
nos lectrices; faisons-les choisir, faisons-les changer.
En fait de toilette, et de bien d'autres choses, la variété n'est-elle pas un besoin?

Ainsi justifié, ce chapitre sera divisé en six différentes
séries. 1°. Cosmétiques pour les cheveux. 2°. Dentifrices. 3°. Cosmétiques pour adoucir et blanchir la
peau. 4°. Instructions sur les savons de toilette. 5°. Instructions sur les vinaigres. 6°. Enfin, instructions sur
les fards.

§. Ier. COSMÉTIQUES POUR LES CHEVEUX.

Huile pour faire pousser la chevelure.

Mêlez parties égales d'huile et d'esprit de romarin:
ajoutez quelques gouttes d'huile de muscade; oignez

et.frottez tous les jours les cheveux de ce liniment;
mais n'oubliez pas que l'onction trop forte et trop
réitérée des corps graisseux étouffe le bulbe au lieu
de le développer.

Fluide de Java.

Ce cosmétique, qui jouit d'une certaine réputation pour faire croître les cheveux et en arrêter la
chute, est composé de moelle de bœuf, de cire blanche, d'huile d'olive et d'essences odorantes. Made-
moiselle Julie Gluxberg, son auteur, dans le brevet
d'invention obtenu à cet effet et déchu en 1824, n'indique pas les doses, mais le premier pharmacien ou
parfumeur y suppléera facilement.

Huile philocome de Aubril.

Cette mixtion, qui date de 1817, se confectionne à
froid. Il faut d'abord de l'huile de noisette et de l'huile
d'amandes, par égales parties, ainsi que de la moelle
de bœuf. Les huiles obtenues sans le secours du feu
se broient sous la mollette et s'amalgament avec la
moelle. Pour vous servir de ce cosmétique, vous en
prendrez un peu sur les doigts, que vous passerez à
plusieurs reprises sur les cheveux écartés. Si vous désirez parfumer cette huile, vous y faites ajouter quelques gouttes d'essence quelconque.

Huile de Macassar, de Naquet.

Huile de ben....................	8	litres.
Huile de noisette...............	4	
Alcool........................	1	
Essence de bergamote..........	3	onces.
Esprit de musc.................	3	
Esprit de Portugal.............	2	
Essence de roses...............	2	gros.

Mêlez et tenez le tout au bain-marie, pendant une
heure, dans un vase bien luté. Laissez ensuite dans
le même vase pendant huit jours, en remuant deux
ou trois fois par jour. Colorez avec de l'orcanette.

Huile des Célèbes.

Huile d'olive surfine............	1	pinte.
Clous de gérofle entiers.........	8	

Cannelle concassée............... ½ once.

Faites bouillir, pendant une heure environ, jusqu'à réduction au quart, puis ajoutez :

Bois de cannelle................ ½ once.

Bois de Santal................. 1 id. 4 gr.

Faites infuser pendant dix minutes, clarifiez et ajoutez quatre gros d'essence de Portugal.

Pommade canadienne, ou véritable graisse d'ours.

J'ai souvent ri de la double crédulité qui porte à croire que les parfumeurs emploient la graisse dans la pommade de ce nom, et que cette graisse épaissit les cheveux, parce que la fourrure de l'ours est épaisse. J'avais raison, et cependant ma chevelure est là pour me faire faire amende honorable. Mes cheveux tombaient tous après une maladie, et je prévoyais le moment où la perruque, hélas! deviendrait nécessaire, quand j'essayai de la *pommade canadienne.* Je dois le déclarer : grâce à son usage, mes cheveux cessèrent de tomber, et revinrent bientôt plus abondans qu'auparavant. Plus tard, la poussière de longs voyages ayant produit semblable inconvénient, le même cosmétique opéra semblable remède.

Cette pommade est d'une nuance verte ou rose (celle dont je me suis servie était de cette dernière couleur); l'odeur en est suave, et la pâte très-fine. Elle se vend à Paris, rue Saint-Martin, n° 111, chez Dissey et Pivert, et partout d'ailleurs chez les merciers et les parfumeurs qui l'ont en dépôt.

On vante la *pommade concrète pour conserver les cheveux et faciliter la coiffure,* ainsi que *la pommade des Francs* pour *arrêter la chute de la chevelure :* je ne puis certifier si ces éloges sont fondés. Ces deux préparations se trouvent aussi chez Dissey et Pivert.

Baume nerval.

Ce tonique, en donnant de la force au cuir chevelu, s'oppose avec beaucoup de succès à la chute des cheveux.

Prenez : Moelle de bœuf dépurée ..... 4 onces.

Axonge.................... 2

Huile épaisse de muscade..... 4

Huile de gérofle .... ½ once.
—— de lavande................
—— de menthe................
—— de romarin................
—— de sauge................
—— de thym................
Baume de Tolu .... 4 gros.
Camphre................... 1
Alcool à 56 degrés .... 1 onc.

Placez d'un côté, dans une fiole, l'alcool et le baume; puis faites dissoudre au bain-marie. Ajoutez ensuite le camphre et les huiles volatiles.

D'autre part, faites fondre la moelle de bœuf, l'axonge et l'huile de muscade ; passez à travers un linge dans un mortier chaud; remuez, et, quand le baume commence à se refroidir, ajoutez la solution des huiles et de l'alcool. Remuez jusqu'à l'entier refroidissement.

Les qualités tout-à-fait opposées de ces remèdes contre l'alopécie montrent assez que cette indisposition reconnaît des causes également diverses. Il est donc bien important d'apprécier la nature du mal, afin de ne pas l'accroître en cherchant à le détruire. Mais cette appréciation est souvent difficile : il faut alors tenter quelques essais. Si, après huit jours environ, l'application d'un peu d'eau-de-vie ou d'eau savonneuse à la racine des cheveux n'en arrête pas la chute, les substances graisseuses l'obtiendront, et vice versa.

Savon à teindre les cheveux en noir (voyez *Instruction sur les savons de toilette.*

Epilatoire de Pleuch.

Chaux vive...................... 12 onces.
Orpiment........................ 1
Amidon......................... 10

Ce dépilatoire ne diffère du rusma que par les plus grandes proportions de chaux et d'amidon. On en fait avec de l'eau une pâte très-molle que l'on applique sur la partie à dépiler. Dès que cette pâte est sèche, on l'humecte avec de l'eau, on l'enlève, et on lave la partie comme je l'ai dit précédemment.

Dépilatoire de Laforest.

Mercure.	2 onces.
Orpiment en poudre fine	1
Litharge *idem.*	1
Amidon *idem.*	1

Passez le tout au tamis de soie, et faites-en, avec l'eau de savon, une pâte dont on enduira la partie à épiler.

§. II. DENTIFRICES.

Nous comprenons dans cette série les poudres, les opiats, et les eaux destinées à l'entretien de la bouche.

Poudres dentifrices au charbon.

Les qualités anti-putrides du charbon, en faisant un agent précieux, il devient la base des meilleurs dentifrices.

1re Poudre.

Poudre de charbon bien fine	1 once.
Sucre.	1
Huile volatile de girofle	3 gouttes.

Faites une poudre bien intime. C'est une des plus simples.

2e Poudre.

Charbon bien pulvérisé	1 once.
Kina rouge	1
Sucre tamisé	4 gros.
Huile volatile de menthe.	4 gouttes.

Ces dentifrices simples, qui ont beaucoup de rapport avec les poudres indiquées dans le chapitre II, sont bien préférables à toutes celles où l'on emploie la crème de tartre et surtout le corail. Ils sont aussi beaucoup meilleurs que les opiats dont ces dernières substances forment la base.

Brosses dentifrices de racine de guimauve ou de raifort.

Arrachez des racines de guimauve, de mauve ou de raifort; lavez-les et râtissez-les bien. Coupez-les en bâton, effilez-en les deux extrémités, puis faites-les bouillir dans de l'eau avec de la racine de pyrètre, de la cannelle coupée en petits morceaux; quand elles seront bien bouillies et bien tendres, vous les retirerez avec précaution, de peur de les rompre, et les mettrez tremper pendant vingt-quatre heures dans de l'eau-de-vie; vous les ferez ensuite sécher au four, après que l'on en aura retiré le pain; il est inutile de les colorer. Quand vous voudrez vous en servir, vous les ferez tremper dans de l'eau chaude, et vous vous en frotterez les dents.

On trouve chez plusieurs dentistes quelques-unes de ces brosses légèrement effilées par l'un des bouts, et imprégnées d'opiat. Elles servent à la fois de brosses et de poudres dentifrices. On fait aussi des racines dentifrices en jonc rouge et en tilleul blanc.

Brosses de citron.

Je tolère ce genre agréable de brosses dentifrices, quoique je proscrive tous les acides, comme l'oseille, le sel d'oseille, la crème de tartre pure, et autres semblables dont l'action rapide, en donnant aux dents une grande et rapide blancheur, finit par en attaquer l'émail. Je les tolère, pourvu qu'on les prépare de la manière suivante, et qu'on s'en serve fort rarement.

Prenez des tranches de citron, piquez-les de clous de gérofle, et roulez-les dans une bonne poudre de charbon et de quinquina. Laissez-les sécher à moitié, mettez-les de nouveau dans la poudre; faites-les entièrement sécher. Cela terminé, arrachez les clous de gérofle, pulvérisez-les, et saupoudrez-en les tranches de citron. Pour vous servir de celles-ci, vous les tremperez dans l'eau.

Poudre de Ceylan, de L. Mayer.

Ce dentifrice, que la mode avait pris, en 1822, sous sa protection, à raison de sa couleur rosée, de sa gentille boîte à coulisse, et peut-être aussi à raison de son prix élevé, est encore un objet de prédilection pour beaucoup de personnes. Je regarde comme infiniment meilleures les poudres dont le charbon pilé forme la base, et je suis loin de conseiller l'emploi continuel de la poudre de Ceylan ; mais enfin elle est agréable, et, si l'on s'en sert rarement, en l'alternant avec les dentifrices charbonnés, on n'en éprouvera aucun inconvénient. En voici la recette :

Crème de tartre................	32 onces.
Alun calciné...................	6
Carbonate de magnésie..........	12
Sucre candi en poudre..........	12
Cochenille grise pulvérisée......	2 ½
Essence de cannelle de Ceylan....	3
Essence de gérofle.............	2 ½
Essence de menthe anglaise......	1 ½

Toutes ces substances doivent être mêlées ensemble et passées au tamis de soie pour former la poudre dentifrice. La crème de tartre seule doit être étendue sur un plateau de fer-blanc qu'on expose pendant une demi-heure à un feu modéré. On laisse refroidir, on pulvérise, on mêle le tout, etc.

Poudre péruvienne, de Poisson et Cie.

Cette poudre dentifrice a été inventée, en 1822, par MM. Poisson et Cie, pharmaciens à Paris. Elle eut, à cette époque, la réputation (qu'elle a conservée), d'être favorable à l'entretien de la bouche et des gencives. En voici la composition :

Sucre blanc...................	½ gros.
Crème de tartre...............	1
Magnésie.....................	1
Amidon......................	1.
Cannelle.....................	6 grains.
Macis.......................	2
Sulfate de kinine..............	3
Carmin......................	5

Toutes ces substances sont réduites en poudre fine, et mélangées avec beaucoup de soin : on y ajoute ensuite quatre gouttes d'huile de rose, et autant d'huile de menthe.

Poudre dentifrice suave.

Poudre absorbante.............	14 gros.
Iris de Florence...............	6
Laque.......................	4
Crème de tartre...............	3

Opiat dentifrice de charbon.

Prenez : Charbon lavé et porphyrisé.... 1 once.
       Miel blanc........................ 1
       Sucre vanillé................. 8 gros.
       Essence de rose ou de menthe. 4 gouttes.

Faites du tout un opiat qui s'emploie comme l'opiat ordinaire. Il entretient la blancheur des dents; il purifie les bouches où se trouvent des dents cariées, ou des gencives malades. Les gencives se raffermissent au bout d'un certain temps.

On peut ajouter à cet opiat 4 gros de poudre de quinquina pour le rendre plus efficace.

Opiat dentifrice rouge, ou de corail.

Il est de beaucoup inférieur au précédent, quoique d'un aspect plus agréable.

Corail rouge en poudre........... 1/2 livre.
Cannelle fine id.................. 2 onces.
Cochenille...................... 1
Alun........................... 3 gros.
Miel très-beau................. 20 onces.
Eau............................, 1 once.

Triturez, dans un mortier, la cochenille, l'eau et l'alun; laissez macérer pendant vingt-quatre heures : ajoutez ensuite le miel, la cannelle et le corail : faites reposer deux jours pour laisser passer l'effervescence qui se déclare; remuez ensuite, en aromatisant avec quelques gouttes d'huile de gérofle, de roses, de menthe, etc., suivant le goût du consommateur.

Eau-de-vie de Gaïac.

Elle jouit d'une réputation méritée pour arrêter la carie des dents, raffermir les gencives et maintenir la bouche en bon état.

Prenez : Gaïac râpé................. 2 onces 1/2
       Eau-de-vie à 20°............ 2 livres.

Faites macérer pendant vingt jours : passez avec expression, et filtrez.

Esprit odontalgique de Boerhaave.

Alcool à 33 degrés.............. 1 once.
Camphre .... 4 gros.

Opium en poudre............... 20 grains.
Huile de gérofle................ 80 gouttes.
On mélange le tout ensemble sans qu'il soit néces-
saire d'avoir recours au pharmacien.

Esprit de pyrètre simple.

Racine de pyrètre en poudre..... 1 livre.
Alcool à 22 degrés.............. 4
Après quelques jours de macération, on distille au
bain-marie. Cette préparation, ainsi que les précédentes, est bonne à la fois pour entretenir la bouche et calmer les maux de dents.

Eau de Stahl.

Ce cosmétique est utile pour aiguiser l'eau avec laquelle on se nettoie les dents; il s'emploie aussi pour
laver le visage, ajouter aux bains, etc.
Prenez, pour 9 litres d'alcool,

Eau de rose..................... 3 litres.
Racine de pyrètre............... 5 onces.
   — de souchet. 3
Tormentille..................... 3
Baume du Pérou 3
Cannelle fine................... 5 gros.
Galéga .... 1 once.
Ratania......................... 1

Réduisez en poudre les substances, et jetez-les dans
l'alcool : agitez et laissez macérer pendant six jours.
Faites reposer ensuite vingt-quatre heures et décantez.
Quand la liqueur sera tirée à clair, ajoutez :

Huile essentielle de menthe...... 1 gros $\frac{1}{2}$.
Cochenille en poudre........... 4 gros.

Laissez de nouveau infuser trois jours, décantez le
quatrième, et filtrez. L'eau de Stahl a été, en 1819,
l'objet d'un brevet d'invention, pris par M. Manseau,
à Paris.

Elixir de Rose.

Cet élixir, à l'usage de la bouche, est composé
d'eau-de-vie, de clous de gérofle, de cannelle de
Ceylan, d'essence de rose dissoute dans un peu d'eau
chaude, et de sucre blanc. On voit qu'il ne peut être

nuisible, et que, tout au contraire, il est bienfaisant,
agréable. Son auteur, Mme Chevalier-Joly, à Paris,
en a fait l'objet d'un brevet d'invention en 1822. On
mêle l'élixir de rose à l'eau ordinaire dans la proportion de six gouttes pour un demi-verre d'eau.

Eau stomophélie de Aubril.

Cette eau balsamique est propre à la conservation
des dents, à l'affermissement des gencives et à la suavité de la bouche. Sa composition est fort simple :
c'est une infusion de quinquina dans l'alcool, auquel
on ajoute une teinte d'orcanette. Le sieur Aubril l'a
perfectionnée en 1821, en y ajoutant de l'essence de
menthe et de l'essence de gérofle dont les qualités dentifrices sont connues.

Elixir pour les dents, de l'abbé Ancelot.

Prenez : Racine de pyrètre en poudre...   1 once.
Esprit de romarin...........   3

Après quinze jours de macération, vous couperez
cet élixir avec deux fois autant d'eau pour vous rincer la
bouche. On voit qu'on peut très-aisément le préparer.

Elixir de Lafaudinière pour le même objet.

Prenez : Gaïac râpé................   1 demi-once.
Pyrètre....................   1 gros.
Noix muscades............   1
Gérofle....................   1 demi-once.
Huile de romarin.........   10 gouttes.
— de bergamote   4

Après quinze jours ou un mois de macération, filtrez, et conservez dans un flacon bien bouché. Pour
raffermir les gencives, vous en mettrez une cuillerée
à café dans un verre d'eau, et vous vous rincerez la
bouche avec ce liquide (1)

(1) On vante l'eau *denti-dolori-fuge* pour calmer les maux de
dents, prévenir ou arrêter la carie, dissiper la mauvaise odeur de
la bouche, ou maintenir l'haleine agréable. Tout ce que je sais de
cette eau, c'est qu'elle se vend 2 fr. le flacon chez M.me Delacour,
rue St.-Honoré, n° 69, à Paris.

Paraguay-Roux, ou esprit de cresson de pyrètre et de para.

Quelles que soient, dans ce bas monde, vos occupations, vos habitudes et les journaux que vous lisiez, vous n'aurez certainement pas échappé aux quotidiennes et fastueuses recommandations de l'inimitable *Paraguay-Roux*. Or, cette précieuse découverte, que MM. Chaix et Roux se sont adjugée par brevet d'invention, est tout simplement de *l'esprit de cresson de para* et de pyrètre, auquel on a joint la racine insignifiante *d'inula bifrons*. C'est le docteur Babi qui, le premier, a fait connaître les propriétés anti-scorbutiques et odontalgiques du cresson de para.

Vous pouvez aisément faire préparer le Paraguay, au moyen des formules suivantes :

Cresson de para (*spilanthus oleiaceus*)
    fleuri et mondé de sa tige........ 4 onces.
   Alcool à 33°..................... 1 livres.

En distillant, au bain-marie, pour recueillir près d'une livre d'esprit, et vous aurez un excellent odontalgique dont vous vous servirez à la dose d'une cuillerée à bouche dans un demi-verre d'eau pour raffermir les gencives. Si vous voulez essayer du Paraguay-Roux, ajoutez, avant la distillation :

Racine de pyrètre............... 1 once.
   —   d'inula bifrons.......... 1

Esprit de pyrètre composé.

Cet odontalgique, très-suave, se prépare ainsi :
Prenez : Poudre de cannelle fine.... 1 gros 1 scrup.
     — de coriandre....... 19 gros.
     — de vanille......... 19
     — de gérofle......... 18 grains.
     — de cochenille...... 18
     — de macis.......... 18
     — de safran......... 18
     — de sel ammoniac... 18
  Esprit de pyrètre simple, indiqué plus haut.......... 1 litre.
Après quinze jours de macération, ajoutez :
   Eau de fleur d'orange triple........ 1/2 once.

Huile d'anis	18 gouttes.
— de citron	18
— de lavande	9
— de thym	9
Ambre gris en poudre	3 grains.

Mêlez les deux liqueurs après avoir commencé par faire infuser l'ambre gris dans l'esprit de pyrètre. Filtrez après deux jours de macération.

§. III. Cosmétiques pour adoucir et blanchir la peau.

Pâte divine de Vénus.

Ce titre pompeux, charme des élégantes vulgaires, effroi des dames éclairées, ne désigne pourtant ni un trésor, ni un poison, mais tout simplement une pommade composée de graisse, de beurre, de miel et de quelques aromates. La *pâte divine de Vénus*, destinée à remplacer la pâte d'amandes, a été composée par M. Bourdel, chimiste à Paris, et fut l'objet d'un brevet d'invention expiré en 1824.

Pommade mexicaine.

Il est des habitudes et des préventions en toilette comme en beaucoup d'autres choses; aussi, telles dames, accoutumées à se servir uniquement *d'eau de Cologne*, proscriront, sans nul examen, les cosmétiques les plus innocens, les plus heureux. Et, pour l'observer en passant, cette rigueur ne serait-elle pas affaire d'amour-propre? Ne tiendrait-on pas à prouver que l'on est belle à moins de frais, de soins qu'il se peut? Je ne sais, mais il me semble que les seules tartufes de coquetterie peuvent blâmer la *pommade mexicaine* dont toutes les parties sont bienfaisantes. La voici :

Corps gras extrait du cacao	64 onces.
Huile de noisette	32
Huile de ben	32
Vanille	2
Baume blanc du Pérou	1 gros.
Fleur de benjoin	1/2
Civette	1/2 grain.
Néroli	1
Essence de rose	1

Esprit d'œillet-géroflée.......... 1 once.
Eau odorante de citron et de ber-
    gamote distillée............ ½ bouteil.

On fait macérer la vanille dans le beurre de cacao pendant huit jours, dans une étuve chauffée à 20 degrés. Dans un demi-verre d'alcool, on dissout le baume du Pérou, le benjoin, la civette, et l'on ajoute l'esprit d'œillet à cette dissolution. D'autre part, on incorpore l'essence de rose et le néroli dans les huiles de ben et de noisette, en remuant le mélange fortement.

Ces préparations achevées, on verse, dans un poêlon étamé, le beurre de cacao et la vanille, en faisant bouillir doucement au bain-marie. A la première ébullition on ajoute l'esprit aromatique, et l'on dirige ensuite également l'ébullition pendant un quart-d'heure, afin que l'alcool puisse s'évaporer, afin qu'en même temps les arômes et matières résineuses dont il est chargé puissent se fixer dans le corps gras : alors on ajoute les huiles, et on retire le tout du feu un instant après. Cela fait, on verse le mélange dans un mortier de marbre à travers un tamis, et l'on remue avec un pilon. Au bout d'une heure environ, le mélange, s'étant un peu refroidi, présente la consistance d'une crème liquide. Avant qu'il ne soit trop figé, il faut se hâter d'y ajouter l'eau odorante par petites quantités, en remuant avec beaucoup de vitesse. Ensuite, pour colorer agréablement la pommade, on y jette une petite quantité de carmin clarifié avec de l'eau et de l'alcali volatil. On continue de remuer jusqu'à ce que la pâte soit entièrement refroidie, et c'est alors qu'on la met dans des pots.

Cette pommade, pour laquelle MM. Michel et Lange, parfumeurs à Paris, ont pris, en 1819, un brevet d'invention de cinq ans, doit s'étendre sur le col, la figure, etc., avec le doigt. On trempe ensuite une très-fine éponge dans l'eau à peine tiède, et on la passe légèrement sur la peau enduite de pâte, jusqu'à ce que celle-ci soit complètement fondue. On termine par essuyer avec un morceau de linge fin.

Pâte axérasine de Bazin.

Prévenue contre les cosmétiques en général, comme

on l'a pu voir par la première édition de ce Manuel, je n'en faisais jamais usage. Plus ils étaient enjolivés, dorés, rosés, plus je m'en défiais. Vainement on m'avait vanté la *pâte axérasine*; vainement elle demandait grâce par sa devise gracieuse :

« De la fleur des amours j'ai pris la douce odeur,

» J'emprunte son éclat et donne sa fraîcheur. »

Elle n'aurait point obtenu son admission sur mon humble toilette, sans la docte recommandation de MM. Chaussier Henri et Hyppolite Cloquet, sans la nécessité d'essayer quelques-unes des compositions dont il fallait bien insérer la recette dans la deuxième édition du Manuel incomplet. Eh bien ! mesdames, la coquetterie a rendu, en cette occasion, grâce à la bonne foi : le prospectus de M. Bazin est un prospectus véridique. Comme il le dit, cette pâte ne s'altère ni par l'air, ni par le froid, ni par la chaleur, et son usage donne à la peau un éclat, une douceur remarquables.

A ces témoignages d'une expérience journalière, ajoutons les témoignages du savoir.

M. Bazin, parfumeur, rue Saint-Denis, n° 268, à Paris, présenta, en 1822, la *pâte axérasine* à l'Académie royale de médecine. Une commission, chargée de l'examiner, s'exprime ainsi par l'organe de MM. les docteurs ci-dessus nommés.

« Messieurs, disent-ils, jusqu'à présent les commis-
» sions que vous avez nommées pour examiner les de·
» mandes de ce genre n'ont eu, le plus souvent, que des
» conclusions défavorables à donner ; car elles ont eu
» pour mission de s'occuper de formules médicales à
» la faveur desquelles un charlatanisme éhonté, ten-
» dant des piéges à la crédulité humaine, mendiait
» effrontément un salaire qui devait tourner au profit
» de la plus crasse ignorance. Nous avons donc dû,
» pour ne pas nous montrer moins dignes que nos pré-
» décesseurs de l'honneur que vous nous faites, ap-
» porter la plus grande sévérité dans l'examen de la
» composition soumise à notre jugement, et nous
» vous en communiquons aujourd'hui les résultats.

« La *pâte axérasine* a été, en conséquence, de votre

» vœu, préparée à la pharmacie centrale des hôpitaux
» civils, suivant la formule donnée par l'auteur, avec
» tous les soins qu'il indique. »

Cette formule, la voici telle que la porte le brevet
d'invention obtenu en 1822 par M. Bazin.

Poudre d'amandes amères........	8 onces.
Huile d'amandes amères........	12
Savon vert du commerce (1).....	8
Blanc-de-baleine..............	4
Poudre de savon..............	4
Cinabre.....................	2 gros.
Essence de rose..............	1

Manipulation.

Faites fondre, au bain-marie, le savon et le blanc-
de-baleine dans l'huile, puis ajoutez la poudre de savon. Quand le mélange est achevé, jetez le tout dans
un mortier de marbre et pilez, en mettant peu-à-peu,
la poudre d'amandes amères jusqu'à parfait mélange :
mettez enfin l'essence de rose et les deux gros de cinabre. Cette dernière substance aura dû être préalablement délayée dans le mortier avec quelques gouttes
d'essence de bergamote.

Après avoir réparé l'omission dont nous avons parlé
en note, les commissaires, ayant obtenu une pâte absolument semblable à celle de M. Bazin, continuent
en ces termes :

» Une analyse comparative des deux pâtes nous
• a donc mis à même de conclure,

» 1°. Que ce cosmétique n'offre rien de dangereux ;

» 2°. Qu'il a l'avantage de se conserver long-temps
» sans se dessécher et sans fermenter. (C'est pour cette
» propriété que l'auteur nomme sa pâte *axérasine*.)

» 3°. Que la petite quantité d'une substance métal-
» lique qu'elle renferme, loin d'avoir rien de dange-
» reux, peut, au contraire, devenir utile en faisant dis-

---

(1) Une légère omission de l'auteur dans la formule a fait recommencer le travail des commissaires. Comme l'espèce de savon
n'était pas indiquée, ils avaient employé du savon blanc, et la pâte
avait alors une teinte rosée différente de celle de lie de vin que
présentait l'échantillon.

» paraître la teinte livide de certaines éphélides, en
» agissant sur certaines pustules plus ou moins désa-
» gréables pour ceux qui en sont attaqués ;

» 4°. Qu'elle blanchit et adoucit la peau ; qu'elle
» l'assouplit et jouit d'ailleurs d'une odeur fort agréa-
» ble à cause des parfums que l'on y mêle ;

» 5°. Que, par conséquent, elle remplace, avec un
» avantage marqué, toutes les espèces du même genre
» imaginées ou employées jusqu'à ce jour, même les
» différens savons de toilette qui ont l'inconvénient
» de contenir une trop grande quantité d'alcali, neu-
» tralisé ici par une substance grasse particulière. »

Fort de cette puissante approbation, M. Bazin assure que sa composition débarrasse l'épiderme des
substances terreuses, farineuses, des taches de rousseur,
des masques de couche, de la surface cailleuse qui
suit la petite vérole. Il ajoute qu'elle est aussi un excellent préservatif contre les engelures (ce que je n'at-
teste pas), et un puissant moyen de santé, par sa propriété de rendre la transpiration plus abondante qu'à
l'ordinaire.

La pâte axérasine, qui se dissout à l'eau pure, s'emploie ainsi pour les mains :

Il faut 1° prendre avec l'index la grosseur d'une
noisette ; 2° étaler cette pâte dans la paume de la main
gauche ; 3° tremper les deux mains dans l'eau légèrement tiède, les retirer de l'eau, les bien frotter pendant quelques minutes, et reprendre de l'eau jusqu'à
ce qu'il ne reste plus aucune trace de la pâte sur les
mains. En sortant du bain, on l'étend sur le corps à
l'aide d'un morceau de flanelle, ou mieux encore
d'une éponge humide.

Pour la figure, on en prend un peu au bout de l'index droit, on plonge un moment ce doigt dans l'eau
tiède, et, dès que la pâte est un peu ramollie, on l'é-
tend uniformément sur le visage. Lorsqu'il fait froid,
on trempe de nouveau le doigt dans l'eau pour aider à
rendre la pâte plus ductile. Après cela, on penche le
visage au-dessus d'une cuvette, on trempe une éponge
fine dans l'eau tiède, et, tout en fermant les yeux,
on se lave bien la figure à plusieurs reprises ; alors la
peau se montre douce, brillante, rosée. Si, le premier

jour qu'on fait usage de la pâte, la partie lavée paraissait farineuse, il faudrait aussitôt recommencer toute
l'opération : les jours suivans, on n'aura jamais besoin
de réitérer. Cette dernière observation appartient au
parfumeur; car je ne me suis jamais aperçue de cet
effet.

Ce cosmétique a tellement d'efficacité, qu'ayant
oublié de laver l'éponge avec laquelle je l'enlève ordinairement, et m'en servant par hasard, j'ai éprouvé
les résultats un peu affaiblis, mais encore très-mar-
qués, de l'application de la pâte même.

On doit la couvrir par propreté seulement ; car elle
resterait exposée à l'air sans perdre son état de moiteur. C'est là son caractère essentiel qui permet de la
transporter dans tous les climats, de la conserver à
toutes les températures.

La pâte axérasine, dont l'odeur rappelle le parfum
de la rose mélangé avec l'anis, se vend, chez son
auteur, à raison de 5o centimes l'once pour les pots de
petite dimension : elle est moins chère en plus grande
quantité. Il n'en fait point de dépôts ; mais, si l'on est
éloigné de Paris, la préparation peut se tenter avec
succès ailleurs.

J'ai parlé longuement de ce cosmétique, parce que,
dans tout l'arsenal de la parfumerie, il est rare de
trouver une composition si sûre, si bienfaisante, et
qu'il importe de la bien distinguer. Si, comme moi,
mes lectrices étaient disposées par lui en faveur de M.
Bazin, je leur dirais qu'on trouve dans ses magasins de
charmans articles de toilette, tels que *lait de rose, lait
de concombre, crême de Perse,* etc.; mais je ne les puis
garantir, car je n'en ai point fait l'essai.

Pâte cymodoce de Dyssei et Pivert.

Je ne sais si je conduirai mes lectrices à la coquetterie;
mais je cours risque d'y arriver moi-même. Ne voilà-t-il
pas encore un cosmétique que leur intérêt me fait employer? Il a beaucoup d'analogie avec le précédent :
comme lui, il ne peut s'avarier; il s'emploie de même,
il est à-peu-près du même prix, mais la pâte est
plus rosée, moins suave, moins fondante. Ses auteurs,
qui le regardent comme une de leurs précieuses com-

positions pour blanchir et adoucir la peau, en recommandent surtout l'usage contre les boutons et les dartres farineuses. Tout ce que je puis affirmer, c'est qu'il donne, en effet, beaucoup de blancheur, de douceur à la peau; mais je lui préférerais la pâte axérasine.

SERKIS DU SÉRAIL, des mêmes.

Poudre favorite des Sultanes, importée de l'Achaïe, pour blanchir la peau, et ôter les taches de rousseur; cela signifie, en langage de prospectus, le mélange suivant :

Pâte d'amandes douces, en poudre très-fine..........	10 livres.
Farine de seigle............	6
Fécule de pomme-de-terre...	6
Huile de jasmin............	8 onces.
Huile de fleur d'oranger.....	8
Huile de rose.............	8
Baume du Pérou noir.......	6
Essence de rose............	60 grains.
Essence de cannelle fine.....	60

Dans une terrine vernie, faites un mélange séparé de ces essences et de ces corps gras : versez dessus la totalité des poudres, par petites parties; broyez bien le tout et passez au tamis fin.

Pour colorer en rose trois livres de cette composition, prenez une once et demie de cochenille en poudre très-fine, mélangez et passez au tamis fin.

MM. *Dissey et Pivert*, parfumeurs, rue St.-Martin, n° 111, vendent à la douzaine le *serkis du sérail*, en petites boîtes octogones.......... 12 fr.
Et en grandes boîtes............ 24

Assez communément ils accompagnent ce cosmétique d'une pâte rose pour colorer la peau, qui augmente la douzaine de boîtes de...... 6 fr.

Blanc de neige, des mêmes.

J'ai véritablement regret de ne pouvoir joindre mes suffrages à ceux qui ont accueilli le *blanc de neige* dès son apparition en 1829. Il m'en coûte de blâmer cette composition si fraîche, si douce, dont la blancheur a tant d'éclat, dont le parfum spécial, dont les premiers effets sont si séduisans; mais la vérité ne doit pas plus épargner ce pouvoir cosmétique que tout autre pouvoir.

Obligée de parler dans ce Manuel de cette substance à la mode, je m'en suis pourvue. Son odeur légèrement acide a beaucoup de l'odeur des amandes amères : sa poudre impalpable et brillante, fond aussi vite que la neige dans l'eau qu'elle colore légèrement en gris. Elle rend tout d'abord la peau parfaitement nette de toutes impuretés ; elle enlève même rapidement la crasse qui se loge parfois opiniâtrément dans les pores ; par son action, la peau, ainsi nettoyée, prend un poli, un luisant, une transparence admirable. On s'applaudit, et cependant si le blanc de neige a été appliqué au visage, sa causticité s'est révélée par une sensation douloureuse sur le bord des lèvres, et, quelques heures après, la surface brillante de la peau présente des rides légères et multipliées qui se creusent à mesure que l'on fait usage de ce cosmétique séducteur.

Voilà ce que j'ai éprouvé, mesdames, peut-être cela tient-il à la nature de ma peau très-susceptible d'ailleurs. Je vous laisse décider, et, pour compléter cette instruction sur le *blanc de neige*, j'ajouterai la manière de s'en servir. On en prend une pincée dans le creux de la main, on l'humecte d'un peu d'eau, on s'en frotte dans tous les sens, puis on se lave ensuite. Pour les bains, on en saupoudre une éponge humide que l'on passe sur tout le corps. M. Pivert prétend que cette poudre est un remède certain contre les engelures.

Crème du Caitay, de J.-M. Farina.

Cet élégant cosmétique, pour lequel, en 1819, M. Farina a pris un brevet d'invention, se compose ainsi :

Térébenthine de la Mecque......	5 grains.
Huile d'amandes douces.........	4 onces.
Blanc de baleine................	2 gros.
Fleur de zinc...................	1
Cire blanche...................	2
Eau de rose....................	6

On mêle ces substances et on les expose au bain-marie ou de sable. Selon son auteur, cette crème cosmétique, des plus agréables, nourrit la peau, donne de la blancheur, et détruit les rides occasionées par la sécheresse. Ce sont des promesses que, faute d'expérience, je ne puis garantir, mais tout porte à penser qu'elles ne seront point trompeuses.

Pommade en crême.

J'aime peu les pharmaciens comme confiseurs, mais, en qualité de parfumeurs, ils m'inspirent toute confiance, et j'emprunte avec plaisir au *Manuel de pharmacie populaire* la recette suivante :

Prenez parties égales de cire blanche...   1 gros.
      Blanc de baleine...........   »
Ajoutez huile d'amandes douces.......   2 onces.
      Eau de rose.................   ½ once.
      Teinture de baume de Tolu...   1 gros.

Le *Manuel* dit que cette composition produit un très-suave et très-bon cosmétique. Je le répète comme lui.

Lait cosmétique.

On peut le préparer soi-même et s'en servir comme de l'eau de benjoin qui n'est autre que le *lait virginal* ordinaire.

      Eau de rose double............   8 onces.
      Teinture de benjoin...........   ½ once.
      De baume de la Mecque........   *id.*

Agitez ensemble. Ce lait, plus suave que l'eau de benjoin, est encore meilleur.

Lait virginal varié.

      Teinture de benjoin...........   2 gros.
      Eau de fleur d'orange..........   7 onces.

Teinture de benjoin.

Prenez benjoin en larmes pulvérisé.....   2 onces.
      Alcool à 36°..................   1 livre.
Filtrez après cinq jours d'infusion.

Eau de Paris, par *M. Laugier.*

Le brevet d'invention qui donne la formule suivante n'est, selon moi, qu'un brevet de transposition. Vous verrez plus tard.

Alcool à 33 degrés...............	8 pintes.
Essence de citron...............	2 onces.
—— de bergamote..........	id.
—— de Portugal...........	4 gros.
—— de néroli...............	id.
—— de romarin.............	2 gros.

Eau d'Ispahan, de *MM. Laugier, père et fils.*

Voici encore une eau renommée et coûteuse, recommandable par ses auteurs, et qui peut se fabriquer à bon marché, aussi bien en tout autre lieu que dans la rue Grenétat, à Paris.

Essence d'orange de Portugal...	1 kilog.
—— de romarin.............	100 gram.
—— de menthe.............	40
—— de gérofle.............	70
—— de néroli fin..........	70
Esprit-de-vin................	72 litres.

Les quantités indiquées par cette formule sont très-considérables, mais on peut les réduire facilement. L'eau d'Ispahan est employée fort avantageusement aux mêmes usages que l'eau de Cologne.

Eau des odalisques, de *Bacheville.*

Importée en 1820, cette liqueur cosmétique s'emploie en frictions, en lotions, en bains. Pour les lotions, il faut la mêler avec six parties d'eau ordinaire. Elle est encore utile pour entretenir la fraîcheur de la bouche : alors on ajoute à quatre cuillerées d'eau tiède ou froide vingt-cinq gouttes de cette liqueur. Si les gencives sont saignantes et gonflées, il est nécessaire de doubler la dose et de se gargariser plusieurs fois par jour.

Pour composer cinq bouteilles de ce cosmétique, prenez :

Quatre bouteilles, alcool à 32 degrés,
Une bouteille, eau de rose,

Un demi-gros, cochenille du Mexique.
Quatre onces, crème de tartre soluble.
Une once et demie, styrox.
Cinq gros, baume liquide du Pérou.
Idem, baume sec du Pérou.
Une once, galanga.
Une once et demie, racine de pyrètre.
Idem, racine de souchet.
Un gros, vanille.
Deux gros, écorce d'orange sèche.
Un gros, cannelle fine.
Idem, essence de menthe.
Idem, racine d'angélique de Bohême.
Idem, semence d'aneth.
Faites infuser pendant 8 jours et filtrez.

Eau des Alpes.

On trouve dans le recueil des brevets d'invention de 1824 la recette de cette eau spiritueuse à l'usage de la toilette. M. Lieutaud, son auteur, lui donne le nom d'*eau des Alpes*; parce qu'il y emploie de préférence, dit-il, des plantes qui croissent dans le département des Alpes maritimes. Voici cette composition qui ne présente absolument rien de nuisible :

Esprit-de-vin à 30 degrés.........	2 litres.
Huile essentielle de fleur d'orange.	1 once 2 gros.
d°.....d°.....d'absinthe......	2 onces.
d°.....d°.....Portugal........	4 id.
d°.....d°.....cédrat..........	1 once 2 gros.
d°.....d°.....bergamote......	idem.
d°.....d°.....citron..........	4 onces.
d°.....d°.....gérofle..........	1 idem.

On mêle toutes ces huiles essentielles ensemble par égales parties, ainsi que l'alcool, puis on conserve cette liqueur en bouteilles bien bouchées. On la mélange avec de l'eau de fontaine pour l'usage journalier.

Eau des Bayadères, de Naquet.

Les différentes expositions des produits de l'industrie, son magnifique magasin au Palais-Royal, l'élégance et la suavité de ses produits, ont fait de *Naquet* une renommée. Aussi, pensons-nous que la recette suivante sera accueillie comme une bonne fortune par nos aimables lectrices.

L'eau des Bayadères, qu'un brevet d'importation a fait connaître en 1822, doit, selon son inventeur, rafraîchir la peau, embellir le teint, effacer les taches de rousseur. On en met quelques gouttes dans un verre d'eau, assez pour qu'il soit coloré et parfumé. Ce cosmétique se compose de :

Essence de bergamote...........	4 onces.
Id....de citron...............	2
Id....de Portugal............	2
Id....de néroli fin...........	1
Id....de petit grain..........	1
Baume de tolu pulvérisé.........	2
Essence de romarin.............	$\frac{1}{2}$
Id....de rose.................	20 gouttes.
Cochenille pour colorer.........	$\frac{1}{2}$ once.

On met infuser le tout pendant dix jours dans douze litres d'alcool trois-six de Montpellier ; on filtre ensuite et l'on met en bouteilles.

Eau spiritueuse royale, du même.

C'est une sorte d'eau de Cologne inventée en 1821, par *Naquet* et *Mayer* (brev. d'inv.) et perfectionnée peu après par les mêmes. Nous allons donner les deux compositions.

Ire composition.

Essence de néroli superfin.....	1 once 4 gros.	
—— de bergamote........	9	
—— de citron...........	*id.*	
—— de thym............	2 *id.*	4 *id.*
—— de romarin..........	*id.*	*id.*
—— de rose.............	»	1
Baume de tolu en poudre......	10	
Benjoin...................	6	

Mettez le tout dans un alambic avec quatre litres d'esprit de-vin trois-six de Montpellier, puis distillez à feu lent pour en tirer trois litres, que vous mêlerez bien avec quatre-vingt-dix pintes d'esprit semblable au précédent. Laissez ce mélange en infusion pendant quinze jours. Jetez ensuite sur le résidu resté dans l'alambic quinze litres d'eau de fleur d'orange, et distillez pour en tirer dix pintes, que vous mélangerez avec tous les objets ci-dessus, ce qui réduit la mixtion de 33 degrés à 30.

IIᵉ composition.

Essence de néroli superfin.......	2 onces.
—— de bergamote..........	12
—— de citron.............	10
—— de thym.............	1
—— de romarin...........	2
—— de baume de tolu.......	10
—— de benjoin...........	12
—— de baume du Pérou......	12
—— de lavande...........	3
—— de vanillon...........	4
—— de menthe...........	4 gros.
—— de gérofle...........	1
—— de gingembre..........	4

Après huit jours d'infusion, on passe toutes ces substances dans une toile royale : on met le tout distiller dans l'alcool trois six de Montpellier, à la mesure de douze pintes : on mêle le produit de cette distillation avec quatre-vingt-dix pintes d'esprit. On laisse le tout infuser pendant vingt-quatre heures, et on amalgame quatre pintes d'eau de fleur d'oranger, ce qui réduit l'eau de Cologne de 33 à 32 degrés. Le liquide obtenu par ce procédé est plus chargé d'essence : il a plus de force et par conséquent plus de parfum.

Eau des Templiers ou eau de Cologne balsamée. (Brevet d'invention.)

Voici comment M. Fabre donne la formule de cette eau, véritablement la plus suave de toutes les eaux de Cologne.

Prenez : Alcool...................	5 pintes.
Ether acétique...........	8 onces.
Baume de Judée..........	1 livre.
Résine de gaïac..........	1
Fèves grecques..........	8
Badiane.................	1

Concassez ce qui doit recevoir cette préparation, mêlez bien et distillez après quarante-huit heures de digestion. Ajoutez au produit de cette distillation :

Essence de fleurs d'orange...	5 onces 4 gros.
—— de cédrat............	11
—— de romarin.........	3
—— de lavande.........	4
—— de thym...........	id.
—— de citron...........	10
—— de bergamote.......	id.
Eau de mélisse.............	12
— de roses doubles........	5
— de jasmin.............	5

Distillez et conservez la liqueur dans un flacon bien bouché.

Eau athénienne.

Faites dissoudre du benjoin, de l'encens et de la gomme arabique, de chaque une once, dans trois pintes d'esprit de vin; ajoutez-y du gérofle, de la muscade, de chaque demi-once; du pignon, des amandes douces, une once et demie, et deux grains d'ambre et de musc (vous ferez bien de vous dispenser de mettre ces derniers parfums). Pilez le tout, laissez-le infuser pendant deux jours, en le remuant chaque jour deux fois. Ajoutez ensuite trois demi-setiers d'eau de rose, et distillez pour en obtenir deux pintes et demie.

Eau de fraises pour adoucir et blanchir la peau.

Prenez des fraises bien mûres, écrasez-les bien dans un vase; pressurez-les ensuite dans un linge blanc, et mêlez la liqueur qui en découlera avec du lait, et un peu d'eau. Il faut faire la préparation pour chaque soir; parce que, dans la grande chaleur surtout, elle s'aigrit très-promptement.

Eau des rosières, par M. Briard. (Brevet d'invention.)

Esprit de rose.................	4 pintes.
— de jasmin...............	1
— de fleur-d'orange.........	1
— de concombre...........	2 $\frac{1}{4}$
— de céleri..............	id.
— d'angélique.............	id.
Teinture de benjoin...........	$\frac{3}{4}$

Ajoutez quelques gouttes du baume de la Mecque. Cette eau me paraît suave et très-favorable à la peau.

Passons maintenant, mesdames, à quelques indications que l'on pourrait appeler *cosmétiques de ménage*. Ils sont économiques, simples, bienfaisans, mais ennuyeux par la nécessité d'en répéter très-souvent la préparation.

Eau d'orge préparée pour effacer les rides.

Quoique cette eau ne possède vraisemblablement point cette vertu, elle offre un cosmétique simple et salutaire. Il suffit de faire bouillir, dans une pinte d'eau, une poignée d'orge perlée, de passer l'eau après que les grains sont bien enduits, et d'y ajouter quelques gouttes de baume de la Mecque.

Préparation du docteur Withering pour dissiper les éruptions de la peau.

Exprimez du jus de poireau, mêlez avec une égale quantité de lait doux ou de crème, et servez-vous-en pour laver les boutons, qui sécheront, et tomberont promptement sans laisser de taches.

Infusion cosmétique, du même, pour la peau.

Faites infuser du raifort dans du lait, et lavez-vous chaque soir le visage avec cette simple composition.

Eau de veau pour calmer l'échauffement du teint.

Prenez un morceau de veau gros comme deux fois le pouce; faites-le cuire dans une demi-tasse d'eau, sans herbe ni sel, lorsqu'il sera cuit, passez la liqueur à travers un linge blanc, et lavez-vous-en le visage chaque soir.

Je recommande spécialement à mes lectrices ce procédé, dont j'ai fait l'expérience autrefois. C'est le meilleur de tous les cosmétiques pour calmer l'irritation de la peau; mais je ne conseille pas d'en user continuellement, de peur qu'il ne la rende trop luisante, ce qui pourrait être attribué au fard.

Ce remède et les deux indications précédentes doivent être particulièrement distingués.

Lait de rose.

Ajoutez une once d'huile d'olive fine et dix gouttes d'huile de tartre à une pinte d'eau de rose; vous transvaserez l'huile de tartre avant de la réunir au mélange.

Manière de faire des gants gras pour préserver les mains des gerçures occasionées par le froid.

Les personnes blondes, et généralement celles qui ont la peau fine et facile à irriter, celles qui sont sujettes aux engelures, éprouvent, durant l'hiver, des accidens qui, sans être graves, sont importuns et douloureux. La préparation suivante, que j'emprunte au n° 82 (janvier 1832 du *Journal des Conn. us.*, est on ne peut plus utile pour prévenir ces acidens et pour entretenir la main dans un état de fraîcheur, de blancheur qui fait remarquer sa beauté. Voici cette recette :

Cire vierge......................	4 gros.
Blanc de baleine...............	4
Savon blanc...................	4
Graisse de cerf................	1 once.
ou bien graisse de rognon.	
de mouton....................	7 gros.
ou bien encore sain-doux.....	1

Mincez séparément chacune de ces substances, faites-les fondre au bain-marie, et, lorsqu'elles seront fondues, ajoutez :

Huile d'olive...................	1 once $\frac{1}{2}$.
Pommade rosat...............	1 id. $\frac{1}{2}$.
Benjoin.......................	1 gros.
Baume du Pérou...............	1
Essence de rose ou autres....	quelques gouttes.
Eau de miel, de bouquet, etc.....	$\frac{1}{2}$ once.

Agitez jusqu'à ce que le mélange soit parfait. Puis, lorsque la masse est bien chaude, retournez des gants blancs à l'envers, étendez-les sur une petite planche, et, à l'aide d'un pinceau trempé dans cette pommade, enduisez-les bien fortement. Retournez-les ensuite, soufflez dedans pour les dilater et tenir leurs parois écartées : terminez par les suspendre dans un lieu un peu chaud pour les faire sécher.

Chaque paire de gants peut servir quinze jours. Il est bon d'en préparer plusieurs paires à la fois. Le reste de la pommade s'utilise avec succès pour faire des frictions aux mains. Celles de mes lectrices qui seront affligées de fortes engelures porteront les gants gras la nuit et le jour, en plaçant, dans ce dernier cas, des gants ordinaires par-dessus. Si les engelures sont légères, ou même s'il ne s'agit que d'éviter l'action du froid, on les porte seulement dans la maison.

Autre genre de gants cosmétiques.

La préparation de ces gants ressemble beaucoup à la précédente. Elle consiste à battre deux jaunes d'œufs très-frais dans deux cuillerées d'huile d'amandes douces; puis, ajouter à ce mélange une demi-once d'eau de rose et deux gros de teinture de benjoin. On trempe les gants retournés dans ce cosmétique et on les met pendant la nuit.

Si vous trouvez de l'ennui à faire préparer ou à porter des gants cosmétiques, vous pouvez vous dispenser de cette précaution fastidieuse tout en vous assurant ses bons effets. Pour cela, il faudra faire usage de gants de Suède, que vous trouverez chez les parfumeurs bien assortis. Ces gants propres, mais peu brillans, conviennent très-bien pour toutes les sorties habituelles et pour le négligé.

Pâte économique pour blanchir les mains.

Faites bien cuire des pommes de terre les plus blanches et les plus farineuses que vous pourrez trouver; pelez-les; écrasez-les bien, et délayez-les avec un peu de lait : la pâte d'amandes n'est pas meilleure.

Pâte d'amandes à l'eau-de-vie.

Prenez une livre d'amandes douces dépouillées de leurs peaux, et quatre onces de pignons : pilez-les le plus fin qu'il sera possible, puis ajoutez deux onces d'eau-de-vie. On peut parfumer cette pâte avec de l'essence de bergamote ou de jasmin.

Pâte d'amandes au jaune d'œufs.

Pilez quatre onces d'amandes douces dans un mortier de marbre bien propre, et, lorsqu'elles seront réduites en pâte, incorporez-les avec trois jaunes d'œufs frais : détrempez le tout dans un demi-setier de lait, et faites-le cuire dans un poêlon jusqu'à consistance de pâte, en remuant continuellement avec une spatule pendant la cuisson. Vous mettrez ensuite dans un pot bien fermé.

Pâte d'amandes au miel.

Cette pâte est préférée avec raison à toutes les pâtes d'amandes, même liquides qui ont, comme on sait, l'avantage de s'employer sans eau. On la prépare ainsi :

Prenez : Miel .... 6 livres.
    Pâte amère blanche........ 6
    Huile d'amandes amères.... 12
    Jaunes d'œufs............. 26

Le miel doit être cuit à part et passé; on y met les six livres de pâte d'amandes, on pétrit et l'on termine l'opération en ajoutant, peu-à-peu et alternativement, les jaunes d'œufs et l'huile d'amandes amères.

Pâte suave pour blanchir les mains.

La formule en est due à M. P....., l'un de nos compositeurs les plus renommés.

Prenez : Amandes amères mondées.... 12 onces.
    Farine de riz................ 7
    Farine de fèves. 3
    Poudre fine d'iris de Florence. 1
    Carbonate de potasse en poudre fine.................... 4 gros.
    Essence de jasmin (alcool odorant de).................... 3 onces.
    Huile essentielle de Rhodes... 2 gouttes.
    Id.   de néroli.... 1

Mondez les amandes de leur pellicule en les faisant blanchir d'abord : puis, lavez-les à l'eau froide, et pilez-les dans un mortier de marbre; et, pour que l'huile ne se sépare pas, mettez un peu d'eau en pilant. Les amandes réduites en une pâte bien homogène, ajoutez, peu après, la farine de riz, celle de fèves, la poudre d'Iris. Battez bien pour que le mélange soit exact. Cela fait, dissolvez le carbonate de potasse dans un peu d'eau de rose, versez sur la masse, incorporez pour le battage : ajoutez ensuite successivement, et par petites portions, l'essence de jasmin dans laquelle vous aurez préalablement mis les huiles essentielles. Faites ensuite du tout, en pilant long-temps, une pâte que vous placerez dans plusieurs petits pots de porcelaine ou de faïence fermés par un couvercle, ou avec un parchemin.

Si le liquide ne suffit pas pour faire une pâte de bonne consistance, on ajoute de l'eau de rose en quantité suffisante.

Essences de savon pour blanchir les mains.

Ces deux cosmétiques, que l'on mêle à l'eau tiède, forment un liquide onctueux qui décrasse, assouplit la peau en l'embellissant. Nous conseillons également l'usage de l'un et de l'autre.

Première recette.

Alcool à 30 degrés.................. 1 litre.
Savon blanc, sec, coupé en tranches minces................ 30 décagr.
Potasse 6
Huile essentielle parfumée.. quelques gouttes.

Deuxième recette.

Savon blanc, bien sec.......... 1 partie.
Alcool à 33 degrés............. 3
Eau distillée 1

Râpez le savon, mettez-le dans un matras en verre, ou dans un bain-marie d'étain ; versez dessus l'alcool et l'eau : faites chauffer au bain-marie jusqu'à parfaite dissolution. Aromatisez avec l'huile essentielle choisie. Ajoutez du charbon animal suivant la nuance du mélange, et filtrez quand le tout sera froid. Vous aurez une liqueur qui marquera 20 degrés à l'aréomètre de Baumé, et qui moussera facilement avec l'eau.

Poudre cosmétique pour soigner les mains.

Prenez : Amandes douces mondées.. 2 livres.
　　　　Farine de riz............. 4 onces.
　　　　Iris de Florence........... *id.*
　　　　Benjoin .... *id.*
　　　　Blanc de baleine.......... 3 gros.
　　　　Sel de tartre............. *id.*
　　　　Huile volatile de bois de
　　　　　Rhodes............... 3o gouttes.
　　　　—— 　　　de lavande. *id.*
　　　　—— 　　　de gérofle.. *id.*

On mêle et l'on tamise. Cette poudre d'amandes et d'iris est très-suave et d'un fort agréable emploi. On s'en sert comme de la pâte d'amandes, mais en moins grande quantité.

§. IV. INSTRUCTION SUR LES SAVONS DE TOILETTE.

Les savons purifiés forment une partie très-intéressante de l'art cosmétique ; et pourraient, à la rigueur, remplacer presque toutes ses autres compositions, pourvu qu'ils soient préparés avec soin, avec intelligence. Les savons anglais, ceux de M. Camus, *parfumeur-savonnier, au Vert-Pré, rue Saint-Denis, n° 125.* Les savons élégans de Chardin-Houbigant, rue du Faubourg-Saint-Honoré, et autres savons de fantaisie, sont admis généralement sur les toilettes à la mode. Examinons leurs titres à cette faveur, en distinguant leurs caractères, en appréciant leurs propriétés, et mettons ainsi nos aimables lectrices à même de faire un choix éclairé.

Savons anglais.

Grâce aux progrès de notre industrie, leur *incontestable supériorité* a cessé d'être un article de foi. Même, tandis qu'un reste d'habitude, de prévention de la part des consommateurs parisiens, portent nos fabricans à revêtir leurs savons de l'étiquette de Windsor (Windsor Soap), les parfumeurs renommés de *Bond-Stret*, de *Picadilly*, de *Bath*, de *Chellenham*, d'*Edimbourg* et de toutes *les fashionable-towns* d'Angleterre.

tirent cet article de France. (1). Ainsi donc, gardons-
nous, mesdames, d'un engouement trop commun et
nuisible, tout à la fois, à notre bourse, à notre élégance, à notre caractère national.

Parlons toutefois des savons anglais; car l'imitation
qu'en a fait M. Decroos est si parfaite qu'on peut har-
diment traiter les produits de cet habile savonnier
comme s'ils arrivaient de Londres même. Nous lui
empruntons les détails suivans, extraits de son brevet
d'importation expiré en 1816.

« Il y a cinq espèces de savon en Angleterre, savoir : le windsor, le violette, le benjoin, le palme et
le rose.

» Celui de windsor se fabrique avec de la graisse
de porc; l'odeur est le carvis : le violette est composé
de moitié d'axonge et un tiers d'huile de palme : l'autre partie est en bleu de spermacetti. L'essence de
Portugal et l'huile de gérofle en forment le parfum.

» Le benjoin est semblable au windsor : on y ajoute,
une heure avant d'ôter le feu, cinq kilogrammes de
fleur de benjoin sur cent de savon, ce qui lui en donne
l'odeur et le nom ; mais, pour réduire ce savon en
poudre, il faut quinze pour cent de fleur de benjoin.
Cette poudre est très-précieuse par son usage.

» Le savon de palme est fabriqué avec l'huile de
palme, son odeur est naturelle ; c'est celle de la ba-
guette d'or ou giroflée jaune (appelée carafé dans
quelques provinces françaises) : pour la purifier, on
y ajoute un peu de portugal et huile de gérofle. Afin
d'en faire de la poudre de savon, on ajoute cinq pour
cent de fleur de benjoin. Elle devient alors aussi très-
précieuse.

» Le savon rose, continue M. Decroos, est composé
comme celui de windsor, seulement on y ajoute de
l'oxide de fer rouge pour le colorer. L'odeur se donne
avec de l'essence de rose mêlée dans l'esprit de rose.
Le savon ne peut recevoir son parfum qu'à mesure
qu'il est versé dans les formes, à cause du grand prix
des essences.

---

(1) M. Camus a prouvé ce fait au Conseil des Manufactures, en
1827, par ses expéditions, à plusieurs marchands anglais

Savons philodermes de Camus.

Les savons perfectionnés de ce laborieux fabricant se recommandent par une médaille obtenue à l'exposition de 1827 : par le choix qu'en firent alors Charles X et Louis-Philippe (alors duc d'Orléans); enfin, par des méthodes nouvelles et spéciales, qui, suivant l'auteur, obtiennent directement le parfum des fleurs et le concentrent d'une manière inaltérable. M. Camus n'emploie que l'huile d'amandes et des axonges choisis pour base de ses savons; il les dépure au charbon, et les parfume par lessives aromatiques. Il rapporte, comme exemples de cette fabrication, les savons à la *violette simple et double, à l'ambroisie, à l'amande amère et à la rose*, dont il loue, en fabricant, la suavité et la fraîcheur. Je ne connais que le dernier, mais il mérite vraiment tous les éloges paternels.

Le surnom de *philoderme* signifie *ami de la peau*.

Savons Dissey et Pivert.

Ils sont extrêmement nombreux et variés pour la grosseur, la couleur, le parfum, les étiquettes et les dénominations. Je vous fais grâce des dernières pour n'avoir pas à rappeler tous les noms des déesses, des héroïnes de romans à la mode, et des personnages politiques un peu marquans. Mais, je vais vous indiquer les odeurs, afin que vous puissiez faire un choix.

Savons à l'amande — douce ou amère.

— à la vanille — ou double vanille.

— au musc.

— à l'ambre.

— aux mille fleurs — ou au bouquet.

— à la frangipane.

— à la fleur d'orange.

— au gaïac.

— au vitivert.

— au storax.

— au baume du Pérou — ou au baume de la Mecque.

— au benjoin.

— à l'œillet.

— à la cannelle.

— à l'héliotrope.

— à la violette, — à l'iris (ces odeurs se ressemblent).

— à la jonquille.

— à la rose, — rose de Provins, rose royale.

— au palm — ou palmyrène.

— à la giroflée.

— à la menthe (presque tous les savons de Vindsor).

— assortis d'odeurs.

— au beurre de galaam, de cacao, etc.

Nous ajouterons, à cette liste déjà bien longue,
Crême d'amandes amères, savon cosmétique
en pots.

Crême de savon à la rose, *idem*.

Crême d'ambroisie, *idem*.

Crême de cacao, *idem*.

Ces derniers savons, suivant leurs auteurs, ont une supériorité marquée pour la toilette et pour les bains.

La crême de savon liquide aux jaunes d'œufs, pour nettoyer les cheveux, est également recommandée, mais par les mêmes.

En achetant les savons en tablettes, il faut observer qu'ils sont de plusieurs modèles; les savons de Vindsor se débitent ordinairement en quatre numéros, et les autres savons en deux ou trois. Ces différences influent beaucoup sur les prix. Je vous conseille fortement de prendre tous ces savons à la douzaine. Vous aurez à 9, 10 ou 12 francs les savons les plus nouveaux, les plus fins, les mieux parfumés, qui vous coûteraient en détail de 2 à 5 francs par tablette.

Savons de Chardin-Houbigant et autres parfumeurs.

Mêmes odeurs qu'aux savons précédens, par conséquent rien à dire, si ce n'est que je sais, par expérience, que le savon à la cannelle de Ceylan de Chardin-Houbigant (rue du faubourg Saint-Honoré, à Paris) est fondant, onctueux, parfait, en un mot, de suavité et de douceur.

Mais laissons cela, mesdames, puisqu'aussi bien les prospectus des parfumeurs vous apprendront à-peu près l'équivalent, et retournons à nos recettes pour ne point nous payer de mots. Qu'elles vous inspirent toute confiance; car je les emprunte à M. Julia de Fontenelle, au docte M. Robinet, et d'ailleurs, beaucoup d'entre elles se recommandent par leur réputation, tels sont les deux savons suivans :

Savon au miel.

Prenez quatre onces de savon blanc de Marseille, autant de miel commun, une once de benjoin, une demi-once de storax : mêlez le tout ensemble dans un mortier de marbre : quand tout sera bien incorporé, vous le préparerez en petites tablettes.

Savon de lady Derby.

Ayez deux onces d'amandes amères blanchies, une once un quart de teinture de benjoin, une livre de bon savon blanc uni, et un morceau de camphre de la grosseur d'une noix, pilez les amandes et le camphre dans un mortier séparé, jusqu'à ce qu'ils soient complètement mêlés, puis ajoutez le benjoin. Quand le mélange est achevé, faites votre savon de la même manière. S'il sentait trop le camphre et le benjoin, on le ferait refondre au feu, pour affaiblir le parfum.

Savon transparent.

A raison de son agréable aspect, ce savon, très-recherché, se trouve sur les toilettes les plus élégantes. Dissey et Pivert le vendent, en gros, jusqu'à 16 francs la douzaine : ils le parfument à la rose ou bien au bouquet, et lui donnent tantôt la forme de tablettes, tantôt la forme octogone ou ronde : ils incrustent encore sur une des faces des rosaces, ou bien des portraits de rois, de grands hommes, de femmes célèbres, tous accessoires qui ne sont pas à dédaigner, mais qui sont bien connus, tandis que les moyens propres à préparer ce savon ne le sont guères.

Prenez du savon de suif bleu; coupez-le en rubans minces que vous ferez sécher suffisamment pour le réduire en poudre. Mettez dans un bain-marie un kilogramme de cette poudre, et versez dessus trois litres d'alcool à 36 degrés : chauffez doucement, et lorsque la dissolution du savon est complète, parfumez et ver-

sez-la dans la mise. Quand il est refroidi, vous le coupez en petites briques et d'après la forme convenue :
il faut donner un tiers de plus d'épaisseur aux morceaux, à cause du retrait qu'elles prennent en séchant;
ou opérant dans des vaisseaux clos, on recueille une
grande partie de l'alcool employé.

Savon pour noircir les cheveux et les sourcils.

Malgré l'apparence, ce savon n est point œuvre de
charlatan ; car M. Julia de Fontenelle le conseille pour
rendre noirs les cheveux roux et les cheveux blancs.

On compose ce savon, dit-il, avec deux onces de suif
de mouton, une once de poix que l'on rend liquide, une
demi-once de pierre noire et autant d'abdanum et
de vernis. L'on ajoute à ces matières une quantité
suffisante de lessive faite avec des cendres de saule. On
peut parfumer ce savon avec un peu d'ambre de vanille ou de musc.

Il rappelle que quelques personnes pensent que,
pour noircir les sourcils, il suffit de les frotter souvent
avec du bois de sureau.

Essences, poudres, pâtes, extraits de savon.

Ces différentes préparations de savon sont toutes en
usage pour la toilette : l'essence savonneuse est, à proprement parler, du savon dissous dans l'alcool et aromatisé de diverses manières : la poudre est du savon
pulvérisé auquel on ajoute des poudres impalpables,
odorantes et de propriétés adoucissantes ; mais nous
n'en ferons pas mention, parce qu'elles sont spécialement consacrées à la toilette des messieurs ; néanmoins, elles nettoient parfaitement la peau, et, selon
moi, d'une manière plus prompte et plus agréable
que le savon en tablettes. Quant aux pâtes, aux extraits de savon, c'est toujours du savon dissous dans
l'alcool, mais présentant une consistance plus épaisse
que les essences. Nous nous bornerons donc à donner
quelques recettes de celles-ci.

Essence de savon d'Italie, à la rose.

Savon blanc de soude............	10 parties.
Alcool à 34 degrés...............	34
Eau de rose....................	34

Faites digérer à une douce chaleur et filtrez. Si, au lieu d'eau de rose, vous employez l'eau de fleur d'orange double, vous avez de l'essence à cette dernière odeur.

Essence de savon de Bavière, à la bergamote.

Savon blanc du commerce........	1 partie.
Alcool à 18 degrés (eau-de-vie faible)........................	4
Huile essentielle de bergamote...	quantité suf.

Agissez comme pour le précédent.

Essence de savon de Vienne, à la lavande.

Savon de Venise................	3 onces.
Sel de tartre..................	1 gros.
Alcool à 0,910 degrés de densité...	18 onces.
Eau distillée de lavande.........	6

Faites digérer et filtrer.

Le savon de Naples liquide, le savon napolitain, le savon d'Alcibiade, la crème de Chypre, d'ambroisie, ne sont que des essences de savon diversement parfumées, titrées et décorées par nos élégans parfumeurs.

Le savon onctueux, nouvelle composition, qui se vend chez son auteur, parfumeur, rue Saint-Denis, nº 155, est, dit-on, excellent pour adoucir et blanchir la peau.

§. V. Instruction sur les vinaigres de toilette.

Partie très-intéressante des cosmétiques; les vinaigres de toilette se divisent ordinairement en quatre classes, 1º vinaigres aromatiques; 2º vinaigres de fleurs; 3º vinaigres de propriétés; 4º vinaigres de salubrité. Nous empruntons à M. Edouard Laugier (au mot parfumeur, Dictionnaire de Technologie), un grand nombre de recettes pour préparer ces vinaigres divers.

Vinaigres aromatiques.

Pour obtenir ces vinaigres, il suffit de distiller du vinaigre dans lequel on a mis des fleurs choisies. Les proportions sont indiquées par la formule suivante:

Vinaigre de romarin.

Prenez 30 pintes de vinaigre naturel,
Et 2 livres de fleurs de romarin.

Distillez le tout et retirez en quinze pintes.

Mais, conseiller ce mode à mes lectrices, c'est leur dire d'avoir recours au pharmacien, au distillateur; j'aime bien mieux leur indiquer le moyen d'avoir les vinaigres aromatisés dès l'instant où elles les désireront, et cela, en les préparant elles-mêmes, sans peine et sans attirail. Voici comment :

Presque toutes les fleurs aromatiques, distillées avec l'eau, donnent une huile volatile dans laquelle réside leur odeur. Aussi, lorsqu'une de mes lectrices voudra préparer sur-le-champ du vinaigre de sauge, par exemple, il lui suffira de faire dissoudre 1 gros d'huile essentielle de cette plante dans 4 onces d'alcool à 36°, et d'y ajouter ensuite 8 onces de vinaigre de Mollerat. Elle obtiendra, de la même manière, les vinaigres de bergamote, de marjolaine, d'absinthe, de sariette, de baume, de citronnelle, de basilic, de menthe ordinaire, de menthe poivrée, de lavande, etc. Parmi tous ces vinaigres, le dernier doit être distingué particulièrement par son effet tonique et rafraîchissant sur la peau. Mêlé à l'eau des lotions de propreté, des bains, il raffermit les fibres, et ne saurait être trop recommandé aux personnes très-grasses qui viennent à maigrir.

Vinaigres de fleurs.

Les parfumeurs comprennent, sous cette dénomination, les vinaigres qui offrent le parfum des fleurs : ces vinaigres sont très-nombreux. Il y en a à la rose, au jasmin, à la fleur d'orange, à l'héliotrope, à la violette, à l'œillet, à la tubéreuse, à la vanille, à la giroflée, aux mille fleurs, etc. Nous allons indiquer la manière de faire quelques-uns de ces vinaigres, et, grâce à l'analogie, mes lectrices n'auront qu'à choisir.

Vinaigre à la rose.

C'est un de ceux que l'on vend le plus communément.

Prenez : Roses pâles et sèches............ 2 livres.
          Vinaigre distillé................. 8
          Alcool à la rose................. 2   ..

Distillez les roses avec le vinaigre au bain de sable.
Lorsqu'il aura passé les trois quarts de la liqueur, arrê-
tez la dissolution, afin de ne pas brûler les fleurs. Colorez l'alcool avec un peu de cochenille, afin de donner à ce cosmétique la couleur de la rose, et ajoutez
cet alcool au vinaigre, que vous conserverez dans un
flacon bouché à l'émeri. Ce vinaigre rend aussi la peau
ferme et fraîche.

Vinaigre à la fleur d'orange.

Simplifions l'opération, semblable à la précédente,
en ajoutant à deux parties de bon vinaigre de bois
une partie d'alcool aromatisé par le néroli. Nous au-
rions obtenu le vinaigre à la rose par un procédé analogue. Et il ne nous faudra pas plus de peine pour fournir notre cabinet de toilette, de vinaigres au citron,
au cédrat, etc.

Vinaigre à l'orange.

Mêlez ensemble : néroli............... 2 onces.
    Alcool à l'orange, à 36 degrés..... 2 livres.
    Bon vinaigre de bois............ 8
Vous pouvez vous dispenser de distiller ce vinaigre.

Vinaigre au gérofle.

Huile essentielle de gérofle........ 2 gros.
Dissoute dans de l'alcool, à la me-
  sure de........................ 8 onces.
Et mise dans vinaigre fort, *idem*... 16

Vinaigre à la cannelle.

Il se prépare comme le précédent.

Vinaigre virginal, ou vinaigre au benjoin.

Cette liqueur, suave et rafraîchissante, est fort
bonne pour faire passer les boutons de chaleur que l'on
a quelquefois au visage. Il est nécessaire de l'étendre
avec de l'eau pour s'en servir.
Prenez : Benjoin en poudre........... 2 onces.
    Alcool...................... 8
    Vinaigre blanc.............. 2 livres.

On fait digérer l'alcool sur le benjoin pendant six
jours : on coule ensuite, et on ajoute le vinaigre sur le
résidu.

Crême de Vinaigre.

Essence de bergamote.........	1 once ½.
—— de citron.............	1 once.
—— de néroli.............	4
—— de rose..............	2
Huile de muscade...........	2 gros.
Storax én larmes............	2
Vanille..................	2 gouttes.
Benjoin	2 gros.
Huile de gérofle............	1
Alcool à 56 degrés..........	2 livres.
Acide acétique concentré, ou vinaigre radical............	5

Unissez toutes ces substances à l'alcool, et, après
deux jours, distillez au bain-marie. Ajoutez, à la liqueur qui aura passé, le vinaigre radical. Si vous voulez la colorer en rose, vous emploierez la cochenille ;
mais il vaut mieux qu'elle n'ait pas cette couleur.

La crême de vinaigre est un des plus suaves et des
meilleurs cosmétiques. M. Julia de Fontenelle la regarde comme préférable à l'eau de Cologne. Lorsqu'on
veut s'en servir, on en met une cuillerée dans un verre
que l'on achève de remplir d'eau.

Vinaigres de turbith, de storax, balsamique, des sultanes, etc.

Ces vinaigres, fort estimés, ne sont que des dissolutions de storax, de baume de la Mecque, de benjoin, etc., dans l'alcool, auxquelles on ajoute plus ou
moins de vinaigre radical.

Vinaigre de Cologne.

Pour l'obtenir, ajoutez, à chaque pinte d'eau de
Cologne, une once de vinaigre radical très-concentré.

Vinaigres par infusion. — Vinaigre rosat.

Ces vinaigres sont les plus simples de tous ; avec un
bouquet de roses, après une promenade dans le plus

modeste jardin, dans les champs, on peut préparer, pour long-temps, de bons vinaigres de toilette ; on va le voir par la recette du vinaigre rosat :

Roses rouges mondées de leur on-
    glet et sèches.............. 1 demi-livre.
Très-bon vinaigre-blanc ou rouge. 8 livres.

Laissez macérer pendant quinze jours dans un vase fermé, en ayant soin d'agiter de temps en temps : filtrez et conservez-le dans un vase bien bouché.

Pour les vinaigres d'œillet, de lavande, de sauge, de menthe coq, de romarin, de serpolet, de mélisse, de baume, etc., on met une livre de fleurs pour 12 livres de vinaigre, puis, l'on passe avec expression et l'on filtre, après six jours d'infusion, dans un vase clos.

Vinaigre de fard, de rouge. (Voyez *fards. — Vinaigre de Liéber.*

Vous connaissez maintenant, mesdames, tous les procédés en usage pour préparer les plus précieux vinaigres de toilette, et vous êtes à même de juger s'il peut exister quelques compositions mystérieuses et puissantes qu'il faille, en ce genre, payer un prix fort élevé. Cependant, si l'inconnu vous tente, je vous indiquerai *le nouveau vinaigre sanitaire et de toilette de Liéber, chimiste breveté,* vinaigre qui se vend chez Mme Delacourt, rue Saint-Honoré, n° 69, à Paris. *Le vinaigre balsamique de Florence,* de Dissey et Pivert, en flacons de 18 et 27 francs la douzaine, les vinaigres de Naquet, de Farina et des autres parfumeurs en vogue.

Je terminerai cet article par une observation importante. Les vinaigres de toilette, que je viens de vous indiquer, sont suaves et d'une incontestable utilité pour donner du ton et de la fraîcheur à la peau ; cependant, je ne vous conseille pas de vous en servir habituellement pour le visage. Il est beaucoup de teints délicats que l'acide flétrit à la longue, qu'il ride légèrement, auxquels surtout il donne un luisant factice qui rend encore plus sensibles ces rides incertaines, mais très-nombreuses. Les émolliens, les spiritueux étendus d'eau, sont d'un bien meilleur effet.

§. VI. Instruction sur les fards.

Je répugne à commencer ce paragraphe, je l'avoue ; car, il me semble que je vais faire descendre la toilette du rang élevé où je la maintiens à l'aide de l'hygiène, des bienséances, de l'attachement conjugal, aux plus ridicules et, disons-le, aux plus vils artifices de la coquetterie. Dans la première édition, cette crainte m'avait décidée à passer les fards sous silence ; mais, aujourd'hui une réflexion déterminante me fait agir autrement. Je pense qu'il peut arriver souvent qu'une de mes aimables lectrices, appelée par un devoir social à de brillantes assemblées, soit visitée en même temps par une de ces légères, de ces nombreuses indispositions auxquelles nous exposent la faiblesse de notre constitution et la sensibilité de notre âme ; elle met du rouge, il le faut bien. Pour ne pas présenter ensuite le contraste frappant de l'éclat de la veille, et de la pâleur des jours suivans, elle continue en hésitant ; cependant elle continue, car elle a peine maintenant à s'habituer à son teint sans couleur. Or, si le rouge a pour base le *vermillon*, *cinabre* ou sulfure de mercure, la pâleur et la pâleur terne, jaune, plombée, s'accroît chaque jour ; car ce minéral nuit à la santé, qu'il soit mêlé à du talc ou craie de Briançon, qu'il soit incorporé à diverses pommades. Il est donc bien important de ne jamais employer que des rouges végétaux, que des rouges dont on connaît la composition, et, cette connaissance, je vais la donner à mes lectrices.

Article premier. *Des fards blancs.*

Mais auparavant, il faut dire quelques mots de réprobation sur les fards blancs ; d'abord, parce qu'ils sont fort dangereux, ensuite, parce qu'ils ne sont jamais indispensables. Si vous avez la peau très-brune, des couleurs appropriées, un certain choix de parures palliera le mal que d'ailleurs l'usage prolongé de cosmétiques innocens, tels que la pâte axérasine, la crême de Cattay et autres, adoucira beaucoup. A peine pourrai-je tolérer le fard de ce genre, si quelque cir-

constance vous forçait de vous parer en étoffe de soie
blanche, vous exposait particulièrement aux regards,
alors, peut-être, pour un seul jour.... Mais cela ne servirait qu'à rendre plus frappant encore votre peu de
blancheur, et vous donnerait la réputation d'une coquette maladroite. Pour éviter ces fâcheux résultats,
vous résignerez-vous à vous farder habituellement?....
Vous savez quels maux vous devez attendre! Point de
fards blancs donc, point de fards, mesdames, et vous
le direz avec moi quand vous aurez lu les renseignemens qui suivent; renseignemens dûs à M. C. Laugier
et autres hommes instruits, véritables autorités en pareille matière.

Blanc de perle.

Cette gracieuse dénomination cache une composition minérale d'oxide de bismuth. Cet oxide, que l'on
préfère à raison de son éclatante blancheur, n'est autre chose, en ce cas, que le précipité formé par une dissolution de muriate de soude. Ce précipité est un sous-
chlorure de bismuth. Vous voyez s'il faut ajouter foi
au nom de *blanc de perle végétal*, dont messieurs les
parfumeurs décorent cette dangereuse composition.
Il n'existe point de blanc végétal; il ne peut en exister. Les fards les plus innocens, en ce genre, sont les
blancs terreux, dont se servaient les Romains au temps
d'Horace; mais aujourd'hui on prépare exclusivement
des blancs métalliques. Celui-ci, incorporé à l'axonge
et à la cire-vierge, forme une pommade que l'on applique par couches minces sur la peau.

Huile des sultanes.

Dans de beaux flacons de cristal à filets d'or, ornés
d'une charmante figure d'odalisque, est renfermée une
sorte d'albâtre en liqueur; c'est *l'huile des sultanes*....
qui donne la blancheur, l'éclat de la neige aux épaules
les plus noires, les plus rougeâtres. Quel trésor! Mais
quels en sont les élémens? Le blanc de plomb ou le
blanc de céruse.

Le blanc ou carbonate de plomb résulte le plus
ordinairement de l'action immédiate du vinaigre mêlé
de lie de vin, sur des lames minces de plomb coulé,
plongées dans une atmosphère chaude, humide et

chargée à la fois d'oxigène et d'acide carbonique. Le blanc de céruse est un mélange de blanc de plomb et de sulfate de baryte, ou de carbonate de chaux. L'une ou l'autre de ces substances, mêlée à une huile blanche et parfumée, compose le cosmétique dont nous nous occupons.

Maintenant, réfléchissons, mesdames. Si les hommes qui travaillent les blancs de céruse et de plomb, sont attaqués de l'horrible maladie appelée *colique de plomb, colique des peintres*, parce que quelques parcelles de ce métal passent par la respiration dans l'économie animale, à quoi s'expose-t-on lorsque, chaque jour, on fait pénétrer largement par tous les pores de la poitrine, des épaules et des bras, cette pernicieuse matière? Que deviennent, sous l'influence de ce poison, et la peau et la santé? Mais ce n'est pas tout, il est un autre inconvénient peut-être plus grave encore aux yeux de certaines merveilleuses. Blanches et brillantes comme un lys, elles vont se montrer dans une promenade, s'asseoir dans un splendide repas; tout-à-coup ce blanc éclatant devient brun, et, tandis que chacun regarde avec surprise, les gens instruits échangent, en souriant, un regard de pitié; car, ils savent que le gaz hydrogène sulfuré, qui se dégage des lieux d'aisance devant lesquels on a passé, et des œufs servis sur la table, produit immanquablement cet effet sur les fards de céruse, de plomb et de bismuth. Or, ces messieurs ne manquent pas d'en donner une explication à tout le monde, quand nos belles, justement confuses, ont saisi un prétexte pour se retirer.

Blanc d'Hébé ou blanc fin.

C'est le plus beau carbonate de plomb, nommé *blanc de Krems*, que l'on réduit en poudre impalpable, et que l'on broie long-temps avec une pommade faite de la graisse de veau et de la moelle de bœuf. Cette pommade, bien épurée, se parfume légèrement. Le blanc, ainsi préparé, est fort beau.

Blanc superfin.

La beauté de celui-ci est encore supérieure; mais ce n'en est pas moins un poison. C'est dommage, car

le procédé par lequel on l'obtient est à la portée de
tout le monde et peut se pratiquer en petit. On dé-
cape, avec grand soin, de petites lames de plomb
que l'on enduit d'une couche légère de beurre dans
toutes leurs parties : on les suspend dans un pot au
tiers rempli de vinaigre, sans qu'elles y soient plongées. On les laisse en cet état jusqu'à ce qu'elles soient
entièrement recouvertes d'une couche de blanc : alors,
on en racle la surface avec un couteau d'ivoire, et l'on
broie long-temps le blanc qu'on en a détaché avec la
pommade indiquée précédemment.

Blanc de M. Thénard.

Je vois d'ici quelques lectrices, brunes très-foncées,
se dire avec un soupir : « Adieu donc aux étoffes lilas,
» rosées; adieu surtout aux robes de satin blanc ! » Et
moi, qui joue près de ces dames le rôle d'une sœur aî-
née, j'ai regret de leur peine, et cherche le moyen de
la faire cesser. Je l'ai trouvé, grâce à M. Thénard qui
l'a transmis à quelqu'un de ma connaissance.

On emploie de préférence, pour les fards, dit ce savant, les blancs de bismuth, de céruse et de plomb,
malgré leurs propriétés délétères et le désagrément de
brunir au contact du gaz hydrogène sulfuré, parce
qu'eux seuls imitent le doux éclat d'une belle peau.
Les *fleurs de zinc,* qui fourniraient un fard sans danger
et peu coûteux, ne donnent qu'un blanc mat tout à
fait insuffisant. D'autre part, le *talc* ou *craie de Briançon,* traité par le vinaigre, puis lavé un grand nombre
de fois pour en séparer l'acide, et réduit en poudre impalpable, produirait un blanc de fard complètement
innocent, mais d'un luisant métallique, bien loin d'i-
miter les reflets moelleux et lactés d'une peau jeune
et fraîche. On ne peut donc, ajoute-t-il, se servir de
ces substances séparément; mais, en les mélangeant
par égales parties, on corrigerait aisément leur défaut
opposé, et l'on obtiendrait un blanc facile à préparer,
économique, incapable de nuire ou de changer. »

Voyez, mesdames, si vous voulez tenter l'épreuve :
les fleurs de zinc se trouvent abondamment dans le
commerce, ainsi que le talc. Vous les mêleriez, à volonté, à de la cire, des huiles et des pommades.

ART. II. *Des fards rouges.*

Revenons aux couleurs factices, qu'en présence des blancs de fard je suis tout près d'amnistier. Écartons d'abord le rouge minéral, comme presque tous les parfumeurs l'ont fait, à raison des rouges solides, innocens, peu dispendieux, très-faciles à fabriquer, que leur fournit le règne végétal. Ne nous occupons que de ceux-ci, et du rouge plus coûteux produit par le règne animal.

Les rouges reçoivent quatre formes : il y a 1° *le rouge en poudre* impalpable qui se met dans des pots non creux, de manière à ce qu'il soit placé seulement sur la partie supérieure.

Cette poudre se pose sur les joues à l'aide d'un petit nouet ou tampon de batiste ou de mousseline fine. Ce mode a quelques inconvéniens : la sueur raie ce rouge, et vous ne pouvez recevoir un baiser sans qu'il enlève vos couleurs. 2°. *Le rouge en pommade.* C'est selon moi, la forme la plus favorable et la plus commode. On l'étend sur la figure avec le doigt, en frottant un peu plus fort jusqu'à ce qu'on ne sente plus de graisse : il peut résister à l'humidité, à un léger attouchement. 3°. *Le rouge en crépons.* Les crépons sont des morceaux de gaze de soie ou de crêpe (d'où vient leur nom) tortillés de manière à former un nouet qui reçoit la précipitation d'un rouge quelconque. Ils servent fort long-temps pour rougir le visage, et n'ont aucun inconvénient. Les parfumeurs les distinguent par le nom de *crépons de Strasbourg*, *crépons de la Chine*, mais tous ces titres ne signifient rien. On devrait désigner l'espèce de rouge, et dire *crépons de carmin*, *crépons de carthame*, etc. 4° *Le rouge liquide.* C'est le rouge qui produit le plus d'illusion et offre le plus de solidité, mais aussi c'est celui qui altère davantage la peau à raison des acides qui entrent presque toujours dans sa composition.

Je vais maintenant indiquer des rouges de toutes ces formes et de toutes les qualités. Ces diverses recettes sont très-simples, et je conseillerai surtout à

mes lectrices de province de les exécuter elles-mêmes,
si faire se peut, cela, pour éviter le désagrément d'af-
ficher ainsi le secret de leur incarnat, et pour trouver
un notable bénéfice.

Rouge commun, ou du Brésil.

Prenez des laques rouges de bois de Brésil : lavez-
les avec de l'eau, puis avec du jus de citron pour précipiter la matière colorante. Si vous voulez préparer
un rouge en pommade, vous en mêlez une petite
quantité avec un mélange de panne de porc et de cire
blanche. Si, au contraire, vous désirez avoir du rouge
en poudre, vous laissez sécher ce précipité colorant,
et vous le mêlez avec du talc pulvérisé, en porphiri-
sant avec soin les deux substances.

Rouge de carmin.

C'est celui que l'on désigne dans les magasins de
parfumeurs sous le nom de *rouge fin*, *superfin*, *aux
fleurs de rose*, *d'Italie*; car les titres ne coûtent rien,
et servent à éblouir beaucoup d'acheteurs. On incorpore le carmin de belle qualité avec une pommade
fine, inodore, d'axonge et de cire comme la précédente, ou bien on le prépare avec le talc en poudre.

Rouge de Portugal, d'Espagne, rouge oriental, etc., ou rouge de carthame.

Le carthame, que l'on nomme *rouge d'Espagne*,
parce que c'est dans ce pays qu'on l'a d'abord préparé, et *rose-en-tasse*, parce qu'à l'état de précipité
on le connaît dans le commerce sous cette appella-
tion vulgaire, le carthame est maintenant la base
principale des fards. On le dispose en poudre, en
pommade, en crépon, en liqueur, mais, auparavant,
il faut obtenir le précipité ou matière colorante.

On commence par choisir celui qui a été cultivé
dans l'Orient, et spécialement la variété à petites
feuilles : on le met dans de petits sacs de toile, que
l'on porte sous un filet d'eau continu, en ayant soin
de les battre fortement; par ce moyen, on sépare en
partie la matière colorante rouge de la matière colorante jaune ; car ces deux couleurs résident à la fois

dans les fleurs du carthame. On continue ainsi jusqu'à ce que l'eau sorte limpide. La matière a complètement changé d'aspect ; elle offre un rouge assez beau : on la traite à froid par une dissolution de potasse à 4 degrés ; puis, après douze heures, on décante. On reprend ensuite le résidu presque épuisé, et on le traite de nouveau et de la même manière par une dissolution marquant seulement deux degrés. Toutes ces liqueurs réunies, on verse peu-à-peu du jus de citron (ou de l'acide citrique pur, ou de l'acide de sorbier), jusqu'à parfaite saturation. La matière colorante rouge se précipite peu-à-peu contenant encore quelques portions de matière jaune, mais qu'on enlève aisément en y plongeant du coton cardé bien fin et bien blanc, et en ajoutant un peu de potasse ou de jus de citron. Alors la matière jaune demeure après le coton, et la matière rouge se précipite, dissoute qu'elle est par la liqueur acide ou bien alcaline. C'est avec ce précipité, nommé *rose-en-tasse*, et que l'on trouve à très-bon marché chez les épiciers, les droguistes, les marchands de couleurs, que mes lectrices pourront préparer diverses sortes de rouge, suivant leur goût.

1°. Veulent-elles du rouge en poudre ? Elles prennent du talc pulvérisé d'une manière impalpable, et le mêlent avec le rose-en-tasse, en broyant soigneusement ce mélange avec quelques gouttes d'huile d'olive ou de ben, pour lui donner plus de liant ou de moelleux. De la finesse du talc et de la proportion du rose-en-tasse dépendent la beauté et le prix des rouges dans le commerce. Ces mêmes causes produiront ici les mêmes effets. Si elles préparent elles-mêmes le carthame (ce dont je doute), elles placeront la poudre de talc au fond du vase avant de précipiter le rouge pour la seconde fois.

2°. Ces dames désirent-elles des crépons ? Elles délaieront le rose-en-tasse avec de l'eau pure ou vinaigrée, et tremperont dans ce liquide les petits nouets de gaze ou de batiste qu'elles auront disposés. 3°. Une pommade de fard n'est pas plus difficile à obtenir. Il suffit d'ajouter au mélange de cire blanche et d'axonge une quantité suffisante de précipité de carthame au

lieu de carmin, ou de bois du Brésil. 4°. Enfin s'agit-
il d'avoir un rouge liquide, peut-être le meilleur de
tous? il faudra se procurer du rose-en-tasse purifié
avec soin, le broyer subtilement, et le tenir en dissolution par un mélange d'alcool et d'acide acétique
faible, ou même de bon vinaigre.

Rouge-vert d'Athènes.

A l'exposition des produits de l'industrie de 1823, je
me suis émerveillée, comme tant d'autres, de voir comment le fameux rouge-vert d'Athènes passait subitement d'une couleur verte bronzée au rose le plus vermeil. C'était, disait-on, l'un des plus précieux secrets de la toilette d'Aspasie, de Phrynée, et la découverte se payait en conséquence. Eh bien! c'était tout
simplement du rose-en-tasse pur étendu encore humide dans des pots de rouge où, en se desséchant,
il avait pris, comme le veut sa nature, une teinte
verte olive, mais qui repasse au rouge vif dès qu'il est
mouillé d'un peu d'eau pure ou acidulée par le vinaigre. Vous pouvez, à très-peu de frais, mes jeunes
amies, vous procurer cette merveille dont vous ferez
usage à l'aide d'un tampon de gaze humecté.

Rouge de Chine en feuilles, ou rouge de cochenille.

Ce rouge animal est l'un des plus beaux et des plus
coûteux. On l'extrait de la cochenille à l'aide de l'alcool étendu d'eau. La teinture étant filtrée, on y délaie
un peu de gomme arabique, et on la fait bouillir jusqu'à ce qu'il ne reste que peu de liqueur. On étend le
résidu épaissi sur du papier découpé en forme de
larges feuilles et on le fait sécher à l'ombre dans un
lieu sec. Pour s'en servir et l'appliquer sur les joues,
sur les lèvres, il suffit de le détacher avec le doigt humecté d'eau. Il est plus commode de faire sécher ce
rouge sur un pot à fard, une petite capsule de pein-
tre en miniature, etc.

Vinaigre de fard.

Ce rouge se prépare de la manière suivante :

Cochenille en poudre............	2 gros.
Belle laque *idem*...............	5 onces.
Alcool......................	6
Vinaigre de lavande distillé.....	1 livre.

Après dix jours d'infusion, en ayant soin d'agiter souvent la bouteille, coulez et filtrez. Quoique ce vinaigre soit l'un des meilleurs en ce genre, ne vous en servez que fort rarement.

Vinaigre de rouge de toutes nuances.

Ce rouge liquide est d'un prix assez élevé, à raison des substances dont il se compose : il se nomme *vinaigre*, je ne sais trop pourquoi. Son parfum est des plus suaves, et l'acide n'y étant qu'en faible quantité, l'usage de ce fard doit être aussi bienfaisant que commode. Voici quelle en est la composition.

Carmin première qualité. 8 onces.
Cochenille en poudre..... 4
Faites bouillir le tout dans 12 pintes eau de rose.
                        8 *idem* esprit-de-rose.
  Ajoutez, pour développer la couleur,
    Crème de tartre...... 2 onces.
    Alun............... 1

Vous savez que, pour imiter parfaitement la nature, il faut employer un coloris assorti à son teint, soit rouge de blonde, soit rouge de brune. Or, dans la vue de satisfaire à cette nécessité de bon goût, les fabricans préparent seulement deux nuances de rouge (1° très-foncée; 2° foncée), quand il s'agit de fard en poudre, en pommade, en crépon, parce qu'une très-faible quantité de l'une ou de l'autre donne la troisième nuance, ou *rouge pâle*. Mais, lorsqu'il est question de vinaigre de fard, où cette diminution dans la quantité ne ferait rien sur la couleur, on dispose alors trois nuances. La liqueur dont nous venons d'indiquer la recette forme la première teinte; le résidu auquel on ajoute la même quantité d'eau de rose et d'esprit fait la seconde. Enfin, lorsque ce résidu, déjà bouilli deux fois, est dégagé des deux premiers liquides, on remet de nouveau la même quantité d'eau de rose et d'esprit, afin d'obtenir la troisième nuance.

Rouge liquide économique.

Faites infuser dans l'alcool le coton ou le crépon usé

dont vous vous êtes servie pour appliquer le fard sur les joues, et ajoutez-y suffisante quantité d'acide acétique concentré.

Rouge de ruban.

Si coquette honteuse, comme il arrive quelquefois, vous voudriez bien vous farder et n'osez employer le fard, prenez un ruban ponceau, trempez-le dans de l'eau spiritueuse, et frottez-vous-en légèrement les joues.

Rouge liquide de Sophie Goubet.

Ce fard renommé, pour lequel son auteur a pris un brevet d'invention en 1815, s'identifie tellement, dit-on, avec la peau, qu'il ne se détache même pas lorsqu'on s'essuie pendant la transpiration.

Alcool à 36 degrés..............	4 onces.
Eau distillée...................	2
Carmin première qualité,........	20 grains.
Acide oxalique.................	6
Sulfate d'alumine..............	6
Baume de la Mecque...........	10
Ammoniaque..................	10

Mêlez l'esprit-de-vin et l'eau distillée; ajoutez l'acide oxalique, l'alumine et le baume de la Mecque; agitez le mélange; tenez la bouteille qui le contient à une douce chaleur pendant environ six heures, pour faciliter la dissolution du baume par l'alcool : filtrez ensuite la liqueur.

Mettez le carmin dans un mortier de verre; versez par-dessus l'ammoniaque et broyez en versant peu-à-peu la couleur.

Mettez le tout en bouteille; agitez le mélange; laissez reposer dix minutes; décantez et conservez le rouge dans une bouteille bien bouchée.

Pour vous en servir, vous agiterez la bouteille, vous y tremperez un pinceau à plumes ou le bout du doigt, puis vous l'étendez légèrement sur les joues, qui prendront un superbe coloris imitant parfaitement la nature.

Quelle liste de fards, dira sans doute plus d'un mari, s'il vient à feuilleter ce timide article : « Et, selon la charmante et poétique expression d'un homme d'esprit, le fard qui convient le mieux aux femmes est le rouge de la pudeur. » Sans nul doute, monsieur, et l'on doit en dire autant de toutes les nuances des inspirations de l'âme, mais il ne faut point oublier que ces teintes ravissantes ne s'obtiennent pas à volonté, et que, dans le monde, l'éclat des lumières, la diversité des couleurs, surtout l'éloignement, condamnent les femmes les plus raisonnables à rehausser leur teint. Mais elles mettent du rouge avec la plus grande sobriété, et souvent, à travers ces couleurs factices, vous pouvez admirer encore le délicieux coloris de l'amour.

Anti-fard, ou contre-poison de la peau, lénitif destiné à paralyser l'action du rouge.

Manière d'employer l'anti-fard.

Aussitôt qu'on aura enlevé le fard qui couvre la peau, on imbibera le coin d'un linge fin de ce lait, et on l'étendra sur la partie qui vient d'être fardée; on essuiera légèrement et on s'imbibera de nouveau en se couchant, sans essuyer. La transpiration de la nuit laissera pénétrer dans les pores cette préparation, et détruira entièrement le mauvais effet de tous les fards.

Nota. On ne doit pas craindre de ne pas essuyer la peau après son application; ce lait ne laisse sur la figure aucune trace de graisse. On le trouve chez Saissy, parfumeur, rue de Richelieu, n° 64, à Paris.

CHAPITRE V.

PARFUMS.

On doit apporter une sobriété excessive dans l'usage des parfums, et, pour peu que l'on soit délicate, il faut absolument s'en abstenir. La pâleur, la maigreur, le cerne des yeux, l'abattement, des frissons nerveux, sont les fruits ordinaires de l'emploi exagéré des odeurs chez les personnes dont les nerfs sont plus ou moins irritables. L'on finit par souffrir tous ces maux en pure perte; car, selon l'expression pittoresque de la reine Marie Leczinska : « Les parfums sont comme les grandeurs, ceux qui les portent ne les sentent presque pas. » Loin d'être un moyen de plaire, les parfums trop forts causent de l'éloignement; beaucoup de gens fuient les dames ambrées et musquées comme des pestiférées. De plus, cela dénote de la coquetterie et des prétentions.

Mais, d'autre part, l'absence totale d'odeurs est une privation inutile, et quelquefois même désavantageuse. Il est bon, en certains cas, de répandre quelques gouttes d'eau de Cologne sur sa chemise, sur ses bas, son mouchoir; malgré la plus grande propreté, le corps humain est sujet à tant d'exhalaisons désagréables, générales ou particulières, que l'on ne doit point négliger ces précautions, surtout lorsqu'on a un mari dont l'odorat est très-susceptible. On peut parfumer son linge dans les armoires, la pommade avec laquelle on emmêche les cheveux, le cérat qui sert à garantir les lèvres des gerçures, l'eau dont on se lave le visage, les pâtes d'amandes, les savons propres à nettoyer les mains, mais toujours avec des odeurs douces, balsamiques, peu pénétrantes, telles que celles de l'iris, de l'héliotrope, du réséda, de la violette, de la rose, etc. Les parfums aromatiques, comme ceux de l'œillet, de la cannelle, de la vanille, doivent être employés rarement, en très-petite quantité, et adoucis par un mélange d'odeurs plus faibles, les odeurs fragrantes, comme celles de lys, de tubéreuse, de jasmin; les odeurs ambrosiaques (1), comme celles de l'ambre, du musc, doivent être entièrement bannies de votre personne et de vos appartemens.

Nous allons, 1° donner les moyens de se parfumer comme il convient pour chasser les mauvaises odeurs naturelles, pour se rendre agréable, achever une toilette soignée, et cela sans altérer sa santé, incommoder les personnes délicates, et s'attirer la dénomination très-peu flatteuse, selon moi, de *petite maîtresse et de merveilleuse.*

(1) On doit cette classification des odeurs au célèbre Linnée.

Nous nous occuperons ensuite des soins à prendre pour parfumer les effets divers et les appartemens.

§. Ier. Parfums pour la toilette.

Eau de miel odorante.

Ce cosmétique, d'une odeur très-suave, est excellent pour parfumer le mouchoir, les devants de corset, et autres objets de toilette.

Prenez : Miel de Narbonne. . . . . . 1 livre.
  Coriandre. . . . . idem.
  Zestes frais de citron. . . . . 1 once.
  Gérofle. . . . . 6 gros.
  Muscade. . . . . 1 once.
  Benjoin . . . . idem.
  Storax calamite . . . . idem.
  Eau de rose . . . . 4 onces.
  Eau de fleur-d'orange . . . . idem.
  Alcool à 35 degrés. . . . . . 3 livres.

Mêlez le tout ensemble, laissez digérer quelques jours, passez et filtrez.

Eau d'héliotrope.

Prenez : Vanille. . . . . 3 gros.
  Eau de fleur-d'orange double. 6 onces.
  Alcool à 35 degrés. . . . . . 1 litre.

Eau spiritueuse de lavande.

. Cette eau est parfaite pour chasser l'odeur désagréable des sueurs locales.

Prenez : Fleurs de lavande récentes. . 3 livres.
  Alcool à 52 degrés. 6

Après deux ou trois jours de macération, distillez au bain-marie pour en retirer toute la partie spiritueuse : si vous voulez que cette eau soit plus forte, rectifiez-la au bain-marie, en y ajoutant une livre d'eau de rose.

Eau spiritueuse de la reine de Hongrie.

Elle se prépare de la même manière, en remplaçant les fleurs de lavande par celles de romarin. Si vous la rectifiez, vous ne ferez aucune addition.

Les eaux spiritueuses de menthe, de thym, se confectionnent de la même manière. Elles sont bonnes pour parfumer les serviettes de toilette et de garde-robe.

Esprit de mélisse.

Prenez : Fleurs de mélisse fraîches et récoltées par un temps sec et chaud. . . 6 livres.

Alcool à 33 degrés. . . . . . 11 livres ½.

Eau. . . . . 12 onces.

Après deux ou trois jours de macération, distillez au bain-marie pour retirer environ 12 livres d'esprit. Si vous voulez qu'il soit beaucoup plus agréable, re-distillez au bain-marie en ajoutant une livre d'eau de roses doubles. Cet esprit, suave et balsamique, peut parfumer les devants de fichus, les chemisettes, le mouchoir.

Essence de vanille.

Vous pouvez préparer vous-mêmes, mesdames, cette essence par infusion.

Prenez d'abord et coupez par petits morceaux,

Vanille en branche, 1re qualité. . 3 livres.

Esprit d'ambrette. . . . . 4 litres.

Clous de gérofle. . . . . 2 gros.

Bois de cannelle. 4

Musc en vessie. . . . . ½

Mettez ces substances et ces liqueurs dans un vase bien fermé, en l'exposant au soleil pendant l'été, en choisissant les mois les plus chauds. Si cette préparation a lieu durant l'hiver, vous la ferez au bain-marie. Vous terminerez par filtrer et par mettre dans des flacons, soigneusement bouchés, cette essence qui parfume très-agréablement, quoiqu'avec un peu trop de force.

Cassolettes odoriférantes.

Les gentilles cassolettes que nos élégantes portent au bal et au spectacle sont composées, selon M. Laugier fils, de la pâte suivante :

Ambre noir. . . . . 4 livres.

Poudre à la rose. 2

Benjoin . . . . 1 once.

Essence de roses............... ½ once.
Gomme adragante............. ½
Huile de santal.......... quelques gouttes.

On pulvérise les matières propres à être mises en poudre, et l'on forme avec les liquides une pâte qui se lie par la gomme adragante. Les cassolettes se portent dans le sac, sous le mouchoir.

Parfums divers.

Il est du meilleur ton de porter habituellement l'essence de rose de Constantinople, qui mérite toute sa renommée, mais c'est un parfum excessivement cher, et presque toujours falsifié. En gros, et renfermé dans de petits et très-simples flacons, elle se vend 28 fr. par cartons de six.

Si vous désirez varier les parfums, vous trouverez chez les parfumeurs bien assortis l'*extrait de mousseline*, le *parfum de Psyché*, de la *dame blanche*, du *troubadour*, le *baume mexicain*, l'*eau printannière*, etc. L'un des plus agréables est le suivant : il peut aussi servir pour parfumer un appartement, où quelques gouttes brûlées répandent l'odeur la plus suave.

Parfum des rois.

Prenez : Esprit ⅜ .... 8 litres.
Storax. .... 6 onces.
Benjoin en pierres. ...... 1 livre.
Bois d'aloès. .... 8 onces.
Esprit de roses, 1re infusion. 1 litre.
Idem de fleurs d'oranger, *id.* 1
Essence d'ambre, *idem*. . . 8 onces.
Idem de musc, *idem*. \ . . . 8
Idem de vanille, *idem*. . . . 1 livre (1).

§. II. Parfums pour le linge et autres effets.

Vitivert des Indes.

Si j'écoutais mon goût particulier, je me bornerais

. (1) Nous pourrions aisément augmenter cette liste des *extraits de fleurs de pêchers*, *de bouquet*, *de l'eau de mille fleurs*, *de mousseline*, etc., mais leur préparation exige tant d'essences différentes, que l'on trouvera autant d'avantage à se les procurer toutes fabriquées chez Laugier, rue Bourg-Labbé, à Paris.

à conseiller aux dames l'emploi du vitivert des Indes,
qui, non-seulement répand une odeur assez agréable
sur le linge et autres effets, mais encore préserve les
fourrures et les étoffes de laine du dégât que font les
insectes. Mais je dois me défier du penchant à nous
faire imiter, qui nous dirige à notre insu, et confesser
en outre que l'odeur du vitivert ne plaît pas à tout le
monde, surtout lorsqu'elle est forte. Toutefois, après
ces considérations, je persiste à recommander le vitivert en petite quantité (quelques brins dans une chemise, par exemple, ou bien la cinquième partie d'un
paquet dans un tiroir de commode). Le vitivert connu
de tout Paris est une sorte de racine semblable au
chiendent, qui se trouve chez tous les merciers et parfumeurs.

Iris de Florence.

Prenez des morceaux de racine d'iris de Florence
sèche, tels qu'on les vend chez les pharmaciens, et
renfermez-les dans vos armoires et commodes; ils
donneront généralement une légère odeur de violette
à tous vos effets. Si vous voulez que le parfum soit
plus fort et plus agréable, vous insérerez un morceau
de racine entre chaque pli de vos chemises, camisoles,
jupes, etc. : on en glisse aussi dans les tuyaux des
garnitures de fichus.

Vous pouvez ramasser les pétales de rose, d'œillet,
les morceaux de réséda dont vous vous servirez l'été,
et les mettre aussi dans vos tiroirs : ils répandront,
en séchant, une odeur douce et balsamique; mais
l'emploi des racines d'iris me semble beaucoup préférable.

Sachets odorans pour parfumer le linge et les parures.

Rassemblez des pétales de rose, d'œillet musqué,
de jacinthe simple, de fleur de lavande, des feuilles
de baume et un peu de feuilles de marrube blanc.
Faites-les bien sécher à l'ombre. Quand elles seront
bien sèches, saupoudrez-les avec des poudres de gérofle, de muscade : enfermez le tout dans des sachets
de taffetas, de la couleur qui vous plaira, et mettez
ces sachets sur les effets.

Sachet aux herbes de Montpellier.

Les feuilles de thym, de lavande, d'hysope, de verveine odorante, de petite sauge, de romarin, de basilic, mêlées avec quelques clous de gérofle et une noix muscade concassée, composent ce sachet. On pourra réunir tous ces objets dans un morceau de toile de couleur, et placer ce sachet dans la table de nuit, dans le cabinet de toilette, de bain, etc.

Sachets en poudre.

Prenez racine d'iris, six onces; de fleurs d'orange sèches, une once; de fleurs de roses sèches, six onces; d'écorce de bergamotes sèches, d'écorce d'oranges de Portugal, *idem*; de storax, deux onces: pilez-les bien, passez-les au tamis, et remplissez de cette poudre de jolis sachets de taffetas, propres à être mis dans les nécessaires, les paniers à ouvrage, les fichus, les gants, et tous les objets délicats.

Sachets à la rose.

Prenez : Roses pâles............... 3 livres.
Poudre au chypre.......... 1/2
Essence de roses.......... 1/2 gros.

Pilez et tamisez les roses et la poudre : ajoutez ensuite le demi-gros d'essence. D'autre part, préparez de petits sacs de percale de forme agréable (en cœur, en trèfle, etc.); versez dessus un peu d'essence de rose, et remplissez de la poudre. Fermez-les et renfermez-les dans un autre petit sac en taffetas, en gros de Naples ou en satin rose. Ces élégans sachets sont destinés à parfumer les blondes, les rubans, tulles et autres objets délicats.

Parfums pour les fleurs artificielles.

Quoique peu répandu chez nos dames, c'est un usage poétique et d'un goût délicat de donner aux fleurs artificielles leur parfum naturel. C'est même, selon moi, la meilleure manière de porter des parfums sur soi. Le moyen de compléter ainsi l'illusion qu'offrent ces charmantes imitations de la nature est on ne peut plus aisé. Il suffit de verser dans la fleur une goutte ou demi-goutte d'essence appropriée, ou bien de l'entourer de coton cardé, embaumé de l'odeur convenable. Un peu de poudre d'iris parfume un bouquet de violette; quelques parcelles de poudre d'ambrette, de gérofle, de bergamote, forment le parfum de l'œillet. L'essence de rose plus ou moins forte convient aux roses de toutes couleurs, ainsi de suite.

§. III. Parfums pour les appartemens.

Parfums de flacons de cheminée.

On met ordinairement des parfums dans les flacons de cheminée, dans quelques vases d'art ou de prix qui ornent les consoles ; mais ces parfums ne se répandent instantanément et très-vaguement que lorsque, par hasard, on débouche le flacon et qu'on en répand quelques gouttes ; aussi ne méritent-ils que fort peu le nom de *parfums d'appartemens*, et ce ne sont pas eux que l'on désigne ainsi : ce sont des clous odorans, des pastilles, le parfum des rois, etc. Nous allons les décrire ; mais auparavant, dire un mot sur les parfums de flacons.

L'un des deux flacons de cheminée doit contenir de l'eau de Cologne ou de l'eau de mélisse : l'autre, peut recevoir tout autre sorte d'odeur, de *l'esprit de Portugal*, de *l'extrait de Vitivert*, un des nombreux parfums que nous avons indiqué jusqu'ici, ou enfin *l'eau du bouquet de Flore*, dont voici la recette :

Eau du bouquet de Flore.

Prenez : Eau de miel. . . . . 2 onces.
Teinture de gérofle. 1
—— d'acore aromatique. . $\frac{1}{2}$
—— de lavande. . . . . . . $\frac{1}{2}$
—— de souchet long. . . . $\frac{1}{2}$
Eau sans pareille 4
Teinture de jasmin. . . . . . . 9 gros.
—— d'iris de Florence . . . 1 once.
—— de néroli. . . . . 20 gouttes.

Ces eaux et teintures mélangées donnent un produit d'une suavité parfaite.

Pastilles à la rose pour brûler dans les appartemens.

Gomme en poudre impalpable. . . 6 onces.
Oliban en larmes , *idem.* 6
Storax ,   *idem.* 6
Sel de nitre , *idem.* 4
Poudre à la rose pâle , *idem.* 8
Poussière de charbon , *idem* . . . . 2 livres.
Essence de roses , *idem.* . . . . ¹/₂ once.

Vous mélangez toutes ces poudres fines, et les mettez dans une pinte d'eau de rose, dans laquelle vous avez fait dissoudre une once de gomme adragante. Vous formez ensuite des pastilles avec ce mélange ; vous les tenez bien renfermées dans une boîte élégante ou cassette qui peut servir d'ornement à quelque table, et quand vous voulez vous en servir, vous les faites brûler dans quelque jolie cassotte ou brûle-parfums de bronze élégant. Les pastilles dont suivent les recettes se traitent de même. Le fameux parfumeur Laugier les compose toujours ainsi :

Pastilles à la vanille.

Gomme galbanum. . . . . 6 onces.
Oliban en larmes. 6
Storax. 6
Sel de nitre 4
Clous de gérofle. 4
Poudre pure à la vanille 8
Poussière de charbon . . . . . . 2 liv. ¹/₂ onc.
Essence de gérofle. . . . . 2 gros.
Essence de vanille , 1ʳᵉ infusion. 4 onces.

Pastilles à la fleur d'oranger.

Aux mêmes doses, données ci-dessus, de gomme galbanum, d'oliban, de storax en larmes, de sel de nitre, de poussière de charbon, ajoutez une demi-livre de poudre à l'orange pure et une demi-once de néroli superfin. Vous voyez que vous pourrez varier ces pastilles en remplaçant ces deux derniers objets par diverses odeurs.

Clous fumans et odorans.

Prenez: Benjoin en poudre . . . .   2 onces.
            Baume de Tolu. . . . . $\frac{1}{2}$
            Santal citrin en poudre. . . . . . $\frac{1}{2}$
            Labdanum vrai. . . . .   1 gros.
            Nitrate de potasse   2
            Gomme arabique en poudre. . .   2
            Gomme adragante entière.   1
            Charbon de tilleul. . . . .   6 onces.
            Eau de cannelle 12

On commence par triturer le labdanum, le baume
de tolu, le santal citrin, le nitrate de potasse et une
partie de charbon, puis, successivement, le benjoin.
Quand la poudre est bien égale, et que l'on a fait, avec
les deux gommes et l'eau de cannelle, un mucilage
épais, on en forme, dans un mortier, avec cette poudre, une pâte que l'on bat jusqu'à ce qu'elle soit molle
et tenace. On en fait alors des petits cônes d'environ un
pouce de hauteur, qu'on met sécher et qu'on brûle
ensuite par le petit bout pour répandre une odeur
suave dans les appartemens. On peut varier les parfums à l'infini.

CHAPITRE VI.

HABITUDES HYGIÉNIQUES.

L'HYGIÈNE, qui entretient la santé, qui nourrit l'esprit d'habitudes d'ordre, de pureté, de modération,
est par cela seul l'âme de la beauté ; car cet avantage
précieux tient surtout à la fraîcheur d'un corps sain,
à l'influence d'une âme pure. Quels que puissent être
d'ailleurs la régularité, l'agrément des traits, on n'est
point belle avec un teint plombé, des joues aplaties,
non plus qu'avec un sourire faux, un regard effronté,
dédaigneux ou colère. Que de choses à dire sur l'hygiène morale, relativement à la beauté ! mais le plan
de ce livre ne le comporte pas, et le cœur de mes lectrices y suppléera suffisamment ; tenons-nous-en donc

aux leçons d'hygiène physique. Malgré son extrême importance, le chapitre qui les rassemble ne sera peut-être pas très-étendu, parce qu'il est, en quelque façon, développé dans tout l'ouvrage.

Dès que vous vous réveillez, frottez-vous le derrière des oreilles avec un morceau de batiste ou d'étoffe de laine. On enlève ainsi la sueur qui s'y est amassée pendant la nuit, et cette pratique est fort avantageuse. Vous pourrez aussi tremper l'index dans un flacon d'eau de Cologne, et le passer tout autour du pavillon de l'oreille.

Vous savez qu'il faut vous rincer la bouche en vous levant; après cela, vous ferez bien de mettre dans la bouche une pastille de pâte de guimauve, de jujube, de gomme arabique, un petit morceau de sucre d'orge, ou candi, enfin tout ce qui pourra faciliter l'expectoration qui a lieu ordinairement le matin. Vous laisserez fondre lentement.

Vous ne poserez jamais les pieds nus à terre; vous ne porterez point de pantoufles dont le talon serait rabaissé, de peur d'exposer le talon au froid, ou de le faire devenir trop gros relativement au reste du pied. Vous aurez constamment des bas dans la grande chaleur, même le matin; comme l'usage et la propreté veulent que vous soyez chaussée pendant le jour, vos jambes en ont pris l'habitude, et vous éprouveriez un mauvais effet de les dégarnir momentanément.

Ne laissez jamais les pieds humides et froids; pour y parvenir, portez en hiver des semelles de liége, et surtout des *socques* quand vous sortez. Les socques, faits en bois, sont lourds, bruyans; il faut leur préférer les socques en cuir; surtout ceux qui sont pourvus d'une semelle de liége. Si vous êtes d'une santé délicate, et que vous vous trouviez fatiguée de l'usage des socques, voici un simple et sûr moyen de vous conserver les pieds à l'abri de l'humidité.

Semelles imperméables.

Il s'agit de rendre tout-à-fait imperméables les semelles de liége : à cet effet, on enduit, d'une ou deux couches d'huile de lin siccative, les deux surfaces de la semelle. (Une légère addition de litharge rend

l'huile de lin siccative.) Quand la semelle est bien sèche, on la place dans le soulier, que l'on enduit, avant
d'être terminé, d'une couche de cette huile, sur la
semelle intérieure. Cette couche sert à boucher tous
les trous faits par l'alêne. Il faut recommander au cor-
donnier de placer par-dessus cette huile fraîche la
dernière semelle légère, ou *semelle volante,* qui se fixe
ordinairement avec de la colle. Le corps gras étant
sec, la pièce est entièrement à l'abri de l'humidité.

Ne gardez pas au logis les souliers avec lesquels vous
avez marché dehors, même lorsqu'il n'y aurait que
très-peu de boue : le peu qui s'y trouverait produirait
de l'humidité, et du reste le bas des jupes, qui tombe
dessus, se salirait plus ou moins. Faites remplacer, en
hiver, par une semelle de flanelle, ou autre étoffe de
laine, la semelle de peau blanche qui garnit l'intérieur
des souliers : des souliers ainsi garnis sont préférables
à des chaussons fourrés, qui rendent le pied trop sensible à l'impression du froid.

Ne faites pas usage de *chaufferettes,* pour beaucoup
de raisons ; elles portent le sang à la tête, donnent des
couleurs forcées, dessèchent et rident la peau des
membres inférieurs ; de plus, elles répandent souvent
une odeur très-désagréable et rien n'est plus commun ni de plus mauvais ton. On peut les remplacer
par les *chauffe-pieds à lampe,* qui n'ont aucun de ces
inconvéniens ; mais, lorsqu'on est chaussée chaudement, on doit se contenter d'avoir un tapis ou coussin
sous les pieds.

Les bas de laine sont salutaires, et l'on pourrait les
porter en les doublant de mauvais bas de coton très-
légers, afin d'empêcher le frottement de la laine ;
néanmoins, comme une dame ne peut se présenter
nulle part avec cette chaussure, et qu'il est essentiel
de ne point passer subitement du chaud au froid, il
vaudra mieux porter des bas de soie ou de coton, même
à jour ; mais, en ce cas, il est urgent de mettre dessous
des bas de soie couleur de chair qui paraissent être
la jambe nue.

Il faut craindre également de faire bassiner votre lit
avec du charbon et d'y demeurer les pieds froids ; il

est bon, en vous couchant, de les envelopper dans un morceau de linge ou d'étoffe de laine bien chaud.

L'hygiène veut aussi que l'on tienne chaudement l'avant-bras; c'est le moyen d'éviter les douleurs de poitrine : des manches tricotées en soie couleur de chair, prenant bien la forme du bras, se mettent sous des manches d'étoffe claire, et satisfont à la fois la mode et la raison.

Les poignets et bracelets des manches doivent être très-larges, afin de ne pas gêner la circulation du sang. Dès qu'ils ont peine à entrer, soyez sûre que le bras rougira, paraîtra gêné, perdra toute sa grâce, et qu'il ne tardera pas à souffrir vivement.

A propos de cela, répétons bien aux dames combien elles auraient tort de se serrer trop dans leur corset; la déformation de la gorge, la contrainte des mouvemens, la roideur de la taille, la teinte rougeâtre de la peau, le gonflement du cou, une gêne insupportable, seraient les moindres inconvéniens de cette habitude pernicieuse. Les plus cruelles maladies pourraient en être la suite. *Voyez* plus bas ce que j'ai dit sur l'art de se lacer.

Selon M. Pelletan fils, les buscs en acier sont condamnables, en ce qu'ils rassemblent l'électricité sur la poitrine, et peuvent déterminer une irritation interne dans cette partie et dans l'estomac. Les buscs de baleine sont insupportables par leur roideur et leur disposition à relever en pointe par les deux bouts, ce qui devient un vrai supplice si l'on ne peut aussitôt retourner le busc dans l'autre sens. Et comment le pourrait-on lorsqu'on est en visite, à la promenade, au bal? Je leur préfère cent fois les buscs en acier; car leur danger est complètement prévenu en les revêtant de taffetas gommé. Si, malgré le désagrément des buscs de baleine, quelques-unes de mes lectrices voulaient en faire usage, elles les assoupliraient et redresseraient aisément en les faisant légèrement chauffer.

Les baleines, placées derrière le corset, prennent le contour de la taille au bout de quelque temps, et rentrent dans la chair par l'action du lacet, comme un instrument de torture; dès que vous vous apercevrez qu'elles cessent d'être en ligne droite, il faudra por-

ter le corset à l'envers pendant quelques jours : cela
suffira pour le redresser. Si elles étaient trop courbées,
il faudrait les sortir de leur poche et les retourner dans
le sens opposé, parce qu'alors elles vous feraient souffrir à l'envers du corset. Les personnes maigres et délicates, que les baleines gênent trop, les remplacent
par une grosse ganse roide en fil; mais, quand les baleines sont droites et légères, elles valent mieux, parce
qu'elles empêchent le corset de relever et plisser sur
les hanches, ce qui est extrêmement douloureux. Au-
surplus, les baleines dites d'*acier*, petites lames légères de la nature des buscs, se courbent infiniment
moins et doivent être préférées. Plus elles sont légères,
plus elles sont élastiques et plus aussi elles sont convenables.

Que le désir de relever la gorge et de lui donner une
beauté de convention ne vous engage jamais à faire les
goussets du haut du corset trop courts; cela déforme
le sein au point d'empêcher l'accomplissement d'un
devoir cher et sacré. Quand cette compression n'aurait pas un effet si funeste, elle peut sillonner désagréablement la gorge de longues raies blanchâtres;
plus la peau est fine et délicate, plus elle est exposée
à ces graves inconvéniens.

Je ne saurais trop recommander, pour les personnes
dont la gorge est trop rapprochée, d'avoir en-dedans
du corset, à l'extrémité supérieure de la poche du
busc, un tampon de coton en ouate revêtu de peau
blanche de gants; c'est le moyen d'empêcher le frottement pénible que les deux coins du busc produiraient
continuellement. Quant à l'autre extrémité du busc, je
conseille à toutes les dames d'y mettre un tampon plus
plat, dont la peau serait d'abord cousue dessus le bout
du corset, et dont la partie renflée par le coton serait
placée au bout et un peu au-dessous du busc. Moyennant cette précaution, on ne sentirait pas, chaque fois
que l'on se baisse étant assise, le busc s'appuyer sur
les cuisses en les blessant.

Une dame très-élégante, que j'ai connue autrefois,
avait l'habitude de placer au droit-fil des goussets de
ventre du corset, deux larges rubans de fil, qui al-
laient passer dans une boucle aussi de ruban de fil,

cousue à chacun de ses bas à cet effet. Ces espèces de jarretières avaient pour objet d'empêcher le corset de relever sur les hanches : elles le tiraient effectivement on ne peut mieux ; mais ce n'était pas le seul bon résultat de cette pratique : elle dispensait de porter des jarretières ordinaires qui nuisent toujours à la circulation du sang. Si vous adoptez cet usage, il faudra garnir tous vos bas, à droite et à gauche du point de couture, d'une boucle de ruban de fil. A la rigueur, il n'en faut qu'une à chaque bas ; mais, si l'on se trompe en se chaussant, et que l'on mette en-dedans le côté de la boucle, on est obligée de recommencer.

Le choix des jarretières n'est point indifférent, non plus que leur position. Les jarretières formées d'un ruban ou cordon tiennent bien, mais serrent trop et s'opposent à la circulation. Les jarretières de laine à nœuds coulans échauffent la jambe, forment un bourrelet désagréable, et de plus, si le bas est fin et la peau délicate, elles causent une importune démangeaison. Les jarretières élastiques sont meilleures ; mais elles sont bien inférieures pourtant à celles d'*élastique végétale,* ou étoffe faite de gomme élastique, qui se prêtent à la moindre tension de la peau. Il y en a sur soie et sur coton. On les trouve chez *Bergeron, passage du Grand-Cerf,* n° 44, *à Paris.*

Les chemises ne doivent point être larges, parce qu'elles produiraient sous le corset des plis qui gênent beaucoup et font des marques à la peau. Pour cette raison, il faut qu'elles soient d'étoffe très-souple et très-fine. Pendant quelque temps les chemises de toile neuve ne doivent être portées qu'au lit ; la percale n'a pas ce désagrément. On sait que les chemises de toile conviennent pour l'été, et les chemises de percale ou calicot fin pour l'hiver. C'est une erreur populaire de croire que le coton nuise à la peau. En Angleterre, où la peau est si belle, dans les États-Unis, on ne se sert pas d'autre tissu.

C'est une très-bonne pratique d'hygiène que de porter alternativement une chemise de nuit et une chemise de jour, parce que l'une et l'autre, étalées à leur tour, se dégagent de la sueur et de toutes les émanations du corps, qui seraient réabsorbées, sans cela, par les pores.

Il est salutaire de respirer de l'eau sur une éponge fine et propre à plusieurs reprises. Pendant l'hiver, vous vous servirez d'eau tiède ; quand vous serez un peu enrhumée, vous prendrez, pour cela, une légère décoction de racine de guimauve. Ces aspirations sont excellentes pour détacher les saletés qui tapissent quelquefois les parois des narines, et qu'il ne faut jamais ôter avec les doigts. Cela rafraîchit, dégage la tête, dissipe la sécheresse que la poussière ou la chaleur causent au nez. L'eau de guimauve, de laitue, ou tout autre émollient, fait moucher aisément, et je suis persuadée que les personnes qui prennent du tabac par nécessité auraient été délivrées de cette désagréable sujétion, si elles eussent eu l'habitude que je recommande.

L'hygiène ne néglige rien, et les ongles l'occupent aussi, parce que rien n'est indifférent pour la santé. Coupez vos ongles carrément, non avec des ciseaux, mais au moyen d'un petit instrument, dit *couteau à couper les ongles*. Cet instrument, très-moderne, est aplati et tranchant par un bout : c'est le couteau ; de l'autre bout il ressemble à l'extrémité d'un cure-oreille : cela sert à nettoyer les ongles ; et la branche forme une petite lime propre à ronger les cors.

~~~~~~~~~~~~~~~~~~~~~~~~~~~~~~

CHAPITRE VII.

REMÈDES CONTRE LES ACCIDENS NUISIBLES A LA BEAUTÉ.

Procédés contre les boutons.

Il y en a de plusieurs sortes : *les boutons ronds*, dans lesquels est toujours un petit germe semblable au bulbe d'un cheveu ; et qui, selon toute apparence, n'est aussi qu'un bulbe développé ; car les pores, surtout au menton, recèlent les racines de petits poils invisibles ; *les boutons plats* renferment quelques gouttes d'une sérosité très-claire ; *les boutons vifs*, une gouttelette d'humeur verdâtre ; *les boutons composés*, une petite pellicule interne, farineuse, un petit germe et un peu de sérosité.

Tous ces boutons proviennent d'irritation intérieure; aussi le meilleur moyen est de les guérir et de détruire leurs principes par des bains, des tisanes rafraîchissantes, des promenades et du repos. Mais l'on peut aussi les combattre extérieurement, ainsi que je vais l'indiquer.

Aussitôt qu'une vive cuisson, ou une légère tache rouge ou callosité vous aura fait soupçonner la présence d'un bouton rond, couvrez-le le soir d'un peu de suif, de cérat, de pommade de concombres. Je crois que le premier vaut mieux, en ce qu'il mûrit plus promptement la tumeur. Le lendemain, regardez au miroir si la tache rouge ou callosité présente une petite pointe blanche, ou touchez légèrement pour juger si le germe se fait sentir; il importe de s'en assurer; parce que, si le germe n'était pas disposé encore à se détacher, l'opération que je vais indiquer serait plus nuisible qu'utile, parce qu'elle fatiguerait en pure perte la peau, et augmenterait l'inflammation du bouton : il vaut mieux retarder un peu après la maturité du bouton que d'agir avant elle. Mais enfin, quand la maturité est complète, il faut doucement presser le bouton entre les deux index, sans mettre les ongles, et opérer ainsi l'extraction du germe. Dès qu'il sera sorti, on prendra un linge bien fin et bien blanc, on le trempera dans de l'eau fraîche, à laquelle on aura ajouté quelques gouttes d'eau-de-vie ou de teinture de benjoin; et on lavera, à plusieurs reprises, le bouton sans le frotter. Après cela, on ne s'en occupera plus, et quand une petite pellicule écailleuse se sera formée à la place du bouton, on l'enlevera délicatement. Il ne faut pas non plus prévenir le moment où la pellicule est parfaitement sèche. Le vif désir que l'on éprouve avec raison de se débarrasser des boutons fait qu'on se hâte d'arracher leurs écailles. Si elle est encore trop adhérente à la peau, le bouton saigne et redevient plus malade qu'auparavant. Si, quoique détachée de l'épiderme, l'écaille n'est pas complètement séchée, la partie qu'elle cachait, et dont elle protégeait la faiblesse, paraît d'un rouge violet, et produit longtemps cette désagréable tache. De plus, la peau, fatiguée dans le voisinage du bouton, ne tarde pas à en

montrer d'autres. Ces boutons, convenablement traités, sont guéris ordinairement en quatre à cinq jours;
pressés, écaillés à tort, ils durent le double, et même
le triple de ce temps.

Les boutons plats, que je nomme ainsi pour les distinguer des précédens, sont des espèces de feux subits,
d'éruptions partielles. On éprouve une très-vive démangeaison, un picotement suivi de douleur : la peau
rougit, se gonfle, et la sérosité amassée sous l'épiderme
lui donne une désagréable couleur jaunâtre. Le meilleur remède est d'appliquer tout de suite un petit morceau de taffetas d'Angleterre, et, dès le lendemain, ou
surlendemain au plus tard, on en est débarrassée. Quand
le taffetas sera dur, qu'il sera comme doublé, arrondi,
et qu'on sentira dessous quelque chose de très-dur,
qu'il se détachera de lui-même, on pourra l'enlever,
et avec lui partiront la peau jaunâtre et la sérosité qui
lui donnait cette nuance. Cette sérosité devenue com-
pacte est ce qui produit la dureté que l'on sent sous le
taffetas.

Ces boutons ne se guérissent pas toujours aussi facilement, et du reste, il est beaucoup de dames qui ré-
pugnent à se mettre une *mouche* de taffetas noir; il
faut alors qu'elles couvrent le bouton de pommade de
concombres, ou de cérat bien blanc. Ces substances
douces amollisent la peau et la sérosité sort en gouttes
qui se succèdent sans interruption; on les essuie à mesure, et quelquefois il est nécessaire de presser un peu
la peau à l'entour, avec les deux index, pour faciliter
l'émission de cette sérosité. Quand elle cesse de couler, on lave avec un peu d'eau de benjoin, pour raffermir la peau, et répercuter l'inflammation; puis on
termine par l'application de la pommade de concombres. Dès le lendemain, une peau sèche est formée, et
le soir même on peut l'enlever.

Presque toujours les écailles et *surpeaux* de ces boutons s'étendent beaucoup plus loin que leur place primitive; c'est que leur inflammation avait légèrement
enflé les parties environnantes, et que, comme à toutes
les enflures, la peau a eu besoin de se renouveler.

Les boutons vifs se décèlent par une douleur vive et
une tache d'un rouge foncé : quelquefois ils ne forment

aucune excroissance ni grosseur. Ils doivent être traités comme les boutons ronds, si ce n'est qu'après l'extraction de l'humeur, il vaut mieux laver la place avec un peu d'eau de guimauve qu'avec de l'eau-de-vie. La pommade de concombres peut avantageusement remplacer la guimauve, ou tout autre émollient.

Les boutons composés sont peu douloureux et fort rares ; mais ils ont le grand désagrément de n'être pas assez caractérisés ; en sorte qu'après avoir enlevé la première pellicule, on croit quelquefois avoir à extraire le germe et la sérosité, qui ne s'y trouvent pas. On continue de presser pour s'en rendre maîtresse, et l'on détermine une bien plus violente irritation ; d'autres fois on y renonce, et le bouton, imparfaitement guéri, continue de présenter une grosseur sans tache ni douleur, il est vrai, mais qui nuit toujours à la régularité de la peau, et qui produit un de ces *points noirs tannés* ou *petits clous*, dont je parlerai plus tard. Quelque désagréable que soit cette attente, il vaut mieux se résigner à voir le bouton devenir point noir que de le tourmenter et déchirer ; très-souvent il finit par s'aplatir, soit que réellement il n'ait pas de germe, soit que ce germe disparaisse par absorption.

Les boutons que les cheveux font naître au front passent très-aisément à l'aide de la pâte axérasine ; il faut, pendant quelque temps, écarter davantage les boucles de cheveux.

J'ai indiqué un très-grand nombre de moyens cosmétiques pour la peau ; mais le sujet est si important, il offre tant d'intérêt que je n'hésite pas à y revenir, et à enseigner deux autres préparations spécialement efficaces contre l'irritation de l'épiderme.

Pommade de Boyer, contre l'inflammation de la peau.

Prenez : Huile d'amandes douces . . . . 4 onces.
Axonge lavé. 3
Suc de joubarbe. 3

Cette pommade est extrêmement adoucissante et rafraîchissante.

Pommade de concombres pour le même objet.

Prenez : Axonge pur. . . . . 4 livres.

Suif de veau pur. . . . . · 1 livre.
Suc de concombres. . , ... 5

Faites fondre les deux substances graisseuses : quand
ce mélange est fondu, mêlez avec le suc de concombres, et malaxez pendant quelque temps. Au bout d'un
jour de macération, décantez et ajoutez autant de nouveau suc, malaxez : réitérez ces opérations pendant
dix fois, toujours avec du suc nouveau. Quand on
voit que le mélange graisseux a acquis une odeur bien
sensible de concombre, on le fait fondre au bain-marie en y ajoutant, par livre, trois gros d'amidon en
poudre. On remue, et l'on coule ensuite dans des pots
que l'on couvre soigneusement.

Dans la saison des concombres, on peut adoucir et
rafraîchir parfaitement la peau en se lavant avec l'eau
qui a servi à les cuire, et mieux encore, avec le jus
dans lequel baigne les grains. Il faut passer ce jus et
le couper avec de l'eau de Cologne, ou une eau odorante quelconque, pour empêcher que la peau ne conserve l'odeur fade de ce légume.

Remède contre la peau farineuse.

Sans avoir ni boutons, ni enflure, ni émption,
plusieurs personnes voient leur teint se couvrir de petites pellicules farineuses, et la peau paraît en quelque
sorte épluchée : rien n'est aussi disgracieux ; mais heureusement on détache aisément cette farine malencontreuse avec de l'eau aromatisée d'*eau de Ninon de
l'Enclos*, de teinture de benjoin, la pâte cymodoce.

Moyens de prévenir et de faire disparaître les tannes.

Nous avons vu que ces points noirs proviennent de
boutons dont le germe est demeuré dans les pores.
C'est en effet une de leurs causes, mais c'est la moindre. Le plus communément, sans aucun bouton quelconque précédent, tous les pores du menton, et surtout
du nez, se remplissent de points noirs, gris-foncé, ou
seulement jaunâtres. Quels qu'ils soient, c'est un très-
grand désagrément ; la peau paraît la miniature de ces
portes de prison semées de clous, ou bien semble sau-
poudrée avec de la poussière de charbon. Ils sont
quelquefois protubérans ; mais cette nouvelle disgrâce

-porte sa consolation, parce que, dans ce cas, les maudits points sont plus faciles à extraire; autrement, ils se montrent aussi tenaces qu'ils sont laids.

Les moyens de les prévenir consistent d'abord à s'abstenir de fard, de pommades cosmétiques qui, composés pour blanchir la peau, l'altèrent et arrêtent la transpiration. L'habitude de se couvrir le visage avec la couverture en dormant, de porter un masque; le séjour dans des appartemens sujets à la fumée, l'oubli d'essuyer avec soin la poussière et la sueur de la figure, sont aussi les causes les plus fréquentes des tannes, et l'on voit ce que l'on doit faire.

Occupons-nous maintenant du soin de les ôter, quand, par malheur, ils ont pris racine : je me sers de cette expression, car il est bien difficile de les déloger. Cependant, en prenant une éponge ou brosse très-douce, et l'humectant d'essence de savon purifié, on pourra, en les frottant souvent, espérer qu'ils disparaîtront peu-à-peu. On pourrait encore, et préférablement, tremper une tablette de savon de toilette dans de l'eau aromatisée de benjoin, en bien couvrir les points noirs, puis les frotter avec la brosse douce jusqu'à ce que le savon fût enlevé. On laverait ensuite avec de l'eau aromatisée. Le savon au benjoin conviendrait principalement. Il faudra répéter cette opération tous les matins. Si, malgré cela, les points persistent, il ne restera qu'à les extraire en pressant avec les deux index, ce qui ne causera ni douleur ni inflammation, et produira tout au plus une légère rougeur de dix minutes. Il sera bon de les brosser ou frotter ensuite avec l'éponge.

Mais ces points, délogés à grand'peine, reviennent facilement : aussi, de temps en temps, sera-t-il convenable de presser doucement la partie où ils s'étaient montrés d'abord, et je suis bien trompée si vous ne voyez pas jaillir une multitude de petits germes blanchâtres, tantôt ronds, tantôt comme un fil, secs, ou gonflés et légèrement humides; tantôt gris ou noirs à moitié à leur partie supérieure. Si aucun signe cependant ne vous avertissait de leur présence; si, au bout de quelque temps, l'émission diminue, c'est une annonce que les points rentrent par absorption, et vous n'aurez plus qu'à vous servir de la brosse humectée, sans avoir besoin de réitérer les pressions.

Remèdes contre les gerçures.

Ces remèdes, tous faciles, presque tous composés de corps gras bien frais et de substances émollientes, varient un peu, suivant le siége du mal.

Je commencerai leur indication par les moyens employés pour prévenir ou guérir la gerçure des lèvres ; parce qu'elle est la plus commune, et qu'elle dépare entièrement la bouche, en la privant de son sourire, de sa grâce et de sa fraîcheur.

Topique labial de Madame Delacour.

Nous puisons dans la collection des *brevets d'invention* la recette de cette composition estimée, ainsi que les additions que l'expérience a conseillées à son auteur. Le *topique labial* rend, dit-elle, les lèvres souples, les empêche de se gercer, entretient la peau fraîche et douce en la garantissant de l'action du froid. Nous ferons remarquer qu'il est fort astringent, et que, par conséquent, si les lèvres avaient de l'irritation, il faudrait s'en abstenir.

Ire composition du Topique labial.

Galle de chêne.	1 gros.
Grenade	*idem.*
Feuille de myrte.	$^1/_2$ gros.
Sumac	1 gros.
Sulfate de zinc.	$^1/_2$ gros.
Onguent rosat	4 onces.
Cire vierge.	1 once.
Blanc de baleine.	*idem.*
Huile d'amandes douces.	*idem.*
Lait virginal.	2 gros.
Baume de la Mecque.	12 gouttes.

IIe composition.

Galle de chêne.	2 gros.
Noix de cypris.	*idem.*
Écorce de grenade.	*idem.*
Feuille de myrte.	3 gros.

Cire vierge. . . . . 1 once.
Sumac. . . . . 3 onces.
Huile d'amandes douces. . . . . . 1 once.
Lait virginal. . . . . 1 gros.
Blanc de baleine. . . . . 3 onces
Sulfate de zinc. . . . . 4 gros.
Baume de la Mecque. . . . . ½ gros.

IIIᵉ Composition.

A la place de la cire vierge, du blanc de baleine, et de l'huile d'amandes douces, mettez :

Extrait de racine de guimauve. . . 1 once.
Idem de fleur de mauve. . . . . *idem*.
Idem de fleur de violette . . . . *idem*.
Idem de rose. . . . . 1 gros.

On aromatise dans tous les cas avec quelques gouttes d'une huile essentielle.

Pommade rosat pour les lèvres.

Prenez : Cire blanche. . . . . . . 2 onces.
Huile d'amandes douces. 4
Orcanette en poudre. . . 3 gros.
Ajoutez : Huile de rose. . . . . . 12 gouttes.
Coulez dans de petites boîtes en bois.

Autre pommade pour les lèvres.

Cire blanche. . . . . 2 onces.
Huile d'olives 4
Ecorce d'orcanette concassée. . . 2 gros.

Après deux heures d'infusion au bain-marie, passez avec expression, laissez refroidir et ajoutez :

Essence de rose. . . . . 12 gouttes.

Si vous voulez acheter de ces pommades chez les parfumeurs, prenez-les par douzaines, elles ne vous coûteront que 2 fr. 50 cent., ou 3 fr. En les tenant à l'abri de la chaleur, ces pommades ne rancissent pas.

Pommade de limaçon.

On ne sait trop pourquoi les parfumeurs ont donné ce titre à la pommade que nous allons indiquer; car de limaçon, il n'y a pas l'ombre. N'importe, elle est estimée, bien mieux, elle est estimable; nous la re-

commandons également pour les lèvres et pour le
teint.

> Prenez : Cire blanche en grains . . . 1 once.
> Huile d'amandes douces. . 5
> Eau rose 8

Faites liquéfier la cire avec l'huile sur les cendres
chaudes; mettez ce mélange dans un mortier de
marbre et laissez-le figer.

Dès qu'il est figé, agitez-le avec le pilon pendant
une demi-heure. Au bout de ce temps, versez-y l'eau
rose.

Des soins de la gorge lorsqu'on nourrit.

Si la nature remplit pour vous la sainte destination de cet organe, si vous êtes mère et nourrice,
redoublez de soins alors; car voici le temps où le sein
peut perdre ses charmes et subir de rudes douleurs.
Que les goussets de votre corset soient amples, ouverts
par le milieu du haut en bas; que les deux morceaux
en soient réunis par un lacet ou des agrafes, de telle
sorte, que, pour présenter le sein, vous n'ayez pas à le
soulever, à le sortir au-dessus du gousset, mouvement
qui le déforme et le froisse dans sa partie inférieure.
Maintenez la chaleur en couvrant convenablement la
gorge, usez des bouts de sein de Me Lebreton, sage-
femme, et, si malgré toutes ces précautions, vous n'é-
vitez pas les gerçures, employez le remède suivant, recommandé par le docteur Sigerbundi, de Dornston.
(*Voyez Journal des Connaissances usuelles*, 1830, page
165).

Liniment pour les gerçures du mamelon.

> Extrait aqueux d'opium . . . . . . 1 grain.
> Eau de chaux récente . . . . 3 gros.
> Huile d'amandes douces récente
> et faite à froid. 3

Mélangez le tout, conservez dans un pot couvert,
et pansez le mal avec de la charpie très-fine imbibée
de ce liniment. Recouvrez le tout de bouts de seins en
cire percés à leurs extrémités, pour que le lait puisse
s'écouler facilement.

Eau contre les gerçures des mamelles, de CHAPTAL.

Sulfate d'alumine . . . . 1 gros.
Sulfate de zinc. . . . . ½ once.
Sous-borate de soude. . . . . 4 grains.
Eau de rose . . . . 4 onces.

Remède contre les dartres.

Lorsque les dartres tiennent à une affection cutanée ou maladie de la peau, il faut avoir recours au médecin; lorsqu'au contraire elles sont rares, instantanées, et produites par accident, il suffit de faire fondre quelques grains de sel blanc dans de l'eau tiède ou dans sa bouche, et de les laver ensuite sans frotter, avec la salive ou l'eau salée. La pâte cymodoce, la pommade en crème, celle de Boyer, les combattent avantageusement.

Remède contre les rides.

Quand les rides ne sont pas causées par *l'irréparable outrage* du temps, et que le chagrin ou la mauvaise habitude de grimacer en riant et en parlant, leur ont donné naissance, on peut espérer de les adoucir, de les effacer peu-à-peu, en se mettant, pendant la nuit, des compresses de batiste humectée de teinture de benjoin et de bouillon de veau fait sans herbes ni sel. (*Voyez* aussi chapitre des *Cosmétiques*).

Remède contre les rougeurs.

Les couleurs forcées et tenaces, triste présage de la couperose, exigent d'abord l'emploi des bains, un régime végétal et lacté, des boissons rafraîchissantes : voici pour l'intérieur. Quant à l'extérieur, lavez-vous, le soir, le visage avec du lait, puis, après l'avoir légèrement essuyé sans frotter, mettez-y très-peu de pommade de concombres ou de limaçons.

Moyen de faire passer les taches de rousseur.

Choisissez dans le *chapitre des Cosmétiques* celui qui vous semble le plus avantageux, et servez vous-en de cette façon :
Ayez soin de porter un voile, une ombrelle, un chapeau avancé, même quand les taches de rousseur seraient déjà formées, afin d'empêcher qu'elles ne se

rembrunissent. Lavez-vous le visage le soir; parce qu'en le faisant le matin, vous rendriez la peau tendre, et bien plus susceptible encore de recevoir des taches de rousseur. Quand vous aurez lavé et essuyé le visage, vous verserez plusieurs gouttes du cosmétique choisi, sur un linge sec, et l'appliquerez quelques momens sur la figure.

Remède contre le hâle.

L'action du grand soleil ne produit pas constamment des taches de rousseur : il y a des personnes qui n'en ont jamais, même en ne prenant aucune précaution ; mais tout le monde est sujet au hâle. Il est facile de s'en garantir à la ville, mais, lorsqu'on habite la campagne, que l'on s'y occupe un peu des soins ruraux, ou seulement que l'on y fait de longues promenades, on a la peau hâlée, c'est-à-dire brune, écailleuse et dure.

Pour remédier à ce désagrément, il faut agir comme pour les taches de rousseur : les mêmes remèdes conviennent. Néanmoins, il en est un spécial, efficace, quoique (il le faut bien dire) tant soit peu dégoûtant. Ce remède consiste à se laver le soir le visage avec du sang de volaille. On sait, par l'exemple du beau teint des bouchers, combien la vapeur du sang est favorable à la peau : la crême produit un peu moins d'effet, mais elle en produit, et je ne doute pas que mes lectrices ne la préfèrent.

Remède contre la piqûre des cousins.

Les piqûres réitérées de ces insectes, causant beaucoup de cuisson et de rougeur à la peau, doivent être mises au nombre des accidens qui altèrent la beauté.

On sait que les cousins affectionnent certaines personnes, qu'ils piquent de préférence. Ces personnes n'ont qu'à mélanger un peu d'infusion de l'herbe nommée *matricaire*, dans l'eau avec laquelle elles se lavent le visage et les bras ; elles seront à l'abri de la morsure des cousins, qui ne peuvent supporter l'odeur de cette plante (1).

(1) Je ne puis garantir l'efficacité de ce moyen.

Pour calmer l'inflammation de la piqûre de ces insectes, on conseille d'appliquer dessus un peu de terre à foulon délayée d'eau. Je n'en ai point l'expérience.

Moyen d'enlever les pellicules et petites écaillures des doigts.

Quelque peu que l'on se livre aux soins du ménage, on a souvent la paume des mains un peu calleuse. En cousant sans faire usage d'un *doigtier* qui protégerait l'index de la main gauche, on a ce doigt tout chargé par le haut de petites écailles que produisent les piqûres répétées de l'aiguille. Plusieurs personnes ont aussi de petites excroissances au coin des ongles, par suite de légères *envies* qu'elles ont eu l'imprudence d'arracher. De plus, les coupures, les brûlures, les engelures laissent, long-temps encore après leur guérison, des pellicules désagréables. Le canif taillade un des côtés du pouce droit, le fil que l'on retient, en cousant ou en brodant, sur le quatrième et le petit doigt de la main droite, les coupe transversalement ; il est facile de remédier à toutes les inégalités que laissent ces petits désagrémens. Attendez d'abord que ces inégalités soient parfaitement sèches, car autrement vous augmenteriez beaucoup le mal ; puis frottez-les avec un morceau de pierre-ponce humecté, qui aura déjà servi à frotter d'autres objets, et surtout des corps durs, afin que sa surface soit lisse et douce. Toutes les petites pellicules, écaillures ou grosseurs s'effaceront à mesure que vous frotterez, sans que vous éprouviez aucune sensation douloureuse. Il sera bon de raffermir la peau en la lavant avant et après le frottement avec une petite éponge ou linge imbibé d'eau-de-vie : l'eau de Cologne peut servir également. Humectez la pierre-ponce de temps à autre.

Moyen de guérir les envies, et de débarrasser les ongles de la surpeau qui les couvre quelquefois.

Toute négligence a des inconvéniens, et il n'est pas une seule partie du corps qui en soit exempte. Les ongles, qui paraissent n'exiger aucun soin, ont aussi une sorte d'hygiène, faute de laquelle ils se déchaussent ou se recouvrent ridiculement. Une foule de causes attaquent journellement la peau qui les borde et l'enlève partiellement, c'est ce que l'on nomme des *envies*; si vous les négligez, elles s'augmentent beaucoup, deviennent saignantes et très-douloureuses, à toutes les actions, l'*envie* s'allonge et se détache de l'ongle de plus en plus; quelques personnes, agissant comme des sauvages, ont la pernicieuse habitude de les arracher, et même (faut-il le dire) avec les dents. Alors le bord de l'ongle demeure presque à nu, l'envie se prolonge souvent jusqu'à la première phalange, et si malheureusement quelque saleté se trouve en contact avec ce doigt ainsi déchiré, il s'y détermine un panaris. Quand ce funeste résultat n'aurait pas lieu, l'ongle ébranlé ferait toujours beaucoup souffrir, et perdrait sa forme élégante.

Je crois qu'il est inutile d'insister sur la nécessité de guérir les *envies*, et je vais tout de suite en donner le moyen : sitôt que vous en apercevrez une, coupez-la avec des ciseaux, et bassinez-la avec un peu d'eau-de-vie étendue d'eau; si elle était un peu élargie, vous la couvririez d'un morceau de taffetas d'Angleterre.

Quant à la surpeau qui déforme les ongles, il faut la prévenir en tirant, autant que possible, la peau du bord de l'ongle avec le pouce : plus les ongles sont allongés sur la première phalange, plus ils ont de grâce. Si vous avez négligé cette précaution, et qu'à la suite d'engelures ou de tout autre accident, une surpeau se soit allongée sur les ongles, il faut la tirer souvent, autant qu'il se pourra sans causer de douleur, ou l'enlever avec la pointe du cure-ongles. On peut tremper le doigt dans l'eau de temps en temps pour que la surpeau cède avec plus de facilité. (1)

Remède contre les verrues et poireaux.

Le frottement avec des étoffes de laine, les substances corrosives, telles que l'eau-forte, sont em-

(1) Voici un petit remède que les dames apprécieront : on enfonce souvent, en cousant, la pointe de l'aiguille sous l'ongle du pouce gauche. La douleur de cette piqûre est vraiment atroce. Pour la calmer, insérez sous l'ongle un peu de pommade de concombres; la souffrance cessera immédiatement.

ployés avec succès contre ces dégoûtantes excroissances ; mais le premier de ces moyens est d'une lenteur excessive, et le second est dangereux. Le suivant
n'a aucun de ces inconvéniens : j'ai éprouvé autrefois
son efficacité.

Prenez de la chélidoine jaune, ou *herbe d'éclair*,
cassez-en la tige auprès de la racine, frottez la verrue
avec le suc jaunâtre et laiteux qui en découlera, et
elle disparaîtra au bout de quelque temps. Si la verrue
était très-grosse et très-ancienne, il faudrait réitérer
plusieurs fois l'application de la chélidoine.

On dit que le suc laiteux de la tithymale et du figuier
ordinaire produit le même effet.

Autre remède contre les poireaux.

Il faut d'abord baigner la partie où tient le poireau dans une eau savonneuse pendant trois quarts
d'heure, ce qui le gonfle et le rend presque insensible : puis on le coupe par lames très-fines, jusqu'à
ce qu'il sorte quelques gouttelettes de sang, alors on
cautérise avec le nitrate d'argent fondu (pierre infer-
nale). Ce procédé suffit pour enlever les poireaux et
verrues.

Emplâtre fondant pour résoudre les tumeurs et petites loupes.

Poix blanche pure.	1 livre
Résine idem.	idem.
Cire jaune belle.	idem.
Gomme ammoniaque	12 onces.
Poudre de ciguë nouvelle.	1 livre.
Huile de ciguë.	4 onces.

DIVERS MOYENS DE GUÉRIR LES CORS AUX PIEDS.

Emplâtre de M. Laforest, chirurgien-pédicure, tiré de l'Art de soigner les pieds.

Prenez une once de poix, telle qu'on l'emploie
dans la marine, une demi-once de galbanum, et dissolvez dans du vinaigre un scrupule de sel ammoniac ;
ajoutez-y une drachme et demie de diachylum, mêlez
bien le tout, et appliquez-en sur un morceau de peau
de quoi couvrir le cor. Quand, au bout de quelques
jours, vous enlèverez l'emplâtre, le cor la suivra,

IIe *moyen par la potasse.*

Vous anéantirez entièrement le cor en le frottant tous les jours avec un peu de solution caustique de potasse, jusqu'à ce qu'il se soit reformé à la place une peau douce et flexible.

IIIe *moyen par la pierre-ponce.*

Quand les cors sont récens, ou lorsqu'on les a amollis en les trempant dans de l'eau chaude, on les use et les détruit en les frottant long temps avec la pierre-ponce. Cette substance fait alors l'office de la lime propre à ronger les cors.

IVe *moyen de guérir les cors avec le lierre.*

Prenez une feuille de lierre terrestre, lavez-la bien, passez-la sur la flamme, pour dissiper les impuretés qui peuvent se trouver à sa surface; faites-la tremper quelques heures dans du vinaigre, et appliquez-la ensuite sur le cor; ayez soin de l'y maintenir au moyen d'une petite languette de coton de lampe; serrez et nouez de manière à ne point gêner l'orteil malade : quelques jours après, le cor jaunit, alors il est desséché, et vous pouvez l'enlever avec un canif. On emploie aussi de cette façon les feuilles de joubarbe.

V^e. *Remède par le moyen de mousseline empesée.*

Deux ou trois jours à l'avance, amollissez le cor en le frottant avec un peu de suif. Le dernier jour, essuyez-le bien et roulez par-dessus, autour du doigt affecté, une bandelette étroite, un peu longue, de mousseline, un peu ferme et récemment empesée. Faites-lui faire plusieurs tours. Laissez-la en place jusqu'à ce qu'elle tombe de vétusté. Alors le frottement a très-souvent usé complétement le cor, surtout s'il n'est pas très-ancien. On peut l'achever en remettant une autre bande de mousseline, ou en faisant usage de la pierre-ponce.

VIe. *Emplâtre contre les cors.*

Mêlez parties égales de ciguë, de vigo, de diachylum, faites-en une sorte de bouillie épaisse; placez-en un peu sur le cor; recouvrez-le d'une petite rondelle de peau, et assujettissez bien en attachant avec une étroite bandelette. Au bout de huit jours, à-peu-près, enlevez l'emplâtre, le cor sera tellement amolli, que vous le couperez sans résistance et sans douleur.

Remède contre les douleurs occasionnées par la gêne de la chaussure, ou la fatigue de la danse.

Quand un soulier trop étroit, ou les plis des bas trop longs, ou les coutures des semelles en toile auront froissé le pied, on apaisera aussitôt la souffrance en mouillant un morceau de savon blanc avec de l'eau-de-vie, et en frottant de ce savon l'endroit affecté. On termine par laver avec de l'eau-de-vie pure. Cette opération calme aussi subitement la cuisson que l'on éprouve à la plante des pieds quand on a trop dansé, ou marché trop long-temps. Si l'impression douloureuse persistait après le premier frottement, on le réitérerait en employant un peu plus d'eau-de-vie, et même de l'eau-de-vie camphrée.

Moyen de dissiper le sang qui s'extravase sous les ongles par suite de coups.

Broyez du plantain long avec un peu de sel, puis appliquez-le en forme de cataplasme sur l'ongle. L'eau de scabieuse distillée a, dit-on, aussi la propriété de résoudre le sang extravasé des ongles. Pour cela, il faut en laver souvent l'ongle meurtri, et appliquer dessus une compresse imbibée de cette eau.

Remède pour les ongles ébranlés, cassés ou trop faibles, surtout pour ceux des pieds.

Mélangez ensemble une once d'huile d'amandes amères, une drachme d'huile de tartre, et un peu d'essence de citron; lavez-vous souvent les ongles de cette composition, et mettez-en une petite compresse, la nuit, sur les ongles des pieds.

Remède contre la sueur immodérée des aisselles, des mains et des pieds.

La première de ces sueurs est la plus incommode, parce qu'elle tache le dessous de l'entournure des manches, et la partie correspondante du corsage : elle donne au blanc de fil ou de coton une couleur jaunâtre, et une roideur très-désagréable. Quant aux étoffes de couleur, de soie surtout, l'inconvénient est bien pire; car la sueur, contenant des principes acides, détruit complètement les couleurs. De plus, le tissu, toujours ainsi humecté d'acide, se crispe, se corrode et se déchire à cet endroit, tandis que la robe est encore toute neuve. La santé souffre aussi de cette importune sueur, parce que la manche de chemise, l'emmanchure du corset, de la robe, une fois trempées, sont longues à sécher en hiver, se refroidissent et causent des rhumes fréquens, de vives douleurs de poitrine. Pour surcroît, il arrive quelquefois que cette sueur exhale une odeur extrêmement désagréable et presque analogue à la vapeur méphitique du chanvre en rouissage dans l'eau. Ce dernier cas est heureusement fort rare, mais la sueur des aisselles incommode les trois quarts des dames.

Plusieurs pratiques sont en usage pour combattre cette incommodité. On garnit le dessous des manches et l'emmanchure des robes de soie avec de la peau blanche de gant, du coton en ouate, du taffetas gommé : j'ai l'expérience que chacune de ces choses a son désagrément. La peau se tord, se durcit de manière à blesser, et produit une odeur infecte, même quand la sueur n'en a pas; le coton apporte une chaleur gênante; le taffetas gommé se décompose souvent, et, quand la sueur est d'une nature âcre, il sent aussi fort mauvais. Au reste, tout cela ne sert qu'à prévenir les taches, et ne combat nullement le mal que la poitrine peut souffrir. Je vais donner un moyen pour prévenir à la fois tous les inconvéniens de la sueur. La simplicité de ce moyen ne serait un motif de défiance que pour les gens sans réflexion.

Comme il faut bien se garder d'arrêter le cours de cette sueur, dont la nature se sert pour sécréter des humeurs nuisibles, la seule propreté doit contribuer à vous en délivrer; vous vous laverez chaque matin le dessous des bras avec de l'eau tiède, vous les essuierez bien avec un linge chaud en hiver, puis, dès que vous sentirez la première atteinte de la sueur, vous glisse-

rez sur le gousset de la manche de chemise un petit
morceau carré de toile fine ou de batiste. Ce petit
morceau, que l'on peut appeler *gousset mobile*, aura
environ quatre pouces en tous sens ; il sera ourlé tout
autour, et au milieu de l'une des faces on adaptera
un petit morceau de ganse plate pour attacher les
deux goussets ensemble lorsqu'on voudra les blanchir.
Vous ferez bien d'en avoir une provision, afin de les
changer dès que vous les sentirez humides : de cette
manière, la sueur ne peut percer jusqu'à la robe, et
même jusqu'au corset ; elle ne demeure pas de manière à se refroidir sur la peau, et son évaporisation,
ainsi favorisée, ne tarde pas à devenir moins incommode : le contact du linge blanc, sans être froid, suffit
quelquefois pour l'arrêter ; des bains sont aussi très-
bons pour la sueur immodérée des aisselles, parce
qu'en facilitant la transpiration générale, ils dimi-
nuent celle de cette partie. Si ces remèdes sont insuf-
fisans (ce qui n'arriverait que dans le cas d'un flux de
sueur extraordinaire), il faudrait laver encore le soir
le dessous du bras, et le saupoudrer d'iris de Florence
en poudre, qui absorberait la sueur. Cette dernière
pratique est surtout convenable quand il y a de l'o-
deur.

La sueur des mains est moins désagréable, mais elle
l'est encore beaucoup, parce qu'elle ternit tous les ouvrages que l'on fait, et salit horriblement les gants.
On peut la combattre encore par la propreté, et en
saupoudrant de temps en temps les mains avec de la
pâte d'amandes en poudre très-sèche, l'iris, etc.

Reste la sueur des pieds : elle est presque toujours
accompagnée d'une odeur fétide insupportable, et l'on
doit prendre les plus grandes précautions pour s'en garantir. Se laver les pieds avec de l'eau tiède soir et matin ; prendre des bas blancs chaque jour ; porter des
chaussons de batiste ou de perkale fine, afin de ne pas
grossir le pied, et les renouveler chaque matin ; avoir
dans son soulier une semelle de toile de coton velue
pour absorber la sueur ; arroser cette semelle d'eau de
Cologne, d'eau-de-vie, de lavande, de menthe, etc. ;
la changer fréquemment, et la fétidité des pieds dimi-
nuera d'abord et disparaîtra bientôt. Je ne conseille pas

l'usage d'une semelle de taffetas gommé, parce qu'elle refroidit trop le pied. Une excellente pratique est de saupoudrer les pieds avec de la poudre d'alun brûlé ou d'iris. Cette poussière absorbe la mauvaise odeur, et ne met point d'obstacle à la transpiration. Celles de mes lectrices qui seraient sujettes à cette horrible exhalaison ne trouveront pas qu'elles paient trop cher, par ces minutieuses pratiques, la fin d'une véritable infirmité.

Précautions à prendre contre la transpiration trop abondante de la tête et du col.

Si la poudre d'iris est insuffisante, il faut faire mettre sous la coiffe de votre chapeau une autre coiffe en toile imperméable ou taffetas gommé.

D'autre part, si, comme je l'ai vu quelquefois, la sueur de la partie arrive du cou, trempe vos collerettes, commandez, à la fabrique de *tissus imperméables, rue Faubourg-Montmartre, n° 4*, des cols en toile imperméable blanche, et doublez-en les cols de vos fichus, passez-les dans les plis de vos cravates de soie, de vos châles. Si vous mettez cette toile entre deux mousselines, elle semblera le col du fichu.

Régime contre la maigreur.

L'absence totale de la rondeur des formes, la peau jaunâtre, les yeux caves et cernés, les joues tirées, le nez effilé d'une manière ridicule, la bouche enfoncée, le cou allongé et laissant paraître toutes les articulations, voici les effets de la maigreur excessive avec laquelle, quelle que soit d'ailleurs la régularité, la beauté des traits, il est impossible de n'être pas presque hideuse. Des maladies aiguës, de profonds chagrins, des veilles continuelles pour le travail ou le plaisir, une disposition de tempérament en sont les causes les plus ordinaires. Le temps, le calme d'esprit, un plus sage emploi de ses momens guérissent la maigreur qu'amènent ces premières causes; mais la dernière veut un traitement spécial.

Dès que vous vous serez déterminée à vous donner de l'embonpoint, il faut éloigner tous les projets d'affaires, toutes les agitations passionnées, toutes les réflexions sérieuses et prolongées. Il est surtout indispensable de n'éprouver aucun souci. Avec cela ne prenez que très-peu d'exercice, dormez long-temps, au moins dix heures; prenez, en vous levant, une tasse de chocolat au salep de Perse mélangée de deux jaunes d'œufs; quelques heures après, mangez des volailles blanches, de l'agneau, du veau bien gras, du bœuf bien succulent : ces viandes doivent être rôties ou grillées, afin que leurs principes nutritifs ne soient pas évaporés. Si vous mangez quelques ragoûts, qu'ils soient peu épicés, et nourris de coulis et de jus de viande.

Le riz, la fécule de pomme de terre, cuits dans de forts consommés, de l'eau de gruau mêlée de crême, du lait d'amandes peu sucré, mais relevé par quelques gouttes de fleur d'orange, sont les choses qu'il vous faudra, de temps en temps, prendre entre vos repas, qui doivent être fréquens.

Il est essentiel de boire de l'eau pure ou à peine rougie; de s'abstenir de fruits acides, de liqueurs, de thé, de café. Le chocolat de marrons (Voyez *Manuel du Limonadier*), des œufs au lait, à la coque, les crêmes au chocolat, le fromage à la crême, varieront seulement les mets.

Immédiatement avant le repas, il faudra, chaque jour, prendre un bain, dans lequel on ne s'agitera pas du tout; après un quart d'heure, on se reconfortera par un consommé, on sortira au bout d'un autre quart d'heure, on se mettra sur un sopha, on prendra une tasse de chocolat, et l'on dormira jusqu'au moment de se mettre à table; il sera bon de causer et de rire pendant le repas pour exciter à l'appétit et favoriser la digestion. On se tiendra toujours couché sur une ottomane ou sur un lit, dans un demi-jour, au frais, en s'abandonnant au *far niente.*

Régime contre l'excès d'embonpoint.

Si la maigreur excessive est hideuse, l'embonpoint démesuré est dégoûtant. On n'est plus qu'une masse lourde, informe, dont tous les mouvemens sont gênans, ridicules, et souvent douloureux. Je ne sais quoi de commun, de trivial se répand sur ces formes massives; l'âme semble écrasée, les yeux se rapetissent, les traits sont enveloppés, et l'odeur fétide d'une surabondante transpiration achève d'inspirer le dégoût.

Pour se débarrasser de ce luxe de graisse, il faut absolument prendre le contre-pied du régime précédent; faire de longues courses, veiller, manger peu, parler, s'agiter, étudier beaucoup. Prendre des alimens légers, acides, très-épicés, sucrés, aromatisés, s'abstenir de viande, de pain, de légumes farineux, de bouillon, de laitage; prendre préférablement à toute autre chose des fruits secs, des salades, des confitures; ne faire que deux repas par jour, et s'occuper tout de suite après; manger des pastilles aromatiques, et rejeter souvent sa salive.

Remède contre la grosseur du cou.

Les eaux de certaines villes, telles que Moulins, Clermont, etc., ont la propriété de grossir le devant du cou chez plusieurs personnes. La mauvaise habitude de porter les cols de fichus et de guimpes trop serrés y contribue beaucoup, et même produit à elle seule ce désagrément. Non-seulement toute la grâce du cou se trouve effacée par ce renflement, mais encore, s'il augmente, il semble se rapprocher du *goître*, et inspire le même dégoût. Je suis certaine que l'on peut y remédier en portant, pendant la nuit, un collier bien épais de sel de cuisine renfermé dans du taffetas : ce collier ne doit pas être trop juste; car il pourrait augmenter l'indisposition, peut-être serait-il bon contre les cordes du cou (1).

(1) *Conseils contre les cordes au cou.*
Nous connaissons toutes, mesdames, cette dénomination vulgaire, qu'un médecin ne comprendrait pas; *les cordes au cou* sont les organes des articulations de la respiration, des gros muscles et de la voix devenus saillans; alors la blancheur, la rondeur, la grâce du cou sont perdues. Si ce défaut a la maigreur pour cause, il faut recourir au régime propre à engraisser : si (ce qui arrive le plus souvent) il provient de l'habitude défectueuse de trop élever la voix en parlant, de crier; il faut s'abstenir de discours prolongés, d'éclats de voix, de chant, et frotter, chaque soir, le cou avec de l'huile d'olive légèrement parfumée. Si tout cela ne suffit pas, il sera bon de porter toujours des fichus montans.
Le cou se gonfle, les articulations se montrent dans les mouvemens passionnés, de la colère, par exemple; les gestes fréquens du cou contribuent aussi à le *corder.* Mes lectrices voient ce qu'elles ont à faire.

Conseils pour les défectuosités des oreilles.

Les oreilles, auxquelles on fait généralement peu d'attention en détaillant la beauté, contribuent plus que l'on ne croit à l'agrément de l'ensemble. Des oreilles maigres, pâles et plates, des oreilles écartées de la tête, ou longues et pendantes défigurent une belle personne, sans que l'on puisse s'en rendre raison : nous allons remédier à cela.

Pour les oreilles plates, il faut éviter de serrer les cordons de ses bonnets sur les oreilles ; de plus, le soir, on doit relever le dessous de la conque avec un peu de coton ; le soin de les laver à l'extérieur, d'en oindre les bords d'huile fine en ranimera et developpera la peau qui semble racornie.

Les oreilles écartées seront le soir rapprochées de la tête, et fixées avec un large ruban ; chaque fois que l'on prendra un chapeau, on les effacera en passant la main dessus ; il sera bon de le faire aussi de temps en temps pendant le jour.

Les oreilles écartées nuisent principalement lorsqu'on est coiffé, parce qu'elles poussent ridiculement le chapeau en avant. Les oreilles longues et pendantes, au contraire, détruisent tout l'agrément de la coiffure en cheveux. Il faudra, le soir, les enfermer dans un morceau de linge que l'on serrera légèrement, et relevera après les côtés du bonnet.

Quand les oreilles exhalent une odeur fétide, il faut, chaque matin et soir, introduire dans l'intérieur un cure-oreille enveloppé de batiste usée, en bien laver l'extérieur, et frotter le bord avec de l'eau de Cologne pure, ou étendue d'un peu d'eau. Il ne faut pas avoir recours à des parfums trop forts, de peur de fatiguer les nerfs acéditifs.

Remèdes contre les défauts des sourcils.

Quand les sourcils sont d'un blond paille, il faut les couper de temps à autre, afin qu'ils brunissent en repoussant. Vous ne courez aucun risque ; car l'absence de ce poil presque blanc ne se fera pas remarquer.

Quand les sourcils ne vont qu'à moitié de l'arc

de l'œil, il faut frotter de savon mouillé d'eau-de-vie
ou de graisse d'ours, comme pour faire pousser les
cheveux : s'ils sont trop clair-semés, la même pratique est nécessaire.

Ne sont-ils pas assez arqués, relevez-les en dirigeant le poil vers le haut du front : faites-le surtout,
lorsqu'en vous peignant, vous passez un peu de pommade sur les sourcils.

Le plus grave défaut de ce bel arc est de se couvrir
de pellicules farineuses qui en font tomber les poils.
Prenez une éponge, trempez-la dans de l'eau à laquelle vous aurez ajouté de l'essence de savon de toilette et de la teinture de benjoin ; pressez-la et lavez
bien le sourcil, en ayant soin de fermer les yeux, afin
que la liqueur n'y pénètre pas. Frottez aussi, si vous
l'aimez mieux, le sourcil avec une tablette de savon
parfumée, humectée d'eau aromatisée de benjoin ;
essuyez-le et passez-y le doigt légèrement mouillé
d'huile antique.

Moyen de calmer la rougeur et l'inflammation des paupières.

Vous aurez d'abord soin de la prévenir, en portant,
l'été, un voile vert, et l'hiver, en usant d'un écran de
même couleur ; car l'impression de la flamme est
aussi contraire aux yeux qu'à la peau. Vous vous éclairerez d'une manière convenable ; vous ne lirez pas de
caractères très-fins ; vous ne ferez point d'ouvrages
vétilleux à la lumière, tels que broderie, points de
dentelle, etc. ; et surtout vous éviterez de travailler
à quelque étoffe rouge ou noire. Si, malgré ces sages
précautions, votre paupière rougit et s'enflamme,
vous préparerez une légère infusion de mélilot, et
vous vous en baignerez les yeux le soir avant de vous
coucher. Cette herbe, d'une odeur forte, mais agréable, a la propriété d'adoucir également l'inflammation de l'intérieur de l'œil. Dès le lendemain, vous
éprouverez du soulagement, et, au bout de trois ou
quatre jours, au plus tard, la guérison sera complète.
Dans le cas contraire, l'inflammation tiendrait à une
cause intérieure, et il deviendrait nécessaire de consulter un médecin.

Remèdes contre les petits corps étrangers qui s'introduisent dans l'œil. — L'affaiblissement de la vue. — La chute des cils. — Leur matière cireuse. — Et la gouttelette blanchâtre qui se montre souvent au coin de l'œil.

La forme, la couleur, et surtout l'expression des yeux en font la principale beauté ; mais, sans l'agrément des accessoires, c'est-à-dire, sans la pureté des paupières, la force, la longueur et l'éclat des cils, le plus bel œil sera extrêmement défectueux. J'insiste d'autant plus sur cela que ce genre de beauté est tout-à-fait volontaire, puisqu'il dépend de l'hygiène et de la propreté.

1°. Quand quelques légers corps étrangers se sont glissés dans l'œil, gardez-vous de le frotter, mais regardez long-temps à terre ; ouvrez-le et fermez-le rapidement.

2°. La vue est-elle momentanément affaiblie, baignez-les avec de l'eau froide, après-dîner et en vous couchant. Villich, médecin anglais, traduit par M. Itard, recommande de baigner de temps en temps la lèvre supérieure, à cause de son étroite liaison avec le nerf optique ; il conseille également d'exposer les yeux, après dîner, à la vapeur du café bouilli. Il préfère l'emploi de l'éponge mouillée, appliquée sur les yeux, aux bains d'yeux dans les cuillers ou les baignoires d'œil. On doit alors tenir la tête renversée, et, pendant que l'éponge est sur les yeux, les ouvrir doucement, avec précaution ; on les essuiera ensuite avec une batiste fine et bien blanche, sans frotter.

Après cela, il faut les garantir des rayons lumineux et de toute espèce d'effort.

Voici un remède excellent pour fortifier la vue :

Mêlez : couperose blanche (sulfate de zinc), six grains, pour deux sous ;

Iris de Florence en poudre, trente et un grains, *id.*

Jetez-les dans une demi-pinte d'eau de rivière, bouchez bien la bouteille, mettez-la dans un endroit frais, et servez-vous-en après vingt-quatre heures.

L'affaiblissement de la vue rougissant presque toujours les paupières, il sera bon aussi de les laver avec une éponge bien propre, humectée d'eau de mélilot. L'œil pourra demeurer fermé tandis qu'on appliquera l'éponge.

3°. Lorsqu'un cil tombe par hasard, et qu'il reste dans un coin de l'œil, il faut que les personnes qui se trouvent auprès de vous l'enlèvent délicatement, parce qu'il pourrait s'introduire dans l'intérieur de la pupille, et vous faire beaucoup souffrir. C'est la seule précaution à prendre; car cette chute-là n'est rien du tout, si le cil ne tombe qu'à-peu-près tous les quinze jours l'hiver, et tous les huit jours l'été. Il faut seulement éviter de vous frotter les yeux, car rien ne froisse et ne détache autant les cils.

La réparation de la chute totale des cils est impossible, et cette chute donne aux yeux un aspect misérable et dégoûtant; prenons donc tous les soins possibles afin de la prévenir. Nous savons déjà que nous devons nous garder de frotter les yeux avec les poings; de plus, il sera très-utile de laver les cils avec un peu d'eau fraîche pure ou aromatisée d'eau-de-Cologne ou d'eau-de-vie. Voici comment vous procéderez : vous fermerez bien l'œil, et vous passerez sur le bord la pointe d'une éponge mouillée du liquide adopté ; vous relèverez et baisserez alternativement les cils avec cette éponge, puis vous appliquerez dessus, le plus légèrement possible, un morceau de batiste légèrement chauffé : cette pratique les raffermit. Quelques personnes ont eu l'imprudence de frotter le bord des paupières dégarnies de cils avec du savon, et ce savon, en s'introduisant dans l'œil, leur a causé des douleurs intolérables.

Ce sera une très-bonne habitude que de passer délicatement sur les cils l'index sur le bout duquel vous aurez étendu infiniment peu de pommade, ainsi que vous devez faire chaque matin pour les sourcils.

Si vos cils sont dépourvus de cette agréable ondulation qui les fait d'abord retomber vers la joue, et se redresser ensuite vers le front, vous pourrez, sans affectation, passer de temps à autre l'index couché, par-dessus ceux de la paupière supérieure, et, à la longue, ils se relèveront.

Nous voici arrivées aux paupières cireuses; c'est là

un des plus dégoûtans caractères de laideur et de malpropreté. Il vient ordinairement des maladies de l'œil,
et alors les soins de la médecine sont indispensables ;
mais ceux d'une extrême propreté ne le sont pas
moins. Quand on est sujette à cette incommodité, il
faut non-seulement laver les cils soir et matin, et toutes
les fois que l'on fait l'application des remèdes indiqués, mais encore regarder plusieurs fois pendant le
jour, dans la glace, si de nouvelles parcelles cireuses
ne se sont point formées, et les laver aussitôt, quand
ce ne serait qu'en faisant tomber au-dessus des cils
une goutte d'eau du bout du doigt. Le matin, en se
réveillant, les paupières sont ordinairement collées
ensemble ; alors on doit bien se garder de faire aucun
effort pour les détacher, et d'y porter les doigts ; parce
qu'indubitablement on ébranle, on casse les cils que
la matière cireuse n'use déjà que trop.

Sans avoir les cils cireux, on les a quelquefois collés deux ou trois à la fois, sans liquide apparent.

Il ne faut point les décoller avec les doigts, ni négliger cette disposition ; les petites lotions déjà indiquées vous en débarrasseront aisément.

Quant à la gouttelette d'humeur du coin de l'œil,
on n'en fait jamais mention dans les conseils relatifs
à la toilette, et cependant sa présence frappe désagréablement la vue. Si elle est renflée, elle inspire un
certain dégoût. L'habitude de laver le coin de l'œil la
prévient ; toutefois il est des momens où, sans aucune
incommodité des yeux, elle se trouve plus fréquente :
on peut alors, de temps en temps, porter très-légèrement le bout de l'index à l'angle lacrymal et en détacher la gouttelette. Cette opération est bien simple,
néanmoins, je conseillerai de la faire lorsqu'on sera
seule, autrement, il sera convenable de remplacer l'index par son mouchoir. Le dégoût pour une femme est
comme le soupçon, elle en doit redouter jusqu'à l'ombre. Cette réflexion me rappelle qu'une bien triste affection réclame par fois ma sollicitude.

Remède contre l'infection de l'haleine.

De tous les ennemis de la beauté, cette frêle et
précieuse fleur, la fétidité de la bouche est le plus

cruel, car elle place le repoussement du dégoût, sous la grâce d'un sourire, sous le charme d'un baiser. Hélas! plus on a d'agrémens, plus une parure riante et rosée s'harmonise avec la fraîcheur du bel âge, plus le contraste est révoltant.

> Adieu, pouvoir de la beauté!
> Ce fétide poison l'a pour jamais flétrie.
> L'éclat, le tendre velouté
> De cette peau douce et fleurie;
> Ces lèvres de corail, ce souris caressant,
> Ces traits si purs, ce bel ovale,
> Ne rendent que plus repoussant
> L'affreux poison qui s'en exhale.
> C'est l'aconit sous les lys éclatant,
> Au front de la santé la vapeur de la peste,
> Et de la mort l'exhalaison funeste
> Jointe à la fraîcheur du printemps.

Ce que je vous dis là, mesdames, en prose ordinaire et en prose rimée, les personnes infectes le disent en prose étonnante, parce qu'elles ignorent communément leur infirmité. Défions-nous de cette illusion dangereuse; seules, bien seules, interrogeons la main sur laquelle nous aurons soufflé; interrogeons aussi le cure-dent, la brosse, l'éponge à dents, afin de n'avoir jamais à scruter le regard d'un époux après un baiser, d'une amie après une confidence........ la tache du dégoût est indélébile, même en amour, même en amitié.

Si vous avez acquis la certitude d'une mauvaise odeur quelconque, et qu'elle ne provienne pas des dents, la source du mal est l'estomac. Dans ce cas, vous pouvez le combattre en mâchant fréquemment du cachou, du macis, du gérofle, qui dissimulent en partie la fétidité. M. Marie de St.-Ursin, médecin, auteur de l'*Ami des Femmes* (1), conseille d'employer la cannelle, l'iris ou la pyrètre, si l'on soupçonne que l'odeur est due à des eaux retenues dans les glandes tyroïdes. Il recommande surtout des pastilles de charbon, en faisant remarquer la propriété reconnue de cette substance, de s'emparer de tous les gaz. A l'appui de cette observation, je trouve le procédé suivant

---

(1) L'*Ami des Femmes*, ou *Lettres d'un Médecin*, in-8°; Paris, Barba, 1805.

dans un *Mémoire sur le charbon et son emploi*, par M. A. Chevallier, pharmacien-chimiste.

Pastilles pour la désinfection de l'haleine.

Chocolat ou café en poudre......	3 onces.
Charbon végétal porphyrisé......	1
Sucre......................	1
Vanille.....................	1

Mucilage de gomme, quantité suffisante.

On fait avec ce mélange des pastilles de 18 grains : on les prend à la dose de six à huit par jour.

Préparation contre la mauvaise odeur de l'haleine et des gencives.

Le Traité des chlorures du même auteur nous fournit la recette suivante :

Chlorure de chaux sec..........	3 gros.
Eau distillée...................	2 onces

On divise le chlorure de chaux dans un mortier de verre avec un pilon semblable. Quand le chlorure est bien divisé, on ajoute une partie de l'eau distillée, on laisse reposer, on décante la liqueur qui s'est éclaircie. On ajoute une nouvelle quantité d'eau ou résidu, on triture, on laisse reposer une seconde fois, et on répète une troisième fois le lavage, en se servant des dernières portions de l'eau distillée. On décante, on réunit les liqueurs décantées, on les filtre, on y ajoute deux onces d'alcool à 36°, dans lequel on fait dissoudre quatre gouttes d'huile volatile de rose, et autant d'une huile essentielle parfumée, que l'on choisit à volonté.

La solution ainsi préparée sert à enlever l'odeur fétide des gencives, odeur souvent due à l'état maladif de cette partie. Pour s'en servir, on verse une demi-cuillerée à café du liquide dans un vase d'eau ordinaire, et on lave les gencives au moyen d'une brosse à éponge que l'on humecte bien du mélange.

Pour qu'il se conserve long-temps inaltérable, il suffit de préparer à part l'eau et le chlorure, dans une bouteille, et les huiles parfumées dans une autre avec l'alcool. Lorsqu'on veut employer ces liquides, on verse dans un verre d'eau une demi-cuillerée de solution *chlorurée* et autant de *l'alcool aromatique*. On se sert ensuite du mélange comme il a été dit plus haut.

Pastilles grises de chlorure de chaux pour désinfecter l'haleine.

Chlorure de chaux............ 7 gros.
Sucre vanille................ 5
Gomme arabique.............. 5

On en fait des pastilles du poids de 15 à 18 grains.

Il n'est pas inutile d'apprendre aux dames que deux ou trois de ces pastilles suffisent pour enlever l'odeur de la pipe lorsqu'on a fumé. Elles pourront, à leur grand avantage, transmettre cet avis à leurs époux, si leur mauvais sort veut qu'il demande à cette fumée nauséabonde un soulagement ou un plaisir.

Pastilles blanches pour le même objet.

Chlorure de chaux sec, ou chlorure de sodium................ 24 grains.
Sucre en poudre............. 1 once.
Gomme adragant............. 20 grains.
Huile essentielle parfumée, deux gouttes.

On commence par diviser le chlorure dans un mortier de verre : on verse dessus une très-petite quantité d'eau; on laisse reposer, on décante, on épuise de nouveau, on filtre les deux liqueurs, on mêle la gomme au sucre, et l'huile essentielle à tous les deux. Puis, comme on n'a mis que la quantité d'eau nécessaire pour dissoudre le chlorure (parce que, si l'on employait trop d'eau, on ne pourrait pas obtenir une masse de consistance convenable), on se sert de la solution de chlorure pour amener ce mélange à l'état de pâte. On le divise ensuite en pastilles de 18 à 20 grains. Une ou deux suffisent pour détruire toute infection de l'haleine.

Autres pastilles propres à empêcher l'odeur fétide de la bouche.

Chlorure de chaux sec........ 2 gros.
Sucre...................... 8 onces.
Amidon.................... 1
Gomme adragante........... 1 gros.
Carmin.................... 2 grains.

On réduit toutes ces substances en poudre, et on les emploie à former des pastilles de 5 grains. On peut en prendre cinq à six dans l'espace de deux heures. Avant l'addition de l'amidon, elles avaient une couleur jaune, que leur auteur, M. Deschamps, a fait passer de cette manière.

Conseils relatifs aux défauts du bras.

Il n'est rien de si gracieux, de si voluptueux qu'un beau bras, mais aussi il n'est rien de si rare, et les nombreux défauts qui le déparent ne sont pas de ceux que l'on peut guérir. Nous ne pouvons donc en ce genre indiquer que des palliatifs.

1º. Le bras est souvent maigre, de trop faible dimension relativement au corps ; plus souvent encore sa grosseur est convenable, mais il est plat, décharné, à veines saillantes, enfin, c'est presque un bras masculin. Dans les deux cas, ne le laissez nu que le moins possible, et même quand vous aurez des manches épaisses, portez par-dessous d'autres manches en peau couleur de chair (ce que l'on appelle *bras de gants*), et qu'elles soient ouatées ou bourrées de manière à rendre à votre bras la dimension ou la rondeur nécessaire. Il faut redoubler le coton ou la raclure de baleine pour masquer le coude, s'il est fort pointu.

2º. Les contours du bras, par bonheur, ne laissent rien à désirer ; il semble moulé d'après les délicieux modèles de la statuaire antique ; mais un sort malencontreux s'attache à la peau qui revêt de si belles formes. Tantôt il la noircit, la jaunit, la couvre d'une teinte rouge violacée, ou la sème de ces points disgracieux que forme la saillie des pores sous l'influence du froid (ce que l'on nomme vulgairement *chair de poule* ; tantôt il la hérisse d'une forêt virile et d'une multitude de *signes* ou *seings*.

La noirceur se combat avec les cosmétiques employés pour blanchir la peau : la rougeur, la chair de poule obligent de recourir au fard blanc de M. Thénard ; car cette horrible teinte qui se trahit sous une manche de gaze, ou tranche avec un gant blanc, est vraiment intolérable. Néanmoins, comme il faut mettre ce fard le plus rarement possible, on prendra, sous des manches claires, un bras de gant en crêpe épais couleur de chair, ou en taffetas léger.

Quant aux poils, les arracher est chose fort douloureuse, et d'ailleurs on y gagnerait peu; car dans l'impossibilité de les enlever tous, on en laisse une grande quantité qui profite de l'absence des autres. C'est absolument comme pour un semis que l'on éclaircit : les plantes restées debout n'étant plus pressées, étouffées, grandissent et se fortifient. Un dépilatoire léger, nous le savons, n'enlève point le bulbe des cheveux : de la force des vésicatoires, des sinapismes (ce qui est impraticable), il ne les ferait encore disparaître que pour quelques temps; car l'expérience a prouvé que tous les accidens de la peau, les poils, les taches, les signes, reviennent à la place dénudée par ces rubésions, dès que le tissu cutané a repris sa couleur et sa force naturelles. C'est une végétation impossible à détruire. Que faire donc? Une chose bien simple ; présenter de temps en temps votre bras à la flamme d'une bougie, essuyer avec un linge fin les poils grillés sur la surface, et de le laver avec de l'eau mélangée d'eau-de-Cologne pour chasser la mauvaise odeur.

Conseils contre le manque de gorge.

Les anomalies de la nature sont si nombreuses que je me vois forcée d'augmenter ce chapitre, que je voulais abréger. Une de ces anomalies est la présence d'une poitrine masculine sur un buste féminin et délicat. Cette omission, contre laquelle on n'a trouvé jusqu'ici que l'impuissante ressource de bourrer en coton ou en raclure de baleine les devants de corsage et de corsets, ou le ridicule moyen des seins postiches, peut cependant être réparée d'après la méthode des bayadères. Cette méthode, dont parle l'abbé Raynal dans l'*Histoire philosophique des deux Indes*, est formellement conseillée par M. Marie de St.-Ursin. Un philosophe, un docteur, ne sont pas gens suspects en pareille matière : mais ne vous y fiez que pour le fond, mesdames; quant à la forme, c'est mon affaire. Repoussant les tableaux voluptueux, les expressions complaisamment lascives de ces doctes messieurs, je

vais vous indiquer, sans vous troubler le moins du
monde, ce remède qui, dans leur bouche, vous eût
couvertes de rougeur. Mon langage sera précis, même
naïf, mais ce sera un langage de femme et vous pourrez l'entendre sans rougir.

Pour rappeler la vie dans les organes où elle manque, il faut y répéter de douces frictions avec un linge
fin légèrement chauffé, les tenir toujours chaudement, et présenter à de courts intervalles le sein à un
enfant comme si on voulait l'allaiter; en même
temps, ainsi que les bayadères, il faut porter sur la
poitrine, un double étui en gomme élastique, de
forme demi-sphérique. Cet étui sera maintenu dans les
goussets du corset. Les fabricans d'instrumens en
caoutchouc feront ces objets tels que vous les dési-
rerez.

Remèdes contre les défauts du ventre et du sein après les couches.

Chez une multitude d'êtres la beauté ne semble
qu'une invitation à se reproduire. A peine l'œuvre
profonde et mystérieuse de cette création est-elle ac-
complie, que ces êtres se dépouillent peu-à-peu de leur
vêtement d'amour; ainsi les fleurs, ainsi beaucoup
d'insectes, ainsi plusieurs oiseaux, hélas! ainsi la
femme. La tension forcée de la peau, le développement de la région abdominale causés par le séjour de
l'enfant, le gonflement des seins exigé par sa nourriture, laissent des traces indélébiles sur ces parties
quand tout revient dans l'état ordinaire. Adieu ces
formes délicates et suaves d'un torse souple, d'un
beau sein; adieu cette peau ferme et fraîche qui ren-
dait la surface de ces organes semblable à la surface
d'un marbre pur. Maintenant, hélas! c'est celle de
l'argile sillonné, tourmenté en tous sens par l'orage,
puis saisi par l'action de la sécheresse ou du froid.....
Détournons-en les yeux, et donnons les moyens de
prévenir un si triste effet.

Aussitôt que vous aurez la certitude d'être mère,
prenez une ceinture de toile imperméable ou de taffetas gommé, sur laquelle vous mettrez en dedans, chaque jour, un morceau de toile fine, imbibée d'huile

d'olive. Les pores s'imbibant doucement, la peau
se tendra par gradation, et n'offrira point, après les
couches, ces plissemens, ces cicatrices d'un aspect
si rebutant.

Cependant, si l'enfant est très-fort, si les grossesses
sont fréquentes, ce moyen perdra de son efficacité.
Voici alors ce qu'il convient de faire, d'après le docteur Marie de St.-Ursin.

Lorsqu'après l'accouchement, dit-il, le ventre et la
gorge restent flétris et plus volumineux, on doit recourir à des secours mécaniques ou thérapeutiques.
Les premiers consistent dans l'application de bandes
plus ou moins larges, aussitôt après les couches, avec
la précaution de les resserrer graduellement pour ne pas
trop comprimer les organes. Les seconds sont, 1° la
mélisse pilée et appliquée en manière de cataplasme
entre un linge et une mousseline; 2° une décoction
tiède de myrte, ou de sumac, ou de feuilles de
chêne, ou d'arbousiers, dans laquelle on trempe des
compresses; 3° prenez noix de galle vertes, faites-les
bouillir dans du vin avec quelques clous de gérofle,
trempez-y un linge et appliquez.

4°. Ou bien prenez encore, par égales parties,
alun, sang-dragon, gomme arabique, suc d'acacia,
feuilles de plantain, de renoncé, de tormentille, fleurs
et fruits de grenadier, capsules de glands, sorbes non
mûres, roses de Provins; faites bouillir dans du vinaigre et appliquez au moyen de compresses.

5°. Alun, une once; acide vitriolique demi-gros:
faites fondre dans quatre onces de vinaigre et autant
d'eau de plantain ferrée; ajoutez deux onces d'alcool,
et servez-vous-en à l'aide d'une éponge imbibée,
pour bassiner le ventre et le sein. Je ne sais si ces
moyens ont l'efficacité que leur attribue l'auteur de
l'*Ami des Femmes*.

DEUXIÈME PARTIE.

CHAPITRE I.er

DE L'ART DE SE COIFFER.

Ne me croyez pas trop exclusive, mes chères dames; je ne prétends pas que mon livre remplace les artistes-coiffeurs à tout jamais. Je sais, par expérience, que les talens de ces messieurs sont indispensables en certains jours; mais enfin il en est un grand nombre d'autres où l'on se trouve fort bien de pouvoir se passer d'eux. Beaucoup de femmes élégantes préfèrent, lorsqu'il s'agit d'une coiffure journalière, n'être pas assujetties à se mettre entre les mains d'un coiffeur : elles prétendent, qu'avec moins de savoir, elles disposent mieux leurs cheveux à leur avantage. Enfin, les dames dont les facultés pécuniaires s'opposent à la visite quotidienne d'un coiffeur, ou même à l'intervention d'une femme de chambre habile, forment la classe la plus nombreuse, et, quand je n'écrirais l'art de se coiffer que pour elles seules, il aurait encore beaucoup d'utilité; mais il pourra servir aussi aux personnes opulentes. On va passer quelque temps à la campagne chez ses amies, sans pouvoir amener sa soubrette : un jour de grande réunion, le coiffeur manque de parole, la femme de chambre est fort occupée; au lieu d'attendre, de s'impatienter, d'arriver trop tard au lieu de l'assemblée, on prend son parti; on se coiffe soi-même, et l'on jouit d'y réussir.

En parlant de la conservation des cheveux, j'ai déjà dit qu'il faut éviter d'en passer les boucles au fer; je réitère la défense; mais, pour pouvoir m'obéir, il faut disposer ses boucles de manière qu'elles

frisent aisément et long-temps ; pour cela, il est nécessaire que les cheveux soient taillés et papillotés convenablement.

ART. Ier. *Mise des papillotes.*

A trois pouces environ du front, on partage la chevelure d'une oreille à l'autre. On suit une ligne droite,
et l'on rejette derrière la tête, ou devant la figure,
tous les cheveux qui dépassent cette ligne ou raie
transversale. Ensuite, on trace une nouvelle raie à
moitié de celle-ci : cette raie longitudinale se trouve
au milieu du front : quelques personnes la placent de
côté ; je ne conseille pas de les imiter, car cela est
moins élégant que prétentieux. On taille ensuite les
cheveux ainsi partagés sur le devant : comme ils seront raccourcis par la frisure, il faut les couper assez
longs pour que, non frisés, ils atteignent la moitié de
la joue : on sent, du reste, que cette mesure est ap-
proximative, et que les cheveux qui tombent du milieu du front, comme ceux qui sont auprès de l'oreille,
n'y arrivent pas justement. De plus, ils ne sont pas
tous égaux ; les boucles devant être placées à deux
rangs, le rang supérieur auprès de la raie veut que les
cheveux soient un peu plus courts, afin que les boucles ne se confondent pas avec celles du rang inférieur, mais cette différence est très-peu sensible : elle
tient spécialement à la manière de mettre les papillotes et de friser.

On ne coupe pas tout simplement ces cheveux de
devant, comme on a coutume d'agir pour rafraîchir
ceux de derrière. On *appointe* ceux-ci, c'est-à-dire
qu'on en prend une mèche entre le pouce et l'index
de la main gauche, et que, tenant les ciseaux un peu
couchés de la main droite, on les taille obliquement,
et pour ainsi dire un à un. De cette manière, le bout de
chaque boucle va en diminuant, au lieu que, si l'on
coupait les cheveux carrément, ce bout serait lourd,
et empêcherait la frisure de tenir.

Quand les cheveux de devant sont ainsi taillés à
droite et à gauche de la raie du front, on les met en
papillotes de cette façon : on coupe du papier un peu
ferme et fin, en petits morceaux de la forme des pointes

de fichus. On prend une mèche de cheveux, la plus voisine de la raie du front et de la raie transversale, on l'écarte, on la lisse bien, on la passe entre les doigts, puis on la roule jusqu'à la racine en anneaux posés les uns sur les autres. On les retient tous de la main gauche, tandis que la droite va chercher une des papillotes, et en place le biais transversal sous les anneaux réunis. Le papier doit toucher la racine des cheveux : on le rabat à gauche, puis à droite sur les anneaux, et l'on termine par tordre fortement le bout. Pour qu'une papillote soit bien mise, il faut qu'elle ne cède que lorsqu'on a détordu l'extrémité. Cette papillote mise, on passe à la mèche de cheveux suivante, en partageant toujours bien les cheveux, de telle sorte qu'on en ait à-peu-près autant à cette seconde mèche qu'à la première : il est surtout essentiel, en mettant les papillotes de la rangée supérieure, de les bien séparer des cheveux destinés à former les boucles de l'autre rangée. Le raccourcissement des boucles du premier rang dépendant, comme je l'ai dit, bien plus de la frisure que de la différence de longueur, il faudra bien serrer les anneaux de ces premières papillotes, et les élever jusqu'à la racine des cheveux, ce que l'on ne fera pas tout-à-fait pour la seconde (1).

Voici toutes les papillotes placées ; occupons-nous maintenant des *accroche-cœur*. On donne ce nom à la petite mèche de cheveux qui se trouve tout auprès du pavillon de l'oreille : autrefois on la taillait carrément en la ramenant sur le coin de la joue ; on l'a coupée ensuite en pointe, et à présent on en fait un petit crochet, ou petite boucle à laquelle on met aussi une papillote. Ce crochet, très-joli, est aussi très-difficile à faire friser : les papillotes se placent ordinairement le soir en se couchant, néanmoins, quand on veut se coiffer avec soin pour sortir le soir, il faudra les remettre quelques heures avant ; on peut s'éviter cet ennui, en faisant usage d'un tour frisé, comme je l'ai

(1) On vend chez les merciers élégans des papillotes imprimées portant quelques poésies légères.

indiqué au commencement de cet ouvrage. Si vos cheveux avaient des plis, c'est-à-dire que quelques mèches se relevassent désagréablement, il faudrait fixer les papillotes sur le front au moyen d'un ruban un peu large qui servirait de bandeau. On sent que, dans ce cas, le papier des papillotes doit être fin, de peur de faire mal à la tête. En général, on se sert de papier brouillard, ou de tout autre papier non collé et fin. La masse des cheveux rejetés en arrière demande beaucoup moins de soin : on les démêle, on les lisse, mais toujours en les ramenant par-devant ; aussi, en se peignant, baisse-t-on beaucoup la tête. On doit, autant que possible, pour cette raison, éviter de se peigner étant lacée, parce que la pression du corset augmente considérablement la congestion momentanée que ce mouvement porte au cerveau. On serre fortement les cheveux en les rassemblant sur le sommet de la tête : là on les tient bien ferme de la main gauche, et si on veut les lier, on prend de la main droite un cordon noir, en fil ou en soie, long d'environ un tiers d'aune ; on en applique un des bouts à droite, le plus près possible de la tête, et l'on retient ce bout entre les troisième et quatrième doigts de la main gauche, en même temps que les autres doigts de cette main tiennent fortement les cheveux. Ensuite, avec l'autre main, on tourne le cordon, de droite à gauche, en serrant le plus possible, et l'on termine par en nouer les deux bouts sur le devant de la tête. On passe après cela le peigne dans les cheveux pour les égaliser. J'ai recommandé ailleurs de prendre garde à ne pas mêler des cheveux au nœud du cordon. C'est ici le cas d'expliquer ce que j'ai annoncé plus haut sur la possibilité de se coiffer en cheveux, lorsque la chevelure, tombée par accident, et repoussée en partie, peut à peine former une aigrette au-dessus du cordon : on a une natte de cheveux assortis aux siens : à l'extrémité de cette natte où les cheveux sont cousus un cordon noir est adapté ; ce cordon s'attache au-dessous des cheveux liés ; puis on achève la coiffure, avec cette fausse natte, avec autant de succès que si l'on opérait avec ses propres cheveux.

ART. II. *Faire le casque.*

Assez communément on ne. lie point les cheveux : lorsqu'ils sont rassemblés et tenus bien ferme dans la main gauche, on leur donne un tors avec cette même main, et l'on place tout de suite le peigne pour les tenir : c'est ce qu'on appelle *faire le casque.* Cette manœuvre est assez difficile.

Il faut d'abord, pour réussir, commencer par former le tors doucement et le plus bas possible, afin que le casque ait plus de grâce. Ce tors doit, en quelque sorte, glisser le long de la partie postérieure de la tête et ne jamais présenter une espèce de nœud. On l'obtient ainsi en prenant les cheveux avec les quatre doigts et le pouce gauche, la paume de la main en dessus ; on les redresse en l'air, puis on les reprend avec les quatre doigts et le pouce de la main droite, et par-dessus la main gauche. On les tord du côté du petit doigt de la main droite, qu'on laisse couler en montant vers le sommet de la tête, tandis qu'on retire la main gauche, dont on se sert pour ramener dans la torsade les petits cheveux qui tendent à s'en écarter. J'emprunte ces conseils au Manuel *du Coiffeur,* ou l'*Art de se coiffer soi-même.*

La torsade ainsi formée, on serre fortement les cheveux à son extrémité supérieure, et on y enfonce doucement le peigne, ou plutôt le *faux-peigne.* On nomme ainsi un peigne de corne ou d'écaille étroit, dépourvu de dos, peigne au-dessus duquel sera placé le grand peigne en écaille dont le dos travaillé à jour est tellement large, élevé, qu'il est impossible de le garder lorsqu'on met un chapeau. Alors, grâce au *faux-peigne,* on peut ôter et remettre celui-ci chaque fois qu'on le juge à propos, sans déranger en rien sa coiffure. Le *casque* est la base de la coiffure, mais non point la coiffure elle-même ; nous allons maintenant nous occuper d'elle, après avoir dit que les cheveux disposés en casque ont infiniment plus de grâce que les cheveux liés.

La mode varie tellement la coiffure en cheveux, qu'il est inutile de s'attacher à décrire spécia'ement la mode actuelle ; car il pourrait bien arriver que la

mode passerait pendant qu'on imprimerait sa descrip·
tion. Rassurons-nous pourtant, le protée n'est pas insaisissable : il prend, quitte, reprend un certain nombre de formes entre lesquelles il lui faut nécessairement choisir. Ces formes, nous allons les décrire, et
quand son caprice le conduira de l'une à l'autre, nous
n'aurons qu'à faire une bien facile application.

Les cheveux ne peuvent être disposés que de quatre
façons, 1° en coques; 2° en nattes; 3° en torsade;
4° en boucles ou frisures.

Art. III. *Coiffure en coques.*

Le casque étant terminé, on tient les cheveux bien
ferme de la main gauche, et on les peigne de l'autre
main avec les grosses dents du peigne, évitant de laisser échapper quelques cheveux; se rendant compte
ensuite du nombre de coques que l'on doit former,
de la longueur de sa chevelure, du caractère de sa
taille et de sa figure, on dispose les cheveux en plus
ou moins de masses partielles. Si l'on ne veut avoir
que deux coques, on les partagera en deux masses :
s'ils sont très-longs, il en sera de même si l'on a l'intention de faire quatre coques. Dans le cas contraire,
les cheveux sont subdivisés en quatre masses.

La dimension des coques doit être relative au genre
de la figure. Si les traits sont fins, si la coupe du visage est ovale, elles doivent être peu élevées, mais
élargies : il en est de même pour une personne de
grande taille qui doit éviter de se grandir en se coif-
fant; cependant il arrive qu'alors le visage est allongé,
et qu'une coiffure abaissée est tout-à-fait désavantageuse. Il importe donc de saisir le point d'élévation
convenable, en évitant à la fois de trop resserrer ou
de trop élargir la coiffure, ces deux excès étant également ridicules. Des coques élevées, légèrement placées de côté, vont on ne peut mieux au visage arrondi d'une petite femme.

Donnons ici, mesdames, un conseil important, celui d'assortir sa coiffure au volume de sa tête, et surtout de corriger, par le sage emploi de la chevelure,
des ornemens, le défaut de proportion de cette partie. Ne voyons-nous pas souvent une large tête socra-

tique sur une taille d'enfant, ou bien sur un corps de
Clorinde ou de Jeanne-d'Arc, une tête resserrée qui
semble, comme celle de la Vénus de Médicis, appeler
la sentence du docteur Gall (1). Faute d'examiner l'ensemble de sa personne, on n'aperçoit pas toujours ce
manque de proportion, l'une des plus choquantes défectuosités. Consultez bien, à cet égard, une Psychée,
une glace d'armoire, et, si vous reconnaissez le premier cas, diminuez, autant qu'il se peut, le volume
de votre coiffure. Point de crêpes, de frisures touffues,
de coques saillantes, point d'ornemens développés.
Même, si vous êtes douée d'une très-belle et très-abon-
dante chevelure, je n'hésite point à vous conseiller
d'en sacrifier une partie : le conseil est rude ; mais il
s'agit d'éviter la ressemblance des caricatures dites
grotesques, et du dieu égyptien à tête de bœuf.

Avez-vous, au contraire, acquis la certitude du second défaut, accroissez, développez les dimensions
de votre coiffure. Quand votre chevelure serait suffisante, ayez recours aux nattes postiches, et renflez
vos frisures autant que le permettront la mode, le
goût, l'air de votre visage. Revenons maintenant aux
coques de cheveux.

Lorsqu'on ne veut faire que deux coques et que les
cheveux sont assez longs pour les former toutes deux,
on ne les partage pas. On les prend avec le pouce et
l'index de la main droite les ongles en dessous, et l'on
fait passer par-dessus la paume de cette main les cheveux tenus de la main gauche. On renverse ensuite la
main droite, toujours les ongles en-dessous, de manière à ce qu'elle soit enfermée sous les cheveux, ce
qui formera une première coque sur le côté droit.
Alors, on prendra une longue épingle noire pour fixer
cette coque, et, dans ce but, on la passera d'abord
dans les cheveux qui touchent la tête, puis, par-dessus
la partie inférieure de la coque, et enfin, encore une
fois, dans les cheveux touchant la tête, cheveux dans
lesquels l'épingle demeure. Cette première coque for-

_____

(1) On sait que, d'après le crâne exigu de ce modèle fameux,
Gall a déclaré que la Vénus de Médicis ne pourrait être qu'une im-
bécile, ou à-peu-près.

mée, on reprend, avec la main gauche, le reste des cheveux, en laissant la main droite dans la précédente coque, et l'on formera sur la gauche la seconde coque, sous laquelle on engagera les bouts de la chevelure pour les cacher. Cela fait, on maintiendra, avec le pouce et les deux premiers doigts de la main gauche, la torsade du peigne, et l'on dégagera la main droite pour enlever le peigne que l'on remettra en lui faisant tenir à la fois la torsade et la coiffure. On termine en prenant délicatement le haut des coques pour les relever : dans le même but, et mieux encore, on y passera en-dessous la main gauche en la maintenant dans une position verticale, et en même temps, avec la main droite, on passera le peigne couché en-dehors des coques pour les conserver lisses et brillantes.

Pour faire une coiffure à quatre coques, on doit, si les cheveux sont assez longs, les partager en deux masses, et former d'un côté, avec la partie la plus rapprochée de la tête, une première coque fixée par une épingle noire, puis, avec le reste des cheveux, une seconde coque. Comme, pour l'ordinaire, ce reste offre moins d'épaisseur, on le gonfle au moyen du crêpé. On agit de la même manière pour la seconde masse et l'autre côté. Il est essentiel d'éviter une disposition symétrique des coques. Si celle du côté droit est derrière le peigne, celle du côté gauche doit être devant : quant à celles du centre, l'une doit toujours avancer plus que l'autre. Les bouts de la chevelure seront toujours soigneusement cachés sous les coques, afin de leur donner du volume et du soutien.

Si les cheveux manquent de longueur, on fait quatre masses au lieu de deux : dans ce cas, on prend, avec la main gauche, l'extrémité d'une des masses pour former la coque de droite : on la crêpe, on passe la main droite dans l'intérieur de cette coque, afin de la bien mouler, pour ainsi dire, pour y passer légèrement le peigne à l'extérieur, approcher son extrémité de la tête et l'assujettir avec une épingle. Les autres coques se travaillent de la même façon.

Manière de crêper les cheveux.

Cette opération, que j'ai blâmée parce qu'elle use

et casse la chevelure, est pourtant indispensable en différens cas. 1° Lorsqu'on a peu de cheveux; 2° lorsqu'ils sont très-fins et sans consistance; 3° lorsque la coiffure est élégante ou compliquée. Il vaudrait cependant mieux s'en dispenser au moyen d'une natte postiche. Au reste, voici la manière de crêper :

On prend les cheveux à crêper entre l'index et le doigt suivant de la main gauche, de telle sorte qu'ils soient étendus tout le long de ces deux doigts, afin qu'ils ne forment pas la corde. Dans cette position, on bat en-dessous les cheveux avec les grosses dents du peigne tenu droit, à petits coups, et toujours en remontant, afin de renvoyer à leur racine les cheveux les plus courts. Il faut éviter, avec soin, de crêper trop profondément, parce qu'alors les cheveux se hérisseraient sur l'autre surface qui doit demeurer parfaitement lisse : quand le crêpé est achevé, on lisse de nouveau cette surface avec le peigne couché, mais seulement à la superficie ; car, autrement, on s'exposerait à décrêper la mèche, et l'on serait forcée de recommencer. N'oubliez pas que le crêpé doit être uniforme et ne présenter aucun bourrelet.

Art. 4. *Coiffure en nattes.*

Le casque disposé, on s'occupe à tresser les cheveux. Les nattes sont grosses, petites, à trois, quatre, cinq, six et même à douze et quinze brins. Selon le nombre que l'on doit leur donner, on divise les cheveux en autant de petites masses, que l'on peigne, que l'on lisse légèrement dans la main sur laquelle on a étendu un peu de pommade, puis l'on écarte toutes ces petites masses sur les épaules, afin qu'elles ne se confondent pas. On les tresse ensuite en les serrant bien, les passant et les croisant les unes sur les autres toujours dans le même ordre. Parvenue au bout des cheveux, on crêpe fortement l'extrémité, afin d'empêcher la natte de se défaire. Les nattes ainsi préparées, on les tourne et dispose sur la tête, en les maintenant avec des épingles noires que l'on place en-dessous, et de manière que la tête se perde dans un des brins de la natte. Cette coiffure est parfaitement solide : on peut ôter et remettre un chapeau sans la défaire : de plus, elle dispense du crêpé si contraire à la conservation des cheveux. Il faut donc la préférer quand la mode veut bien le permettre.

Comme on ne peut lisser les nattes avec le peigne couché, on les passe à la pommade lorsqu'elles sont tressées. Elles doivent toujours être très-brillantes.

Coiffure en torsade.

Il n'est rien de si simple : il s'agit seulement de prendre la masse des cheveux bien peignés, de les lisser, de les tordre légèrement, de disposer cette torsade en couronne sur le haut de la tête, et de la fixer par le peigne d'abord, et puis par quelques épingles noires.

ART. 5. Coiffure à boucles ou frisures.

Dans ce genre de coiffure, on mêle des boucles aux nattes et aux coques : il n'y a qu'une chose à dire à cet égard ; c'est que, lorsque l'usage ordonne cet élégant ornement, il faut faire emplette d'un toupet à boucles, parce que le fer gâterait les cheveux, et que d'ailleurs cette opération rendrait la coiffure d'une lenteur insupportable.

On termine toujours tout ce qui a rapport à la coiffure du sommet et du derrière de la tête, avant de s'occuper des cheveux du devant qui sont restés emprisonnés dans les papillotes que le coiffeur chauffe toujours en commençant. Voici le moment de nous occuper d'elles.

Manière de friser.

On commence quelquefois par les soulever, et les battre légèrement avec le dos du peigne, pour détacher les cheveux du papier : cette opération préliminaire est surtout d'usage quand on a passé le fer : ou défait ensuite les papillotes en les détordant, et l'on mêle tous les cheveux en les peignant : on suit leurs contours avec le peigne, que l'on entre et sort rapidement, afin de ne pas les dérouler. On prend ensuite une mèche du haut, comme si on voulait mettre une papillote, puis le peigne à *branche* : c'est un peigne avec des dents demi-fines par un bout, et terminé de l'autre par une sorte de poignée longue de même matière que le peigne. On se sert des dents pour crêper légèrement la mèche que l'on tient par le bout

entre le troisième et le quatrième doigt de la main gauche : la poignée sert ensuite à rouler la mèche crêpée
en anneau long, ou tire-bouchon renflé ; quelquefois
la branche sert seulement à relever les tire-bouchons,
et à les remettre en place quand ils sont tous frisés,
au moyen du quatrième doigt gauche qui l'a remplacée pour friser les tire-bouchons. Quoi qu'il en soit,
on procède pour boucler les cheveux comme on a
fait pour les papillotes, c'est-à-dire qu'on les met sur
deux rangées ; mais on n'arrange pas l'une après l'autre : on commence bien par la mèche supérieure auprès du front ; mais l'on passe immédiatement après
à la mèche inférieure, également voisine du front, et
ainsi de suite des deux côtés. Quelques coiffeurs laissent auprès de l'oreille une mèche beaucoup plus allongée que les autres, et, après l'avoir mise en tire-
bouchon, ils la couchent transversalement sur la raie
tracée dans le même, et par conséquent au-dessus des
frisures longitudinales ; c'est la branche du peigne qui
les aide dans cet arrangement, qui est agréable, mais
dont on peut se dispenser lorsqu'on veut mettre un
chapeau, ou une guirlande en couronne.

Quand toutes les frisures sont terminées, on place
à droite et à gauche, auprès des oreilles, les *peignes
à papillotes* : ces petits peignes, longs de trois à quatre
pouces, sont de très-moderne invention ; ils servent
à relever le côté latéral des frisures pour leur faire
former une touffe arrondie. Ces peignes sont en écaille
brune ou blonde, selon la nuance des cheveux. Les
personnes dont les frisures manquent de solidité re-
lèvent sur le front les cheveux avec des peignes semblables ; mais on en aperçoit le dos à travers les boucles, et rien n'est d'un si vilain effet, si le peigne
n'est pas très-petit et bien enfoncé sous la chevelure.

Outre les peignes à papillotes, on a encore plus récemment inventé les peignes à mettre derrière le cou :
ces petits peignes, de la hauteur des premiers, sont
plus ou moins larges et cintrés ; ils servent à relever
les petits cheveux qui se trouvent sous les grands, vers
la nuque, et qui salissent beaucoup les fichus : quand
la coiffure est terminée, on peigne ces cheveux naissans qui frisent naturellement : on les passe entre les

doigts, puis on entre le *peigne du cou* de telle sorte que
le dos de ce peigne soit tourné vers la nuque. Alors les
petites frisures contenues ne peuvent plus venir jusqu'au cou ; mais elles retombent sur le peigne, et garnissent agréablement sans affectation le derrière de la
tête. Il vaut peut-être mieux, cependant, rassembler
ces cheveux, en former une toute petite natte, et la
confondre avec la base de la torsade du casque.

ART. 6. *Coiffures en rubans, en fleurs, plumes, tur-*
bans, etc.

Pour les coiffures ordinaires, vous avez plusieurs coques séparées en ruban noir ou de la couleur de vos
cheveux : vous placez ces coques par l'extrémité inférieure à l'aide d'une épingle noire, soit entre les coques
de cheveux, soit au-dessus des nattes, etc. Mais, quand
il s'agit d'une coiffure soignée, vous avez un long morceau de ruban soutenu en-dessous par une cannetille
cousue comme on le fait pour les nœuds de chapeaux.
Le coiffeur dispose ce ruban en coques, le contourne
autour des cheveux, lui donne diverses formes en le
fixant de place en place avec des épingles noires.
Vous pouvez l'imiter ; mais vous aurez quelque embarras à placer ce ruban par derrière.

Les fleurs se posent sur les cheveux en guirlande ou
en bouquets détachés, quand la coiffure est terminée.
Dans le premier cas, évitez qu'elles n'ombragent trop
le front ou ne chargent le haut de la tête, et, pour ce
motif, n'employez pas en couronne de grosses fleurs,
comme renoncules, dalhias, anémones, etc. Elles
réussissent mieux en bouquet, parce qu'elles sortent
d'une coque, surmontent une tresse, se glissent dans
des boucles ; cependant il est plus avantageux de les
accompagner d'une fleur délicate ; ainsi, roses et fili-
pendule, scabieuses et muguet, giroflée blanche et
pensez-à-moi, grenade et jasmin sient à merveille. A
l'égard du dernier mélange, je vous ferai observer,
mesdames, qu'il est non-seulement favorable sous le
rapport des formes, mais encore sous le rapport des
couleurs ; car, seules, les grenades seraient d'un rouge
dur (surtout sur des cheveux noirs), et seul aussi, le
jasmin aurait peu d'agrément. Tous deux séparés nui-

raient à l'éclat du teint, au jeu de la physionomie, tandis que, réunis, ils lui donnent beaucoup de fraîcheur et d'expression.

Comme les fleurs détachées doivent surpasser la coiffure, elles auront de longues tiges bien garnies de papier ou de faveur, afin que la cannetille n'arrache point les cheveux. On les fixe par le bras avec une épingle noire, après les avoir tenues un instant pour juger de leur effet. Il faut souvent les courber dans tel ou tel sens selon que le conseille le goût; mais on les fane alors toujours un peu en les touchant avec les doigts. Je vous conseille donc d'avoir la *pince du fleuriste* ou *brucelle, figure* 1re, avec laquelle on saisit, sans les offenser, les plus délicates parties des fleurs. Les fleurs que l'on place dans les boucles ne doivent point être trop en avant, ni placées avec symétrie : une sorte d'irrégularité gracieuse doit présider à cet arrangement. Que, d'un côté, se montre un bouton de rose près du sourcil, qu'une feuille glisse sur le front; que, de l'autre côté, une fleur, demi-ouverte, s'égare sur la tempe, tandis qu'entièrement fleurie, une seconde rose aille de ce point-là se perdre à la naissance des boucles, ou se confondre avec le feuillage des fleurs qui garnissent la coiffure.

Placez les marabouts, les plumes, les blondes, les biais de gaze d'après les mêmes observations : que les uns et les autres, quoique solidement attachés, flottent librement et paraissent se jouer dans les cheveux. Évitez la gauche symétrie, la lourde profusion ; mariez agréablement ces divers ornemens avec la chevelure, et n'oubliez jamais l'harmonie qui doit exister entre eux et votre genre de beauté.

La coiffure en turban proscrit surtout toute illusion à cet égard, sous peine de laideur, et de laideur ridicule ! Une femme petite et mignonne, dont la figure ronde, naïve, enjouée, semble faite pour un chapeau de bergère, serait vraiment écrasée sous un turban de cachemire orné de diamans. Qu'elle renonce à cette espèce de parure, ou que du moins elle se contente d'un très-simple turban en gaze, en mousseline. Les riches turbans, au contraire, seront précieux pour une femme moins jeune, moins fraîche, mais à la taille

élevée, aux traits nobles, réguliers, trop prononcés
même. Ils offriront encore beaucoup d'avantages aux
figures longues, un peu maigres, surtout vers les tempes
que l'on peut agréablement ombrager avec les plumes,
les oiseaux de paradis et autres ornemens des turbans
parés. Un croissant au milieu du front, un gland qui
tombe sur l'épaule droite , un esprit sortant de quelques brillans, des plumes ondoyantes, achèvent de
donner aux turbans une grâce pleine de dignité, tout-
à-fait en désaccord avec la gentillesse.

Conseils relatifs au coiffeur.

Quelque adresse que vous ayez, mesdames , n'exé-
cutez pas vous-mêmes ces coiffures compliquées : la
nécessité d'élever long-temps les bras , la difficulté de
juger votre travail par derrière, vous fatigueraient, con-
trarieraient , et l'impatience nuit plus à la beauté que
l'élégance ne peut la servir. Ayez donc un coiffeur dans
les grandes occasions de toilette, un coiffeur dont vous
connaissiez le goût et l'habileté ; et cependant ne vous
livrez pas exclusivement à son savoir faire. Assise devant une toilette, dont la glace soit assez grande pour
vous répéter depuis le buste ainsi que le coiffeur ; suivez tous ses mouvemens, et , sans vous hâter de con-
trarier ses dispositions, veillez à ce qu'il ne vous fasse
pas de grosses boucles semblables à des saucissons,
des coques qui s'élèvent en cônes, et qu'il ne donne
pas à toute votre coiffure un air de roideur, de pesan-
teur insupportable. Veillez à ce que la régularité ne
dégénère pas en apprêt; penchez de temps en temps la
tête pour juger de l'effet des ornemens ; enfin, le coiffeur
parti, armée du peigne à branche, arrangez un peu, à
l'air de votre visage , les boucles et les fleurs qu'il aura
posées trop classiquement suivant l'art.

Art. 7. Récapitulation des objets qui servent à la coiffure.

1°. Deux peignes à démêler, à dos bombé, en
écaille ou en belle corne d'Irlande. Quand les dents
sont trop aiguës , il faut émousser leurs pointes, en
les passant sur du papier plié en plusieurs doubles,
comme si on voulait les scier. Faute de cette précaution , on fatigue le cuir chevelu, et d'ailleurs on s'ex-

pose à se déchirer la main gauche en lui donnant des coups de peigne à travers les cheveux, surtout lorsqu'on les peigne flottans ;

2°. Un peigne à branche ou à manche, de même matière, fig. 2 ;

3°. Un peigne fin en ivoire ;

4°. Des peignes de petite et moyenne grandeur pour relever les boucles de cheveux sur le front et sur les tempes. Ils doivent être de très-belle écaille assortie à la chevelure ;

5°. Des peignes de nuque, d'écaille très-délicate et très-souple, afin qu'ils n'empêchent pas le chapeau d'entrer par derrière ;

6°. De faux-peignes pour relever les cheveux sous les peignes à dos fort développé ;

7°. Deux peignes à dos à jour : l'un de moyenne, l'autre de forte grandeur : le premier se porte journellement, et le second lorsqu'on est en toilette. Tous deux doivent être en écaille, ou bien en corne imittant celle-ci. A ce sujet, je dois faire une remarque. Pour l'usage journalier, les peignes d'écaille sont coûteux, en ce qu'ils sont exposés à tomber fort souvent : les peignes de corne ont le même défaut, et de plus, ils se ternissent, se détériorent surtout par la division des dents. Outre cela, le travail en est lourd, et les jours, les dentures, dont ils sont ornés, n'ont jamais la délicatesse de l'écaille. Or, il existe un moyen d'éviter tous ces désagrémens : ce moyen est fourni par *M. L'Excellent, rue Montmorency, n° 420, à Paris*. Le Bulletin *de la Société d'encouragement* (avril 1830) recommande les *peignes élastiques* de ce fabricant. Il assure qu'on peut, non-seulement les laisser tomber de très-haut sans qu'ils se cassent, mais encore les fouler aux pieds. Les dents ne se divisent jamais. La Société ajoute que ces peignes ressemblent beaucoup à l'écaille, et que le prix en est beaucoup inférieur. En effet, les peignes d'écaille se vendent à raison de 10 fr. l'once, et ceux-ci à raison de 3 fr. au plus, lorsqu'on les achète en fabrique.

Cette circonstance de la division des dents exige ici un petit conseil. Nous savons toutes que, lorsque les dents d'un peigne se dédoublent, elles n'entrent plus

qu'avec effort dans les cheveux, qu'elles tirent et brisent de la manière la plus douloureuse. Il faut alors
enlever délicatement, avec un canif, presque toute la
partie dédoublée, et user le reste en le frottant doucement avec un morceau de pierre-ponce. Pour conserver les peignes à jour brillans comme neufs, écaille ou
corne, on doit les frotter à l'aide d'un morceau de
mérinos, et brosser le dos avec une brosse fine à dents;

8°. La grande parure exige un peigne d'argent doré
à galerie ornée de diamans, ou autres pierreries. Cette
galerie se met tantôt droite, tantôt courbe : il suffit,
pour cela, de l'adapter au peigne dans l'un ou dans
l'autre sens, et de la fixer par un bout à l'aide d'une
épingle. Habituellement on portait, et l'on porte encore parfois, le peigne sans galerie ;

9°. Après les peignes viennent les épingles noires.
Les meilleures ont environ trois pouces de long, la
pointe très-aiguë, la surface bien bronzée. Ces épin-
gles-là sont indispensables : on peut en avoir de plus
courtes; mais elles ne doivent pas remplacer les premières ;

10°. *Les épingles à deux branches*, dont on fait usage
en Allemagne et en Angleterre, sont plus avantageuses : celles que l'on fabrique en France sont beaucoup
trop courtes, et, par cette raison, sont d'un assez mauvais emploi, ce qui empêche de reconnaître la supériorité de ces épingles doubles. Il en est cependant une
variété nommée *épingles à la neige, fig. 3,* qui obtient
le suffrage de nos élégantes. Ces épingles sont fines
presque comme un cheveu, et destinées à conserver
la frisure aux boucles de cheveux. Pour cela, on prend
délicatement l'épingle par le haut *a,* on enfonce d'a-
bord la branche *b* dans la spirale allongée que forme la
boucle de cheveux, et l'autre branche *c,* derrière la
boucle. De cette façon, la tête *a* se trouve au sommet
de cette boucle qu'elle retient et empêche de se dé-
friser ;

11°. *Nattes postiches.* Si la parcimonie de la nature,
ou l'exigence de la mode, veut que vous vous serviez
d'une fausse natte, ne la prenez pas trop forte, parce
qu'elle arrache les cheveux par son poids, et cause
quelquefois la migraine. Autrefois, lorsqu'on liait les

cheveux, on aimait une natte large et ayant une monture plate; mais aujourd'hui, que le casque se fait presque généralement, on préfère une natte montée en pointe.

Pour entretenir une natte en bon état, il faut la peigner fréquemment, doucement, et lorsqu'elle devient trop sèche, y mettre très-peu de pommade; car, autrement, on ne pourrait plus en crêper les cheveux. Quand on s'en est servie, on la démêle, décrêpe, et, si elle était tressée, on rend aux cheveux leur liberté; car, si on les conservait tressés, ils contracteraient de mauvais plis que l'on ne pourrait plus effacer. Pour toutes ces opérations, on suspend la natte à un clou par la coulisse qui existe à la monture. Cette coulisse doit se renouveler assez souvent;

12°. *Touffes invisibles*. Les dames qui ont des cheveux gris sur le front et sur les oreilles, sans en avoir à la nuque, celles qui veulent augmenter le volume de leur chevelure, ou improviser une coiffure élégante en peu d'instans, doivent faire usage des *touffes* nommées *invisibles*, parce qu'elles se confondent avec les cheveux. La monture doit être fort petite, afin d'occuper le moins de place possible dans les cheveux assez courts pour qu'ils se confondent aisément avec les touffes. On coiffe celles-ci avant de les poser; et, pour cela, on les attache avec une épingle sur une large pelote. Il ne faut jamais les oindre d'huile, ni de pommade, à moins que l'on n'en natte qu'infiniment peu, et long-temps avant de s'en servir. Lorsqu'on les dépose, on doit les enfermer dans une boîte (ainsi que tous les autres cheveux postiches), où elles soient parfaitement à l'abri de la poussière; mais il faut, auparavant, les *papilloter*, pour les trouver toujours prêtes à servir. M. *Villaret* assure avoir trouvé le moyen de placer des tours et des touffes sans cordons, colle, ni crochets. Je ne devine pas comment, mais j'invite à en essayer;

13°. *Les touffes à peigne* tiennent sur les tempes et sur le front au moyen de petits peignes; mais cela me semble avoir peu de solidité. Les coiffeurs recommandent de bien prendre garde, en les posant, ou en les ôtant, de casser les peignes auxquels elles sont adaptées,

14°. *Pince ou fer à friser.* Quoique j'aie plusieurs fois conseillé de ne point passer habituellement les cheveux au fer, je vous conseille, mesdames, d'avoir une *pince à friser* dans votre cabinet de toilette. Quelques jours d'humidité, un coup de vent, la nécessité d'être frisée de très-bonne heure et long-temps, exigent de temps à autre l'emploi de cet instrument. Prenez-le tout semblable à celui des coiffeurs, c'est-à-dire long de huit à neuf pouces, ayant les mâchoires épaisses et bien arrondies, fig. 4. Le fer à *tire-bouchons* ne vaut rien;

15°. *Brosses.* Une brosse à manche un peu ferme pour décrasser la racine des cheveux après qu'ils sont peignés ; une seconde brosse douce pour les lisser après le casque terminé, sont les derniers objets dont je ferai mention pour la coiffure. Le chapitre des *Cosméti-ques* me dispense de parler ici des huiles, pommades, eaux pour la chevelure, etc.

Il ne me reste plus qu'à recommander de procéder avec soin lorsqu'on se décoiffe, de défaire peu-à-peu les nattes, le crêpe surtout, de remettre un peu de pommade après la poussière d'une course, d'un bal, enfin de secouer les cheveux long-temps comprimés et de les laisser quelques instans jouer à l'air libre.

CHAPITRE II.

MANIÈRE DE SE CHAUSSER CONVENABLEMENT.

Que peut-on dire sur la chaussure ? Rien aux dames de Paris, tout aux dames de la province. C'est-là qu'on voit encore des bas de laine, des bas tricotés à la main, des chaussons de lisière, des sabots à souliers, des socques bruyans, etc. Je sais bien que tous les pieds n'y sont pas aussi en arrière ; mais je sais aussi, par expérience, que ces pieds-là ne forment pas la majorité.

La chaussure doit être constamment d'une propreté, d'une élégance recherchées, quoiqu'en rapport avec les vêtemens. N'auriez-vous que des pantoufles avec la robe du matin, elles seront de forme gracieuse, en tapisserie pendant l'hiver, en maroquin brillant pendant l'été. A propos de cette chaussure commode, je ferai observer qu'elle seule est dispensée d'être parfaitement assortie au degré de parure de la toilette. Une robe de guimgamp, de jaconas, de marceline ne veut point que l'on ait des souliers de soie, et rien n'est plus ridicule que de finir d'user ainsi chez soi les souliers de gros de Naples ou de satin qui ont été portés au bal; mais les pantoufles fourrées ont le privilége d'assortir ces belles étoffes avec toutes sortes de vêtemens. Le velours, surtout le velours noir fournit de riches chaussures; mais, comme il grossit le pied, je vous conseille de ne le porter au plus qu'en pantoufles ou souliers fourrés. Il est de mauvais goût de sortir l'hiver en souliers de ce genre, il faut les remplacer par les souliers ouatés, nommés *douillettes;* encore cette chaussure est-elle lourde et passablement disgracieuse. Les brodequins sont infiniment plus élégans et plus jolis. Nous reviendrons sur cette charmante chaussure.

Les bas bien blancs et bien fins; les souliers justes et bien faits, doivent parfaitement dessiner le pied et la jambe; mais, en cela comme en toutes choses, il faut bien se garder de sacrifier l'aisance, l'hygiène, à la grâce, parce qu'on s'expose aux accidens les plus fâcheux en allant encore directement contre son but. Quand on porte des bas à jour en hiver (sans avoir dessous des bas de soie couleur de chair) des souliers de prunelle ou de peau légère comme en été, on doit s'attendre à troubler dangereusement l'ordre naturel à certaines époques, et en tout temps à fatiguer gravement la poitrine. Combien de maux de tête, de coliques, de douleurs rhumatismales, de phtisies même, ne connaissent pas d'autre cause que le froid et l'humidité soufferts aux pieds à raison de bas trop clairs, de semelles trop étroites et trop minces. Sans avoir des inconvéniens aussi graves, la gêne de la chaussure n'est pas moins contraire à l'agrément.

Des souliers trop étroits et trop courts couvrent les pieds de cors, de durillons, engorgent souvent les jambes, et rendent la démarche contrainte, incertaine et ridicule.

Les détails que j'ai donnés sur la chaussure, dans le chapitre *des Habitudes hygiéniques,* me dispensent de m'étendre beaucoup maintenant sur ce sujet; mais, dans ce que j'ai à dire, il est plusieurs conseils bons à suivre; entre autres, celui de ne jamais, autant que possible, porter des souliers de couleur trop claire, si ce n'est en grande parure, et lorsqu'ils y sont assortis, parce que ce genre de couleur contribue à faire paraî- tre le pied gros. Les souliers noirs ou blancs sont les plus distingués. Si vous pouvez dépenser pour votre chaussure sans être obligée de retrancher sur des cho- ses plus utiles, ne portez, en souliers de peau, que des souliers noirs pour sortir l'hiver, parce que des souliers très-justes en peau blessent toujours horriblement le pied dans les premiers temps qu'on les met, et que, s'ils sont préparés de façon à ne pas causer cette souffrance, ils s'élargissent et se déforment bientôt après. Les souliers de prunelle sont bien préférables pour la grâce et la commodité; mais ils s'usent au moins une fois plus vite. Cependant ils peuvent se re- couvrir, ainsi que les chaussons de bal (voyez *Manuel d'Economie domestique*). De cette façon, avec un peu d'adresse, on peut être chaussée élégamment à bon marché.

Il sera bien d'acheter plusieurs paires de souliers à la fois, à la douzaine, par exemple; vous les paierez moins cher; ils dureront davantage, parce qu'ils seront bien secs, et vous pourrez les assortir convenable- ment à votre mise. Sitôt que des souliers se déforment ils doivent être renouvelés. Vous les ferez faire plus ou moins couverts, selon la forme de votre pied : s'il était petit, maigre, plat, les souliers seraient découverts; dans le cas contraire, on les couvrirait davantage. Les souliers lacés avec un nœud un peu gros conviendraient alors; les souliers non lacés, sans nœud, avec des cor- dons qui dessinent la jambe, conviendraient pour le premier cas. Au reste, c'est là le plus joli genre de chaussure.

Les souliers coupés carrément, comme la mode les prescrit, étant assortis à la forme du pied, sont bien préférables aux souliers pointus. Toutefois cette coupe ne dispense pas de prendre les souliers un peu plus longs qu'il ne le faut rigoureusement, afin qu'en s'étendant par l'action, le pied trouve à se loger. Autrement il ferait reculer le quartier.

Des bas noirs en hiver sont de mauvais ton, à moins que la robe ne soit noire (sans même que l'on soit en deuil), et toujours en soie. On leur substitue des guêtres noires, afin de combatre le froid et la boue; les guêtres, qui ont été si fort à la mode, me semblent une chaussure lourde et sans agrément. Je les conseillerai pourtant dans l'été pour les personnes qui transpirent beaucoup des pieds : la chaleur des bas les incommode et produit très-souvent une odeur infecte qu'il faut éloigner par tous les moyens. Je propose alors de porter des chaussons de toile fine; puis des guêtres en toile écrue qui monteraient un peu plus haut qu'on ne le fait ordinairement; de cette manière, on serait au frais et très-proprement. S'il était nécessaire, on pourrait changer de chaussons deux fois par jour. Cela serait en outre une bonne économie de blanchissage; car il faut changer de bas chaque jour, et les guêtres peuvent au moins en servir quinze.

Il faut faire attention que les bas soient exactement justes : s'ils sont trop longs, on est forcée de rentrer le bout du pied et de le mettre sous la plante du pied, ce qui est extrêmement incommode et contribue à le grossir; en outre, ils forment transversalement sur le coude-pied des plis qui lui ôtent toute sa grâce et qui se coupent rapidement. Trop courts ou trop étroits, les bas sont encore défavorables et gênans : dans le premier cas, ils compriment les doigts de pied et les font paraître de travers; dans le second, ils fatiguent la peau du coude-pied, la rougissent, la sillonnent de marques qui se voient à travers le tissu à jour; puis le tissu à son tour se tire à l'excès, se crispe, et ne laisse plus apercevoir son dessin. Il est inutile d'ajouter que les bas qui font ainsi un continuel effort s'usent une fois plus vite que les autres.

On garnit généralement les bas pour accroître leur durée, et c'est là le principal talent, la plus intéressante occupation des vieilles dames de province; mais, quand elles devraient me traiter d'hétérodoxe, j'ai à cet égard deux conseils à vous donner. Le pre-

mier, c'est d'empêcher que la doublure du bas dépasse
à peine le soulier, parce qu'elle produit un effet désagréable. Le second, c'est d'avoir une certaine quantité de bas non garnis pour porter avec les souliers ou
brodequins que vous prenez pour la première fois, ou
bien pour vous en servir pendant les chaleurs quand
le pied gonfle si facilement. Tous les bas cependant
doivent recevoir, le long de la couture, une ganse
plate et fine dans le but de prévenir la rupture des
mailles lorsqu'on se chausse. Cette ganse dépassera les
bas de quatre ou cinq pouces, et servira ainsi de cordons pour les attacher au blanchissage.

Lorsqu'on met des bas de fil de Cologne de belle
qualité, et que la jambe est fournie d'un duvet noir,
comme cela se voit quelquefois chez les dames brunes;
il est bon de brûler ces poils comme ceux des bras.

Il faut secouer les bas et les frapper à plusieurs reprises en les rassemblant dans la main pour mieux
en ôter la poussière. Il est inutile de prendre cette
peine l'été, où l'on doit changer de bas chaque jour;
mais l'automne et l'hiver elle est indispensable. Les
personnes qui peuvent porter les bas deux jours l'été
ne doivent pas manquer, le second jour, de les nettoyer ainsi que je viens de l'expliquer.

Les souliers exigent des soins particuliers. Il faut les
brosser tous les matins, lors même que vous ne seriez
point sortie la veille; le dessous de la semelle doit être
râclé avec un couteau, pour enlever les saletés qui s'y
attachent toujours plus ou moins. De temps en temps,
il sera convenable d'examiner si les cordons et la bordure du soulier, principalement celle du derrière du
talon et des coins du dessus de pied sont en bon état;
au cas contraire, vous vous occuperiez à les renouveler (1). La semelle volante qui se trouve dans l'intérieur du soulier demande également votre attention;
quand elle est jaunie et presque racornie, il faut l'enlever et la remplacer par une semelle de peau blanche:
la peau des bras de vos gants longs, qui est encore
toute propre quand les doigts sont salis, et qui

_____

(1) Ces conseils s'adressent nécessairement à la femme de
chambre.

n'est presque d'aucun usage, servira bien à celui-ci.
Il faudra faire tenir cette nouvelle semelle dans le
soulier au moyen d'une colle légère, dont on mettra
très-peu au fond du soulier. Si vous transpirez beaucoup des pieds, il sera nécessaire de la changer souvent. Il faut agir de même pour les brodequins.

Cette chaussure, commode, élégante et salubre,
me paraît faite pour accorder les exigences de l'hygiène et du bon goût. Elle est surtout précieuse pendant les temps de gelée ou de pluie, pendant même
les jours un peu froids de l'automne et du printemps;
mais elle est trop chaude en été. D'ailleurs, pour que
les brodequins soient complètement salutaires, ils ne
doivent être ni trop justes, ni lacés trop étroitement;
car la douce chaleur qu'ils déterminent contribue à
gonfler le pied, à engourdir la jambe, à produire enfin
un véritable supplice. A ce propos, je me plais à rappeler ce que, dans le *Code de la toilette*, dit M. Horace Raisson, qui, certes, est une autorité en élégance
frivole ou autre : « En général, nos dames se mettent le
» pied à la torture pour le faire paraître petit : quand
» se persuaderont-elles bien qu'un trop petit pied est
» une difformité, et que c'est l'accord parfait entre
» toutes les parties du corps qui constitue la beauté de
» chacune. »

L'usage des brodequins semble coûteux, et cela
peut en dégoûter quelques dames économes; mais je
me hâte de leur apprendre que, lorsque le brodequin
est usé, elles peuvent le faire *remonter*, c'est-à-dire
faire remplacer le soulier de ce brodequin qu'on ajou-
tera à la partie lacée qui ne s'use presque jamais.
Cette monture, grâce à laquelle les vieux brodequins
sont complètement neufs, se paie au plus les deux tiers
du prix ordinaire.

Il arrive quelquefois que l'un des pieds est un peu
plus gros que l'autre. Cela paraît à peine devoir être
remarqué, et pourtant c'est une cause permanente de
souffrance et d'ennui : les souliers sont ordinairement
pareils, et si l'on commande l'un d'eux un peu plus
grand, ce supplément, que le pied ne manquera pas
d'accroître, paraîtra tout-à-fait choquant. Des cors, to-

naces ou même guéris, présentent aussi fréquemment des protubérances. Il serait donc bien désirable de pouvoir agrandir, en certains points, sa chaussure à volonté. La forme mécanique, inventée, en 1809, par M. Sakoski, bottier, en fournit le moyen. Elle est propre, dit-il, à agrandir la chaussure dans les endroits correspondans aux parties douloureuses du pied, et chacun peut l'allonger et l'élargir d'après les besoins de la conformation et des incommodités de son pied. Au reste, quand vous ne sentiriez pas la nécessité de la *forme mécanique,* il est très-bon d'avoir chez vous plusieurs de ces *formes* en bois dont se servent les cordonniers, afin de les entrer dans l'intérieur des souliers quand l'usage ou l'eau les auront déformés. On appelle cela, *passer à la forme.* C'est encore le moyen d'agrandir les souliers trop étroits et de les empêcher de blesser.

Il n'est pas non plus inutile d'avoir une *forme à bas* pour tendre les bas de soie blancs ou noirs, les bas de fil de Cologne, qui viennent d'être blanchis. Quant à tous les autres, il suffit de les repasser pour les faire paraître plus fins.

Quand le mollet n'est pas fort, et que le genou est petit, on peut placer une première jarretière au-dessous de celui-ci, mais à condition qu'on en mettra une seconde au-dessus. Lorsque le mollet est renflé, et qu'il descend un peu bas, cette première jarretière gâte la jambe, parce qu'elle le grossit et le fait descendre encore plus. Cependant elle est indispensable si la jarretière, mise au-dessus du genou, glisse sur celui-ci, ce qui arrive assez fréquemment. On peut porter des jarretières à élastiques métalliques au-dessous du genou, et des jarretières à élastique végétal au-dessus.

CHAPITRE III.

DU CHOIX DES CORSETS.

Dans la première édition de ce Manuel, le chapitre *des Corsets* me fut dicté par ce système de travail et d'économie qui inspira le *Manuel des Demoiselles*; et, je le confesse, ce laborieux chapitre était tout-à-fait déplacé dans un Manuel élégant. Ces détails techniques, ces termes de fabrication, étaient, pour mes belles lectrices, une aride, et, disons-le, une ennuyeuse lecture, tout-à-fait sans résultat; car, en y réfléchissant, je suis bien sûre qu'aucune d'elles n'aura le temps ni la volonté de me suivre dans la description de ces travaux, et que toutes craindront la chance de non-succès. Je transporte donc, dans le Manuel destiné aux jeunes personnes, ce chapitre qui en forme le complément, et me borne à donner aux dames une instruction générale sur les corsets.

Je ne veux pas plus respecter les fashionables préventions des élégantes que les préventions dogmatiques et surannées des ménagères, et je vais m'élever avec force contre le préjugé qui proclame que les faiseurs de corsets, seuls, les fabriquent avec perfection. Depuis quand l'adresse, le goût, la patience nécessaires pour ce genre de travail ne sont-ils plus le partage des femmes? Depuis quand la pudeur a-t-elle cessé de gémir, quand la taille, la gorge sont livrées aux yeux, aux mains d'un homme qui vient essayer le produit de son ouvrage? Depuis quand enfin des femmes de sens, souffrant de voir l'inaction, l'impuissance qui jettent tant de personnes de leur sexe dans le désordre, veulent-elles contribuer encore à l'acroissement de cette plaie sociale? L'humanité, la décence, s'accordent donc avec le goût pour préférer, à cet égard, les ouvrières aux ouvriers.

Paris, et beaucoup de grandes villes de province, comptent beaucoup d'excellentes faiseuses de corsets, et, si je vais en indiquer une d'une manière spéciale, ce n'est point parce qu'elle a l'honneur d'avoir ma pratique; parce que je prends, en ce genre-là, *l'horizon pour les bornes du monde,* c'est encore moins par spéculation; c'est parce que Mme *Bergeron, passage du Grand-Cerf* (*rue Saint-Denis*), n° 44, *à Paris,* travaille pour les maisons orthopédiques, et sous la direction de médecins instruits; que ses produits ont été remarqués avantageusement à toutes les dernières expositions de l'industrie; qu'elle traite la fabrication des corsets comme un art ; qu'elle est au courant des procédés les plus nouveaux, dont le dépôt se trouve en ses magasins ; qu'elle-même en a inventé plusieurs très-recommandables sous le double rapport de l'hygiène et de l'élégance ; que ses corsets, d'un prix assez peu élevé, sont confectionnés avec goût et solidité ; que sa complaisance, sa politesse sont parfaites, et qu'enfin je parle de tout cela d'après une expérience réitérée.

Corsets ordinaires. Je ne décrirai point ces corsets que vous connaissez toutes, mesdames ; mais je vous indiquerai quelques heureuses améliorations, 1° pour éviter qu'à droite et à gauche du busc le corset ne produise des plissemens qui froisseraient la gorge, on met cinq ou six petites baleines légères, remplacées quelquefois par des élastiques, ou une pièce d'élastique végétal ; 2° l'extrémité inférieure du busc d'acier reçoit une légère courbure rentrante pour l'empêcher de se relever ; 3° à un pouce et demi du dessous du bras, au milieu est une double baleine, longue de cinq pouces environ. Cette baleine a pour objet de prévenir, sur le côté, ces plis gênans qui coupent le corset à tel point que c'est toujours par-là qu'il commence à s'user ; 4° l'extrémité supérieure des baleines du dos, qu'elles soient en acier ou en baleine véritable, produit presque toujours une saillie désagréable, tout-à-fait contrariante lorsqu'on porte des robes à dos collant. On obvie à cet inconvénient en faisant la baleine un pouce six lignes plus courte par le haut, et en remplaçant ce morceau supprimé par un double élastique qui se confond avec l'extrémité supérieure de la baleine ;

5°. Une amélioration plus usuelle est la présence des œillets en cuivre qui tiennent au dos des corsets. Avec ces œillets métalliques, on se lace plus vite, plus commodément ; on n'est pas obligée de faire réparer leurs contours. Cependant quelques personnes leur préfèrent les œillets ordinaires, parce qu'elles trouvent qu'ils salissent la chemise et le lacet. Ce reproche me semble peu fondé. Mme Bergeron ne met aucune différence dans le prix de ces deux sortes d'œillets.

Demi-corsets pour le matin. Ces corsets sont hauts de 8 à 10 pouces, garnis de place en place, ou tout autour de légères baleines : ils offrent d'ailleurs exactement la forme de la partie supérieure d'un corset ordinaire ; mais le dos se termine par deux longues pattes qui, au moyen d'un ruban de fil, viennent attacher par-devant. Ils sont extrêmement commodes pour s'habiller le matin, lorsqu'on est pressée, qu'on se dispose à aller au bain, etc. Ces corsets sont, comme les précédens, en basin de Troyes, fil ou coton, en coutil blanc, pour l'été ; ou bien en toile grise, en nankin, pour l'hiver. Presque toujours ils sont doublés en toile fine assortie à la couleur du dessus. Cette doublure maintient le corset, contribue à sa bonne grâce, à sa durée, empêche les saillies du rabat des coutures, et, quoiqu'en été elle échauffe un peu, je pense qu'on doit l'admettre généralement.

Corset-ceinture. Ce corset, en deux parties distinctes et séparées, est tout-à-fait semblable à l'ancienne *ceinture à épaulette* que l'on portait il y a environ 15 ans. La *fig.* 5 vous en montre la forme. On le fait en toile, basin, et même en maroquin rouge ou vert ; mais alors il ne peut servir qu'avec des robes de couleur foncée. Voici comment ce singulier corset se porte : On passe le bras dans l'épaulette *a*, de manière que le devant *b* auquel elle est attachée se trouve par-derrière. Ce devant traverse le dos et va s'attacher devant la poitrine ; l'autre devant se place de même ; en sorte que le devant qui tient à l'épaulette du bras gauche passe sous le bras droit, et celle qui tient au bras droit passe sous le bras gauche : cette pratique croise agréablement les deux morceaux.

On fait usage de ce corset en.trois diverses circonstances, 1º en remplacement du demi-corset, mais alors il a l'inconvénient de laisser la gorge sans appui ; 2º lorsqu'étant trop grasse, on a sur les épaules des bourrelets de graisse qu'il faut comprimer, ou bien lorsqu'on a la mauvaise habitude de porter trop les bras en avant, et, par conséquent, de s'arrondir le dos ; 3º ce corset est utile enfin aux personnes dont la gorge est tombante ou peu marquée, parce qu'en la serrant au-dessous, il l'a fait saillir sans la gêner. Il va sans dire que, dans ces deux derniers cas, ce corset-ceinture se met sur un corset ordinaire.

Corset sans épaulettes. Nous venons d'indiquer un supplément aux épaulettes des corsets proprement dits, et voilà maintenant que nous allons décrire un corset tout-à-fait dépourvu d'épaulettes. Il a été inventé pour les dames qui ne peuvent supporter, sans une vive douleur, que les épaulettes soient placées au bas de l'épaule comme la mode l'exige absolument. Ce corset a l'emmanchure peu échancrée, et presque de niveau avec le devant : le dos monte davantage. Toute la partie supérieure est garnie d'élastiques, ou mieux encore, est en élastique végétal, afin qu'elle embrasse bien le haut de la taille. Les goussets de l'emmanchure sont proscrits dans ce corset comme dans tous ceux de Mme Bergeron, mais avec une raison plus déterminante. Les goussets de la gorge sont au nombre de quatre, deux de chaque côté ; souvent une baleine, longue d'à-peu-près 7 pouces, est placée entre deux pour contribuer à maintenir ces goussets que les épaulettes ne peuvent soutenir.

Ceintures contre l'obésité. Il y a des personnes qui, par défaut de conformation, suites de couches ou autres motifs, ont le ventre tellement saillant et rabaissé qu'un corset devient impuissant à le maintenir. Pour ces personnes-là, on trouve chez Mme Bergeron et chez ses habiles collègues, des ceintures hautes de 8 pouces à 1 pied, en élastique métallique ou végétal, taillées de manière à emboîter parfaitement le ventre, à le soutenir et à l'effacer autant qu'il se peut. Cette ceinture se place à volonté dessous ou dessus le corset (1).

Corset à la paresseuse. C'est un corset ordinaire qui ne diffère des autres que par la pose des lacets. Je vais la détailler, parce que, s'il vous plaît de lacer ainsi un corset un peu vieilli, vous le ferez exécuter à votre soubrette, d'après mes indications.

Pour faire *la paresseuse,* commencez par compter le nombre des œillets du corset, coupez ensuite autant de morceaux de ganse plate en fil bien serré ; donnez à ces morceaux environ une demi-aune de longueur ;

_____

(1) Il est une autre espèce de ceinture en chamois ou en élastique végétal dont je recommande fortement l'usage aux dames. Elle se trouve aussi chez madame Bergeron.

cousez chaque morceau de ganse à chaque œillet, toujours du côté du milieu du corset : cela fait, passez
tous les cordons cousus au derrière gauche dans les
œillets du derrière droit, et posez-les de nouveau sur
le derrière gauche, près à près, et au niveau de chaque œillet; faites-en une gerbe bien égale, répétez
cette manœuvre du derrière droit, dont vous passez
les ganses dans les œillets du derrière gauche, et que
vous posez encore de même sur le derrière droit : rassemblez ensuite tous les cordons de gauche en faisceau
par le bout, cousez-les solidement, et emboîtez-les
dans un large ruban de fil, long de deux pouces environ, qui, plié transversalement par la moitié, et sur-
jeté de chaque côté par ses lisières, enveloppe bien
tous les bouts du faisceau de cordon : on coud ces
cordons à points-arrière à l'un des bouts du ruban,
et l'on en rabat l'autre bout à points côtés.

On termine le travail en cousant, au milieu de la
partie repliée du ruban, un morceau de ganse long
d'à-peu-près un quart d'aune. Cette ganse s'attache
devant le corset avec une ganse semblable qui termine également le faisceau de tous les cordons de
droite.

Tous les œillets se trouvent lacés par cette manœuvre. Quand vous voulez mettre votre corset, vous écartez les deux derrières autant que possible et vous l'en-
trez par la tête. Après avoir passé les épaulettes et
arrangé le devant, vous tirez les deux ganses finales à
gauche et à droite et vous êtes lacée tout d'un coup.
Voilà l'avantage; voici les inconvéniens : ces nombreux cordons se mêlent, s'embrouillent de telle sorte,
qu'il faut beaucoup de patience et de temps pour les
débrouiller : ils se cassent fort souvent et gênent sur
le côté.

Corsets à poulies. C'est un perfectionnement très-
ingénieux du corset précédent : comme celui-ci, le
bord du dos seul diffère, et on l'ajoute à tous les corsets. Il se compose, *fig.* 6, 1° d'un dos ordinaire de
corset *a a*, mais dont le bord longitudinal (celui où
l'on place les baleines), au lieu de se terminer par un
surjet qui joint ce bord et le ruban de fil qui le double, est laissé ouvert, de manière à ce que l'on puisse

introduire le bout du petit doigt entre ce bord et sa doublure. C'est dans cette ouverture *b b* que se mettent, à distance égale, les poulies *c, c, c, c.* Elles sont en cuivre et tellement délicates et légères qu'elles se perdent entre le bord et sa doublure. On fait glisser sur ces poulies, placées en regard comme des œillets ordinaires, une longue et fine ganse ronde, en coton, qui se croise de l'une à l'autre poulie *d d.* Les deux premières extrémités de ces ganses sont fixées, l'une en haut, l'autre en bas de l'un des dos *a a,* mais les autres bouts passent *c c* dans l'œillet *d d,* situé au milieu du long du dos. Lorsqu'on veut entrer le corset (par-dessus la tête), on lace les bouts *e e* de manière à ce que les deux dos soient largement séparés ; on entre les épaulettes, on ajuste le corset comme il convient, on tire ensuite ces bouts, et l'on se trouve parfaitement lacée en moins d'une minute : il ne faut pas plus de temps pour se délacer. La *fig.* 6 montre les ganses à peine lâchées, afin de faire juger de la manière dont elles se croisent. Ce laçage est dû à M. Jousselin.

Ce genre de corset, contre lequel ne peut s'élever une seule objection, n'a d'autre inconvénient que d'être un peu cher pour quelques personnes : un dos ainsi disposé coûte 25 fr., mais, comme il est le produit d'un brevet d'invention encore en vigueur, on peut espérer une diminution de prix après son expiration.

Corset à double broche. Moins compliqué et moins nouveau que le précédent, ce corset moins coûteux (10 fr. le dos au lieu de 25), offre aussi beaucoup de commodité. Le dos, *fig.* 7, *a a,* porte d'abord, au lieu des baleines du bord *b b,* une petite broche de fer *c.* Le bout inférieur de cette broche se termine en *d* par un petit crochet obtus destiné à pouvoir être saisi lorsqu'on veut tirer la broche et à empêcher que son extrémité ne blesse en s'appuyant sur la peau. Le bout supérieur *e* est émoussé à raison de ce dernier motif. Les œillets *f f* viennent immédiatement après cette première broche : ils ne sont pas ronds comme à l'ordinaire, (1) mais un peu allongés transversale-

_____

(1) Ces œillets sont toujours faits à l'aiguille.

ment. Immédiatement après eux, on met dans une petite poche ménagée entre la doublure et le dos du corset une seconde broche *g g* semblable à la première. Ainsi, les œillets se trouvent entre ces deux broches comme entre les deux baleines ordinaires : on lace le corset comme à l'ordinaire. Si maintenant, dans le courant du jour, par la chaleur ou après quelques travaux qui vous ont tenue courbée, vous sentez la nécessité de desserrer un peu votre corset, vous tirez les broches *g g*, et vous le lâchez d'environ un pouce. Vous sentez-vous saisie de quelque malaise, d'une défaillance qui exige la soudaine rupture du lacet, ou tire les autres broches *b b*, et vous vous trouvez délacée subitement. Ce corset se trouve, ainsi que le précédent, chez Madame Bergeron.

Corsets pour femmes enceintes. Les ceintures ou demi-corsets sont ce qui convient le mieux aux dames qui se trouvent en cet état, et dans les derniers mois surtout, elles n'en doivent point porter d'autres ; mais, au commencement de leur grossesse, elles peuvent avoir un corset ainsi préparé : ce corset, fort évasé par le bas, a les goussets du ventre et de la poitrine fendus longitudinalement par le milieu. Les deux parties de chaque fente sont bordées d'un ruban de fil étroit, à cheval, et garnies d'œillets assez rapprochés (1). On lace ces œillets, et, à mesure que la grossesse avance, on lâche le lacet. Ces corsets ont aussi le milieu des devants taillé en rond pour prendre la forme du ventre : il est convenable de n'y point mettre de busc, mais de remplacer cet objet par des élastiques dont nous allons donner la description.

Corsets élastiques ordinaires. On sait que les *élastiques* sont formés de fils de cuivre extrêmement déliés et disposés en spirale très serrée qui, retenue dans un espace plus ou moins long, s'étend et se resserre exactement, selon la forme de l'objet qu'elle embrasse. C'est la manière la plus délicate de soutenir la taille ; aussi en fait-on usage pour les enfans, les dames en-

(1) Les personnes qui craignent d'être trop serrées ont des corsets qui se lacent derrière et devant. On arrange le devant de cette manière.

ceintes et les personnes d'une faible santé. Les corsets sont élastiques en tout ou en partie. Dans le premier cas, le corset est double et on le garnit tout entier de petites cases qui contiennent l'élastique et qui se pratiquent comme les cases des baleines ; ces corsets sont ordinairement en étoffe de soie, en marceline, ou mieux encore en gros de Naples. Ils prennent parfaitement la taille, mais ils sont assez coûteux, parce qu'on ne peut les blanchir.

Quand les corsets ne sont élastiques qu'en partie, c'est qu'on ne met d'élastiques que pour remplacer le busc, les baleines, pour soutenir les goussets supérieurs.

Les élastiques partiels s'emploient dans toute espèce de corset ; par exemple, on coud entre deux bandes de percale ou de toile fine cinq à six rangées d'élastiques, et l'on adapte cette bande au bas et tout autour du corset. Cette pratique a pour but d'empêcher les goussets de se relever sur les hanches : elle est fort bonne, mais pour les corsets de toilette.

D'autres élastiques remplacent le busc ; voici comment : on marque une bande de basin de quatre, six ou huit pouces et même plus, selon la largeur que l'on veut lui donner ; on la double par un pli volant ; on la mesure ensuite d'un tiers au moins plus longue que le corset, parce que le contour des élastiques demande beaucoup d'étoffe. Après cela, on coupe des morceaux d'élastique d'égale longueur, et on les place trois par trois, ou quatre par quatre, transversalement dans la bande, en laissant entre chaque *trio* ou *quatuor* l'espace d'un pouce ou deux environ. On commence toujours par arrêter l'élastique par les deux bouts, afin de pouvoir s'en rendre maîtresse. Il faut continuer ainsi jusqu'à la fin de la bande, que l'on place ensuite entre les deux devans du corset à la place de la poche du busc. On met ordinairement deux petites baleines longitudinales à droite et à gauche de la bande ainsi préparée.

Corset élastique végétal. Dans cette espèce de corset, l'élastique végétal remplace tout ou partie du devant, et principalement les goussets de la gorge. L'étoffe que forme ce genre d'élastique est grise comme la toile du corset ; elle se lave de même, et pré-

sente tous les avantages des élastiques de métal sans
en avoir les inconvéniens. Les jeunes personnes faibles et malades, les convalescentes, les dames qui ne
peuvent porter de busc ni de baleines devraient se
fournir de corset tout entier en élastique végétal.

*Corsets propres à dissimuler les imperfections de la
taille.* Sans être accusée de cette ridicule et condamnable coquetterie qui demande à l'art les formes re-
fusées par la nature, on peut bien, lorsqu'on a le
malheur d'être plus ou moins contrefaite, chercher à
dissimuler cet état fâcheux. Une femme porteuse
d'une gorge postiche est une sotte ou une coquette
méprisable; mais celle qui rembourre un peu son corset pour cacher l'inégalité de sa taille n'est, selon moi,
pas plus répréhensible que le malade qui appelle un
médecin. Tous les degrés du mal que combat l'ortho-
pédie ne sont-ils pas une infirmité?

Ces corsets doivent nécessairement être comman-
dés, et lorsqu'on est éloignée des fabricans, ou qu'on
répugne à voir mesurer les défectuosités de sa taille,
à essayer et réessayer plusieurs fois le corset qui doit
les céler, on peut faire mouler son buste en plâtre,
et l'envoyer à l'ouvrière. Le corset en est mieux con-
fectionné, parce qu'elle a constamment le modèle
sous les yeux, et qu'elle examine, palpe les diffor-
mités autant de fois qu'elle en a besoin. J'ai vu chez
madame Bergeron des corsets fabriqués sur ces bus-
tes, et ces corsets étaient parfaits. Pour obtenir ce
résultat, elle forme, d'après les anomalies de la taille,
une matelassure de coton, de bourre ou de raclure de
baleine : elle la feutre, la pique comme les tailleurs
disposent les cols et les devans d'habits. Elle appointe,
elle ceintre cette matelassure, s'il est nécessaire, et
la diminue graduellement par les bords. Elle ne la
met point entre le dessus et la doublure du corset, afin
qu'on puisse, quand on blanchit, l'enlever à volonté.
Ces corsets sont si bien faits qu'il est impossible de
deviner leur usage en les regardant à l'endroit.

Si, au lieu d'être un enfoncement, la défectuosité
de la taille est une grosseur, il faut rembourrer les
parties du corset qui l'avoisinent, d'abord à sa hauteur, puis diminuer insensiblement, à mesure que
l'on s'en éloigne assez pour que cette doublure puisse

être interrompue sans inconvénient. Si la grosseur était très forte, il faudrait se résigner à rembourrer tout le corset, parce que, autrement, on aurait un des côtés de la taille beaucoup plus élevé. La grosseur se trouvera ainsi comme dans un étui et fera corps avec le bourré; on aura un peu chaud, il est vrai; mais on peut en partie remédier à cela, en remplaçant le coton par de la filasse de chanvre ou de lin.

L'habitude de coudre, et surtout de broder au métier, fait que beaucoup de femmes ont l'omoplate droite plus saillante que la gauche. Si vous êtes sujette à ce petit désagrément, ayez un corset un peu colleté, et mettez un peu de coton au niveau des premiers œillets : vous pourrez le recouvrir avec un peu de peau blanche, puis mettre un semblable morceau de peau à l'autre côté : cette précaution semblera avoir pour but d'empêcher les baleines de vous blesser, et vous pourrez, au besoin, laisser apercevoir votre corset sans crainte.

CHAPITRE IV.

DES ROBES.

ARTICLE 1er. *Choix d'une couturière.*

La coupe des robes, quoique bien moins importante que la coupe du corset, exige cependant toute votre attention ; car elle influe beaucoup sur la taille : aussi le choix d'une couturière (et non *tailleuse*, comme le disent les dames de quelques provinces), demande-t-il quelques réflexions.

Ne préférez pas celle qui coud le mieux, la solidité n'étant que secondaire ; ni la plus en vogue, car elle prend fort cher, fait beaucoup attendre, et, comme elle ne peut suffire à tout, elle confie les trois-quarts de son ouvrage à des ouvrières bien moins habiles que les autres maîtresses couturières que vous avez dédaignées pour elle. Choisissez la plus docile, la plus soigneuse, et ne la changez pas, s'il se peut. Vous en pressentez les motifs. Quel que soit l'intérêt qu'une couturière ait à bien faire, il est toujours moins pressant que le vôtre ; aussi, lorsqu'elle s'est trompée, n'y a-t-il pas de raisons qu'elle n'oppose à vos observations pour s'éviter de recommencer. Tantôt c'est la

mode, tantôt c'est une conséquence infaillible de la
coupe, tantôt, (mais plus rarement de peur de vous
fâcher) c'est une disposition de votre taille : pour l'ordinaire, c'est une dénégation complète. Tout cela est
fort ennuyeux, et, si vous êtes d'un caractère facile,
ou peu familiarisé avec l'art de faire les robes, vous
courrez grand risque d'être mal habillée. Avec une
couturière attentive, ce déluge d'objections et cet inconvénient n'ont pas lieu.

ART. 2. *Choix de la façon des robes.*

Quand vous avez choisi une robe, vous devez consulter votre couturière, mais ne pas tout abandonner
à son goût. Si l'étoffe est à larges raies, vous devez sur-
veiller leur disposition dans le corsage et la pélerine.
Il est convenable alors de les arranger de telle sorte que,
derrière et devant, elles se *croisent*, c'est-à-dire se re-
joignent en formant le cône parfait ou tronqué. Quoique cela exige plus d'étoffe, il n'y a pas à hésiter. Si
le dessin présente des fleurs, il importe que toutes les
têtes (ou le *montant*) s'élèvent vers la partie supérieure
de la robe.

Comme je le développerai plus bas, la façon doit
être relative au degré de parure de la robe, ainsi qu'à
sa destination. Une robe du matin, décolletée, un
corsage d'indienne, de guingamp, de mérinos ordinaire à draperie, serait incommode et ridicule. Cependant des formes très-simples conviennent souvent
à des robes parées, à de riches étoffes. C'est la mode,
et, plus encore, la nature de votre taille qui doivent
en décider. Si votre gorge pèche par défaut ou par
excès, les draperies sont commandées. La mode règle
aussi la longueur de la taille : le reste est laissé à votre
intérêt bien entendu. Si vous êtes petite, mince, avec
peu de gorge, les tailles moyennes vous conviennent
exclusivement, car, autrement, vous n'auriez aucune
grâce. Si, au contraire, votre embonpoint est marqué,
si vos formes sont saillantes, une taille courte vous
rendrait presque grotesque. Les hanches fortes et relevées veulent un corsage aussi long que possible.
J'emploie cette expression, parce qu'en effet il ne sert
à rien de prolonger la taille au-delà de la ligne des

hanches; car celles-ci trouvent toujours le moyen de la remettre à leur niveau.

Art. 3. *Examen des robes essayées.*

Essayer ses robes est une obligation fort ennuyeuse ; mais c'est une obligation à laquelle il ne faut pas tenter de se soustraire ; et même, au lieu d'abréger cet examen, de le borner à une seule fois, il est bon de le prolonger, de le réitérer jusqu'à ce que l'on soit certaine que la robe va parfaitement bien. Tant que la robe est seulement bâtie, vous ne sauriez rendre cet examen trop minutieux, afin de n'avoir plus rien, ou presque plus rien, à faire quand elle sera entièrement cousue. L'ennui de découdre, la crainte de ternir l'étoffe font passer alors sur beaucoup de défauts, et, pour avoir voulu éviter un ennui de quelques instans, on est contrariée tant que la robe dure.

Vos observations doivent porter principalement sur le dessous du bras, sur le devant du corsage et sur la coupe du devant de la jupe si la robe est à pointes, afin qu'elle prenne convenablement le contour des hanches. Maintenant, vous aurez à examiner si les plis latéraux de la jupe sont réguliers, gracieux, s'ils drapent avec élégance. Mais cela n'est qu'accessoire, les tailles, et les tailles collantes surtout, voilà ce qui doit captiver votre attention.

En travaillant un corsage de ce genre, on éprouve quelque embarras pour ajuster la partie antérieure de l'emmanchure, lorsqu'on donne au devant suffisamment d'ampleur pour bien dessiner la gorge : aussi, mesdames les couturières s'embarrassent assez peu, pour l'ordinaire, de vous aplatir, en creusant très-peu les plis que l'on forme sous le sein, et en rendant le devant le moins ample possible. Je vous engage à y veiller, particulièrement s'il s'agit d'une robe de dessous, comme taffetas, satin blanc ; car alors vous seriez toute surprise de voir votre poitrine s'affaisser, et votre corsage produire l'effet d'un gilet.

Art. 4. *Dispositions spéciales.*

Les couturières ont différens moyens de pallier quelques légers désagrémens de la taille. Ainsi, selon leur expression, elles remédient au défaut des *per-*

sonnes creuses. Vous seriez long-temps à deviner la signification de ce terme : cela veut dire que, chez quelques personnes, l'aisselle est tellement creusée qu'elle ne présente pas une ligne droite avec la taille. Cette ligne est cependant indispensable, et, pour la rétablir, on bourre le dessous du bras de raclure de baleine. On se sert du même moyen quand l'épaule gauche est moins grosse que l'épaule droite, et que le corset ne suffit pas entièrement à cacher ce défaut.

La sueur des bras est, comme nous l'avons déjà dit, une contrariété permanente : l'usage des goussets mobiles ne peut complètement s'opposer aux taches qu'elle fait à l'étoffe, aussi faut-il avoir recours au coton pour les robes blanches ou de couleur claire, et à l'amadou pour les robes de couleur foncée. On doit placer celui-ci sur la partie du corsage et de la manche correspondant à l'aisselle, de telle sorte que la surface la plus douce soit voisine de la peau, afin que l'amadou absorbe mieux la sueur. Au bout d'un certain temps, il vient tellement roide que son renouvellement est indispensable. Ce moyen est l'un des meilleurs contre les effets de cette importune secrétion ; mais il faut se résoudre à voir la chemise et le corset fortement tachés de la teinte jaune-brun de l'amadou.

ART. 5. *Conseils pour mettre les robes et pour s'habiller.*

Cela paraît tout d'abord si simple, que l'on pourra taxer mes avis de niaiseries ; cependant je persiste à les donner. La chemise doit être très-fine, peu large pour éviter les plissemens sous le corset, et suffisamment décolletée derrière et devant pour ne le point dépasser. Les manches, presque semblables aux manches courtes d'une robe, doivent avoir un poignet brodé, garni de tulle ou de dentelle.

Avant d'entrer votre corset, commencez par bien écarter les plis de la chemise, afin qu'ils ne vous gênent pas lorsque vous serez lacée. Arrangez bien les épaulettes sur le bord des épaules, détordez-les à l'endroit où elles se joignent au devant, si le corset a été déjà mis ; tirez-le en bas par les goussets du ventre, afin qu'il emboîte bien les hanches, sans remonter, et poussez-le busc par le bas pour l'empêcher de presser trop la gorge. Tous ces mouvemens s'exécuteront tandis qu'on vous lacera. On doit s'y prendre de cette sorte : Le lacet sera toujours arrêté à droite en bas, au moyen d'une grande boucle mobile. On commencera par le bas, en évitant de serrer à mesure qu'on lacera ; aussi le lacet devra-t-il avoir deux aunes et demie de longueur au moins. Quand tous les œillets seront lacés, on serrera un peu lâche par le bas, plus ferme au milieu, et lâche encore vers les épaules : on agit ainsi afin de rendre la ceinture déliée, les épaules larges et les hanches saillantes ; mais, selon moi, avant tout, il faut que vous ne soyez pas gênée, et cette manière de serrer fortement par le milieu du corset est ce qui fatigue le plus l'estomac ; cependant il est bon que le haut et le bas du corset soient un peu plus lâchés que le reste (1).

Les jupons ne doivent pas avoir de bretelles, parce qu'elles ne pourraient se placer que sur les épaulettes qui tombent très-bas, et ce serait un supplice insupportable. On doit toujours avoir des jupons blancs, fins, taillés en pointes : on peut les faire noirs, pendant l'hiver et le deuil ; mais alors ils doivent être en soie, et jamais ouatés ni doublés, par le motif qui les fait couper en pointes, c'est-à-dire pour ne point charger les formes. Pour combattre le froid, on porte par-dessous une jupe tricotée à maille ordinaire, en laine ou en coton fin.

Si votre robe est d'étoffe transparente, il faudra mettre une chemisette : c'est une sorte de corsage décolleté, en batiste de Flandre ou d'Écosse. On l'attache par l'épaulette. Cela vaut mieux que de l'entrer par-dessus la tête. La chemisette est encore très-commode avec une robe à draperie croisée. Le luxe s'exerce à tel point sur ce petit objet, qu'on le brode tout autour de très-jolis dessins enjolivés de points de dentelle, et que chaque dent un peu large est garnie de points de Malines ou de Valenciennes. Les chemisettes

(1) Pour vous délacer, vous tirerez la boucle inférieure du lacet, parce qu'en délaçant par le haut vous auriez trop de lacet à repasser dans chaque œillet, de plus, le fer vous frapperait, et pourrait se défaire. Le bas du lacet n'a pas ces inconvéniens.

sont très-utiles pour cacher la coulisse de la chemise, le bord du corset et le haut de la gorge. Cela dispense de garnir le tour-de-gorge des chemises comme on le faisait autrefois. A propos de cela, je conseille très-fort d'avoir toujours une chemise bordée par le haut d'une coulisse dans laquelle est passé un cordon ; car autrement vous ne pourriez guère vous faire lacer sans indécence.

Si vous aviez la peau très-brune, vous pourriez mettre sous les robes et fichus clairs une guimpe couleur de chair.

Il faudra faire une attention spéciale pour entrer la robe sans gâter la coiffure : Pour y parvenir, vous baissez bien la tête, la femme de chambre tient le haut de la robe ouvert sur les deux bras, et vous la passez de manière à ne pas toucher les cheveux. Dès que la robe est entrée, vous la relevez un peu, pour qu'elle ne traîne pas à terre, et vous placez le fichu. Remarquez bien que j'ai fait précéder le fichu par la robe, quoique cela soit contre l'ordre des vêtemens ; parce qu'il est important de ne pas froisser la collerette, ce que l'on ne manquerait pas de faire en entrant la robe, si le fichu y était déjà ; l'on a bien déjà assez de mal à préserver la coiffure. Toutefois, si le fichu est rabattant, vous pouvez le mettre à l'avance. Quand vous ferez attacher le haut du corsage par votre femme de chambre, il faudra relever le col pour qu'il ne la gêne point et ne soit pas froissé. Vous mettrez une épingle transversalement au milieu de la ceinture sur laquelle votre robe est montée, afin que le devant ne remonte pas. Vous tirerez bien cette partie auparavant, ainsi que les côtés, pour que la robe colle bien sous les bras, et vous les attacherez encore par une épingle au corset. Vous ferez faire la même chose au derrière du corsage que votre femme de chambre tirera bien jusqu'aux plis du jupon. Lorsqu'elle est adroite, elle place la *tournure* (nous allons bientôt dire ce qu'on entend par-là), avant d'entrer la robe, et tout en tirant le corsage et le fixant au-dessus de celle-ci, elle lui donne beaucoup de grâce et de fermeté. Cette manière de tirer les robes derrière et sous les bras est indispensable, surtout quand la taille est longue, et beaucoup de corsages ne vont bien qu'à cette condition.

Pour empêcher que la tournure puisse se voir par la fente de la robe, il faut réunir les deux bords de cette fente par une petite épingle placée en-dedans, dans le sens de longueur. Si la ceinture boucle par-devant, elle doit être aussi tirée et fixée par une épingle un peu avant la boucle. Si elle noue par derrière, comme la mode l'a voulu si long-temps, et comme elle le voudra probablement encore, elle doit être en deux morceaux, 1° le devant; 2° le nœud tout préparé. On attache le devant en croisant les deux bouts derrière : il doit être juste (1).

Quant au nœud, une épingle est d'abord mise entre les coques pour les attacher après la ceinture, et une nouvelle épingle est mise dans chaque coque pour la fixer délicatement après la partie du corsage qui avoisine la ceinture.

Voici le dernier coup qu'il faut, pour ainsi dire, donner à votre toilette :

Il s'agit d'une *tournure*, c'est à-dire d'un mouchoir qu'il faut entrer par le bout dans votre lacet, au niveau de la ceinture ; cela relève les plis de la robe, les fait draper agréablement, et vous dispense, en été, de mettre plus d'un jupon de mousseline ; en hiver, quand vous aurez deux jupes, vous pourrez peut-être vous en dispenser ; car, il faut bien faire attention à ce que l'addition de ce mouchoir ne soit pas sensible, on pourrait vous soupçonner de porter une de ces machines en toile gommée, qui forment une espèce de cintre, que les femmes ridiculement maigres et plus ridiculement coquettes mettent par-derrière pour se créer l'apparence de l'embonpoint. Cela doit marcher de pair avec les fausses hanches, les gorges postiches, le blanc et tout le pitoyable arsenal de la méprisable coquetterie. Pour achever de vous donner bonne grâce, vous tirerez un peu votre robe sur le côté, vous la collerez bien sur les hanches en y passant plusieurs fois le dos de la main, et vous enfoncerez à plusieurs reprises le bout des doigts sur les plis du derrière. Ces plis de

(1) Pour atteindre ce but, quelques couturières font une couture transversale au milieu de la ceinture. Cette couture fixe un pli au biais.

la jupe de la robe sont extrêmement chauds en été. Lorsque les garnitures de la robe sont un peu élevées, qu'elle est en étoffe non transparente, et que la chemise est longue, on pourrait, en mettant un mouchoir en guise de tournure, se passer d'avoir un jupon, ce qui produit une agréable fraîcheur. Mais il est beaucoup mieux d'avoir une jupe de mousseline fortement empesée; cela donne du corps à la robe et vous tient également au frais.

Les nœuds qui tiennent les collerettes, les ceintures, les sacs, et autres accessoires de la mise, doivent être assortis à la toilette, à la saison. Il est ridicule d'avoir des nœuds très-ornés, des sacs dorés en négligé, de porter des nœuds, des sacs, des ceintures de velours ou satin pendant l'été.

La manière de poser le chale n'est point du tout indifférente, parce qu'elle donne un air gracieux et distingué, si elle est convenable, et que l'effet est tout contraire, si elle ne l'est point. Voici comment vous vous y prendrez : Vous replierez votre chale, (s'il est en quatre), de sorte que la seconde pointe tombe à la naissance des palmes, puis vous rassemblerez dans les deux mains le biais que ce repli forme par le haut, de façon à lui faire former un col à plis volans. Vous le placez sur le cou, et vous laissez tomber sur la poitrine ces plis qui s'écartent et font agréablement draper le chale. Un peu au-dessous d'eux, vous placez sur chaque épaule en avant une épingle, de manière que le chale, quoique fixé, demeure ouvert. S'il est noir, brun, ou de toute autre couleur foncée, il vous faut employer des épingles noires bronzées, de la taille des épingles ordinaires. Ces épingles sont obligatoires lorsqu'on est en deuil. Ce que je viens de dire pour les chales en quatre s'applique entièrement, sauf le repli, aux chales simplement carrés.

~~~~~~

TROISIÈME PARTIE.

CHAPITRE Ier.

DU CHOIX DES VÊTEMENS.

Vêtemens de nuit.—L'élégance, qui, en définitive, n'est que l'alliance de la propreté et du goût, doit présider aux vêtemens de la nuit comme aux vêtemens du jour. Laissons celles qui méconnaissent le plaisir d'une exquise propreté, ou qui oublient le réveil de leurs époux, s'excuser sur l'obscurité. *Cela ne se voit pas*, c'est une raison aussi impuissante pour une toilette bien entendue que pour une conscience délicate.

Les bonnets de nuit doivent être en percale, en jaconas brodé, de forme gracieuse, et garnis à deux rangs. En été, la camisole ordinaire est remplacée par la chemise de nuit qui sert à la fois de chemise et de camisole. Ce vêtement réunit tout ce que les chemises d'homme et celles de femme ont de plus commode : jusque vers les manches, c'est une chemise de femme, mais de cette partie, c'est le haut d'une chemise d'homme : manches longues, col, pièces d'épaules, fente longitudinale dans le milieu du devant, tout est comme dans la chemise d'homme ; seulement les manches moins larges, surtout vers le poignet, doivent être garnies ; le col est rabattant ou montant, comme celui des fichus, et se garnit de même ; enfin la fente est boutonnée par trois boutons placés à distance égale l'un de l'autre. J'ajouterai qu'à l'opposé de toutes les boutonnières, celles-ci se font longitudinalement sur l'ourlet, afin qu'on ne soit pas obligée de le marquer très-large, ce qu'il faudrait absolument si les boutonnières étaient transversales. Si la chaleur est peu forte, et que vous trouviez que votre chemise de nuit dessine trop les formes, vous pourrez mettre un fichu de mousseline. Ce fichu doit être un carré en quatre quarts de mousseline demi-commune, que vous plierez comme un schall.

Quand il fera extrêmement chaud, vous aurez, la nuit, une chemise de jour, alors il faudra prendre le fichu de mousseline; mais, lorsqu'il fera froid, la camisole doit le remplacer : elle doit être toujours d'étoffe blanche, garnie ou brodée, à col rabattant ou montant. Les premiers s'usent bien moins vite, mais ils ont le désagrément de se chiffonner beaucoup dans le lit. Si la camisole ne vous garantit pas assez du froid, ajoutez y, si vous voulez, le schall de mousseline, mais jamais de schall de couleur : je n'aime pas non plus les foulards dont beaucoup de dames se coiffent la nuit. Ces turbans, posés sur une ruche ou garniture moitié gaze et moitié dentelle, sont pourtant élégans et fort avantageux, mais rien n'est joli, selon moi, comme une femme entièrement vêtue de blanc dans son lit ; cela rappelle des idées de fraîcheur et de modestie. Si j'ai condamné les fichus, les foulards de couleur, on sent que je proscris bien autrement toute camisole d'indienne, guingamp, etc. ; un vêtement de nuit de ce genre est du plus mauvais goût : on peut avoir des camisoles blanches doublées pour l'hiver.

Ayez alors un serre-tête, et par-dessus un bonnet à mentonnières : ce serre-tête doit être garni devant d'un petit tulle à dents, ou brodé également à dents ; cela sied mieux : la coulisse que l'on pratiquait, et que l'on pratique encore quelquefois au derrière des serre-têtes, a l'inconvénient de produire, quand les cordons sont serrés, un bourrelet gênant et vilain. Il est bon de la remplacer ainsi : terminez les deux parties du serre-tête en *pointes* à-peu-près semblables à un gousset pointu de corset, renversé; ourlez ces deux morceaux ainsi échancrés, et cousez au bout de de chacun d'eux un ruban de fil de demi-pouce de largeur, et de trois quarts d'aune de longueur, afin de faire le tour de la tête, et de venir le nouer au point d'où il est parti. Ces deux extrémités du serre-tête se croisent l'une sur l'autre sans causer

aucun renflement, sans se faire sentir, et sans se déranger pendant la nuit. De plus, s'ils ont une garniture tant soit peu élégante, ils peuvent servir de
bandeau.

Les bandeaux sont indispensables dans une coiffure de nuit un peu soignée, à moins que les serre-
têtes ne les remplacent. C'est une bande haute d'un
huitième d'aune, et large d'environ un tiers : elle est
en percale ou batiste, et s'ourle tout autour avec un
ourlet de moyenne largeur, piqué à points-arrière
sur le devant du bandeau, que l'on garnit à cette
partie d'un tulle à dents, ou d'une petite dentelle sans
aucun pli ; on peut broder à la place de cette garniture, mais cela sied beaucoup moins bien : on coud
à la moitié des côtés du bandeau un ruban de fil
comme celui des serre-têtes. Ce bandeau sert à cacher
les papillotes, à remplir l'intervalle qu'elles mettent
entre le front et la garniture du bonnet de nuit, qu'il
accompagne l'un et l'autre avec beaucoup d'agrément.

Vêtemens du matin. — Comme il serait fort incommode et presque ridicule de s'habiller dès le matin
tel qu'on doit être tout le jour, il faut prendre, en se
levant, des vêtemens très-simples, communs même,
mais toujours propres ; parce qu'en aucune circonstance une femme ne peut se dispenser d'ordre et de
propreté. Ainsi, le matin, prenez des pantoufles pour
n'avoir pas le pied serré, mais des *pantoufles* proprement dites et non pas de mauvais souliers. Ayez toujours un demi-corset ou *ceinture* du matin, car, sans
cela, vos vêtemens seraient lâches sur le corps, mal
tenus, et paraîtraient en désordre : lorsqu'il fait très-
chaud, vous pouvez prendre une jupe blanche, et la
camisole pareille. Quand ces objets sont bien blancs,
brodés, que l'étoffe en est fine, c'est un costume
vraiment gentil ; mais il faut bien souvent le renouveler, et, comme il est incommode par fois, je vous
conseille d'avoir une redingote d'indienne pour l'été,
de mérinos commun pour l'hiver ; vous pouvez, dans
la chaleur, poser votre bonnet de nuit en quittant le
lit, pourvu que, selon mes précédentes instructions,
vos cheveux soient convenablement nattés ; car, je le

répète encore, jamais l'apparence du désordre et du manque de soin ne doit s'apercevoir un instant sur les personnes de notre sexe. Si vous avez l'excellente habitude d'aider aux premiers travaux du ménage, il faut garder un bonnet en tout temps, afin d'éviter que la poussière ternisse vos cheveux : n'oubliez pas non plus d'avoir des gants pour préserver vos mains des taches, écorchures et durillons.

La chaleur permet aussi de s'envelopper dans un peignoir à manche, mais, lors même que vous n'auriez dessous qu'une longue chemise, n'omettez pas le demi-corset. Le peignoir doit être très large, afin de croiser beaucoup devant. Il va sans dire qu'il sera garni au moins au col. C'est encore un vêtement très-gracieux, et je vous conseille d'avoir plusieurs peignoirs plus courts, en batiste ou en percale fine ; ils vous seront fort utiles quand vous aurez à faire une grande toilette. Lorsqu'on doit se parer le soir, on ne peut rester jusqu'à ce temps en camisole : s'habiller plusieurs fois est extrêmement ennuyeux, d'autre part, une robe parée est gênante à l'excès, et courrait mille risques si vous la mettiez bien avant l'instant de sortir. Un joli peignoir bien fin, bien blanc, bien garni, arrange tout cela. On se lace, on prend la robe de dessous, on endosse le peignoir, et, quand vient l'heure de la toilette, on l'achève tranquillement sans être obligée de se presser, sans avoir perdu le temps à se déshabiller plusieurs fois.

Les peignoirs que l'on jette sur les épaules pour se coiffer sont bien différens de ceux-ci. Ils doivent être en toile, calicot, sans manches et non garnis.

Vêtemens de jour ordinaires. Il faut toujours être vêtue chez soi d'une manière assez propre, assez convenable pour pouvoir sortir, visiter ses amis, sans avoir rien à mettre que ses gants, son schall et son chapeau ; mais il ne faut aucune recherche. Si vos vêtemens sont trop ornés, s'ils paraissent apporter de la gêne dans les occupations journalières, ils sont peut-être encore plus ridicules que s'ils étaient trop communs. De jolis souliers de prunelle, des bas de coton bien blancs, une robe de guingamp, de cachemirienne, de jaconas peint, de mérinos, suivant la saison, et convenablement garnie; une ceinture sans coques, une collerette ou fichu de lingère, une coiffure en cheveux bien soignée, et enfin, si vous avez beaucoup à faire, un tablier de soie noire, tel est le costume qui convient à une femme dans son intérieur. La robe de soie, de mousseline, et autres semblables, à moins que l'on n'ait une fortune très-considérable, annoncent de la vanité, de la paresse; et, selon moi, la mise d'une jeune dame doit être un constant témoignage de modestie, d'ordre et d'activité.

Si mes lectrices ont surtout le bonheur d'être mères, je leur recommande le tablier noir, sauf à le quitter quand il arrivera une visite cérémonieuse. Non-seulement ce vêtement préserve la robe, mais il est fort avantageux à la taille, surtout pour les personnes qui ont de l'embonpoint : le taffetas, la levantine noirs, le gros de Naples, et même la très-belle alépine, font les tabliers ordinaires. Les tabliers de couleur sont très-gracieux, mais c'est une agréable fantaisie de la mode. Quand on est jeune, riche, peu occupée, il faut profiter de ces jolis caprices qui parent une femme dans son intérieur. Ainsi j'aurais conseillé, en ce cas, les tabliers de gros de Naples glacé garni d'effilés, de dentelures, de broderies

Un petit fichu en sautoir, en gaze ou en soie, suivant la mode, un schall de trois quarts, sont convenables à la maison, tandis qu'une écharpe, une longue pélerine seraient répréhensibles. Si vous portez l'hiver un schall chez vous, il ne doit pas excéder quatre quarts, car rien n'est plus embarrassant. Au surplus, il vaut mieux se couvrir chaudement sous sa robe (quoique sans grossir et charger la taille), que de porter un schall habituellement. Cela voile le buste, gêne les mouvemens, et rend plus accessible aux rhumes.

Quand on est habituée à être coiffée en cheveux, on peut n'avoir d'autre coiffure pendant tout l'hiver, cela donne un air jeune tout-à-fait agréable : on n'aura que trop tôt recours aux bonnets. Les berrets de velours que l'on porte maintenant doivent être préférés à toute autre coiffure, si l'on est obligée de se couvrir la tête. Il faut prendre un berret noir, sans ornemens étrangers, et ne pas l'accompagner de ruches de tulle, comme font plusieurs dames ; en cela, comme en toutes choses, la recherche et l'affectation doivent être soigneusement évitées.

Occupons-nous à présent, mesdames, des divers genres de parures qu'exigent diverses circonstances, et d'abord de la *manière de s'habiller pour une promenade ordinaire.*

Il semble que j'aie peu d'observations à faire sur cet article, d'après ce que j'ai dit précédemment, qu'il faut être assez bien tenue chez soi pour pouvoir sortir inopinément. Mais sortir n'est pas se promener, et cette dernière action demande communément une mise un peu plus ornée.

Pour les promenades du matin, il est vrai, ce costume, un négligé (*voyez* plus bas), un demi-négligé suffit. Pour celles du soir, en été, de l'après-midi, en hiver, les robes de mousseline, d'étoffes de fantaisie, de gros des Indes, sont en usage dans la belle saison; de mérinos, de moire et autres belles étoffes de soie dans l'hiver. Beaucoup d'élégantes portent même à ces promenades des toilettes d'assemblée : plumes blanches en saule pleureur, robes de satin, velours, etc, mais je ne pense pas que cela doive être imité : une toilette simplement gracieuse convient mieux pour la promenade que des vêtemens d'apparat.

Manière de s'habiller pour un bal. Tout ce que la toilette a de grâce, de légèreté, de fraîcheur doit briller, préférablement à la richesse, dans cette joyeuse réunion. Si l'on veut toutefois y étaler les signes de l'opulence, que ce soient des bijoux et non des broderies d'or et d'argent. Tout cet appareil de clinquant est de mauvais goût.

Comme le degré d'élégance varie beaucoup dans les habits de bal, nous allons en faire trois divisions : 1° toilette simple ; 2° toilette demi-parée ; 3° toilette très-parée.

Souliers de prunelle noirs ou blancs, bas de coton à jour; dessous de taffetas blanc, robe de mousseline-gaze, garnie d'un large ruban à bouillons, ou de trois rubans de satin ; manches et corsage simples, ce dernier peu décolleté ; ceinture à coques ou à agrafe, de la couleur de la garniture ; coiffure en cheveux ornée de nœuds de ruban ou de quelques fleurs ; boucles d'oreilles et collier en jais noir ou blanc, pâte de rose, perles de verre, dites *anglaises* ; gants blancs, écharpe de barège ou de gaze-grenadine, assortie à la couleur dominante, qui est ordinairement rose ou bleu céleste ; telle est cette gentille toilette. Comme la robe est toujours un peu plus décolletée qu'à l'ordinaire, cette écharpe, ou tout autre fichu équivalent, se met dans l'intervalle des quadrilles, et se quitte en dansant.

Souliers de soie noire ou assortis à la couleur de la parure ; bas de fil de Cologne ; dessous de satin blanc, robe de crêpe blanc ou de couleur, garnie de plusieurs rangées de ruches semblables, de garnitures bouillonnées en crêpe et satin mélangés : le satin découpé en feuillages, roulé en torsade, disposé en dents, rosaces, draperies, sous lesquels la gaze ou le crêpe gonfle en gros bouillons ; quelquefois un bouquet de fleurs mélangées ou pareilles relève la garniture sur le genou ; bouquet semblable à la ceinture, ou tout autre ; si la garniture n'en a pas ; corsage à draperies, ceinture ordinaire, ou, selon la mode, en ruban ou satin assorti à la robe ; épaulettes ou jockeis de tulle ; manches enjolivées ; coiffure en fleurs ou biais de gaze assortis ; parure (bijoux) en perles fausses avec agrafe de brillans, en acier, corail, turquoises, selon la couleur de la garniture. Écharpe de barège-cachemire, de tulle de coton brodé, boa de petit-gris : voici la toilette demi-parée.

Chaussure de satin blanc, bas de soie à jour très-beaux ; dessous de satin garni d'un ruban de satin blanc ; robe de gaze-blonde à dessins (comme les voiles), de crêpe brodé en applications de velours mélangées d'or ou d'argent et de broderies en soie nuancée, de tulle de soie uni ou brodé en lame de satin, d'acier ou d'argent ; garnitures de blondes relevées avec des fleurs ou des ornemens de perles ou d'acier ; garnitures formées de plusieurs guirlandes de fleurs relevant par un bouquet sur le genou, corsage orné de draperies de blonde, retenu sur les épaules par des ornemens analogues à ceux de la garniture, (les fleurs exceptées, car rien n'est d'un plus mauvais goût que des fleurs sur les épaules, comme j'en ai vu à plusieurs dames.)Bouquet au côté, coiffure en perles, en marabouts mélangés de fleurs ou d'ornemens semblables à la garniture; parure en améthystes, rubis, topazes, crysolites, diamans; écharpe ou schall de blonde de soie blanche, c'est là le maximum de la toilette de bal. Les rubans, les bouquets blancs conviennent à cette fastueuse parure.

Je n'ai pas prétendu détailler toutes les espèces de toilettes de bal, la tâche serait impossible ; j'ai seulement voulu donner à mes lectrices une idée de l'assortiment convenable au genre de parure que l'on choisit selon sa fortune ou le degré d'élégance de l'assemblée. Pour une soirée dansante, sans cérémonie, une robe de linon, d'organdi, suffit, surtout pour les très-jeunes personnes; une robe de palmirienne, ou mieux de chali, à manches de gaze-laine, fait aussi très-bien. Il serait ridicule d'étaler dans une réunion modeste le luxe de la troisième toilette indiquée. Je n'ai pas parlé non plus des turbans, des toques aériennes, que les dames portent souvent dans ces réunions, parce que je m'en occuperai plus tard, quand il sera question de la différence de toilette entre les demoiselles et les femmes mariées.

Je ne quitte pourtant pas encore le sujet. Il faut que je dise qu'autrefois on portait, avec des jupes de gaze ou de crêpe blanc, des corsages de satin, dits à la *Marie-Stuart*, de la couleur de la garniture; qu'un peu auparavant, la robe de dessous recevait la garniture, ordinairement haute d'un demi-tiers d'aune, et que la robe de dessus, raccourcie de manière à ne tomber que vers la garniture, formait une espèce de tunique, dont le bord, garni d'un ruban semblable à celui qui cachait l'ourlet de la robe de dessous, complettait ainsi la garniture. Bien que j'aie conseillé de rejeter dans les parures de bals tout ce qui ressemble à l'oripeau, je dois dire que rien n'est à la fois plus riche et plus élégant que des épis d'argent, soit seuls, soit mélangés avec d'autres objets, pour la garniture ou la coiffure : le lamé fait aussi exception. Mais toute broderie en paillettes, tout ruban enjolivé de clinquant ou fleurs à feuilles semblables, me paraît plus convenable dans des ballets d'opéra que dans un bal de société.

Je finirai par quelques réflexions sur la décence qui doit présider à une toilette de bal : l'immodestie des vêtemens y est presque un usage reçu, et si l'on se découvre un peu moins à présent, c'est uniquement parce que la mode le veut. Qu'un si pitoyable motif ne détermine point mes chères lectrices ; que la mode le veuille ou ne le veuille pas, elles ne se décolleteront qu'un peu au-dessous du cou et à la naissance des épaules. Si, comme autrefois, il est de rigueur que la robe laisse en partie le dos et la poitrine à découvert, comme les corsages à *l'enfant*, elles feront parfaitement de n'échancrer leurs robes qu'à la moitié des omoplates, qu'à la naissance du sein, et de mettre un fichu collant sans garniture : leur collier tombant sur le bord de ce fichu le cachera, et de quelques pas il s'apercevra à peine. L'art de plaire, bien entendu, y gagnera peut-être autant que la décence ; car ce léger tissu de tulle ou de gaze blanchit la peau, la fait paraître beaucoup plus belle, et dissimule la sueur et la rougeur qui, presque toujours, en dansant, finissent par sillonner le cou et les épaules. De plus, l'attrait de la pudeur, le plus puissant charme des femmes, fera de ce simple fichu la plus belle partie de vos vêtemens. Mais, si votre but principal est de faire servir la pudeur aux calculs de la coquetterie, si vous vous décolletez beaucoup, si vous mettez le fichu trop écarté, trop transparent, vous perdrez en même temps le pudique attrait et l'élégance de la mode. Pour ce qui me resterait à dire sur la parure des bals, je renvoie au chapitre *du Maintien et des Habitudes hygiéniques.* J'ajouterai seulement qu'une danseuse ne porte jamais de sac ; elle doit avoir un très-beau mouchoir brodé, et un éventail assorti au luxe de sa toilette : il est d'usage de mettre plusieurs paires de bracelets sur les gants longs : cette mode bizarre le serait encore bien plus si la mise était simple ; les gants mi-longs sont beaucoup plus avantageux à la taille que les gants longs, mais il faut que l'on ait le bras, ou du moins l'avant-bras, joli. (*Voyez* le chapitre *Rapports des Pa-*

rures et des Couleurs, etc.) On danse maintenant avec de grandes manches de gaze-blonde en gigot; rien n'est plus laid, et à moins que vous n'ayez le bras rouge et à *chair de poule,* ne vous astreignez pas à suivre une mode aussi désavantageuse. Ayez des manches courtes dont vous garnirez le bord ou poignet avec un rouleau de ruban assorti à la garniture, et en dessous du ruban d'un tulle replié en deux, on à dents, si la mise est simple ou demi-parée, et de blonde, s'il s'agit d'une grande toilette.

Manière de s'habiller pour un repas du matin. Si c'est un déjeuné d'ami, *voyez* l'article *Négligé;* si la cérémonie s'y glisse un peu, ayez recours au *demi-négligé;* si ce repas est qualifié de déjeuné dinatoire, il faudra vous vêtir comme pour un dîné.

Manière de s'habiller pour un repas du soir. Cela dépend encore du nombre des convives et de la cérémonie qui règle le repas. Un dîné peu nombreux s'accorde fort bien d'un demi-négligé paré ou du costume adopté pour les promenades; mais, s'il s'agit d'une grande, et, par parenthèse, d'une ennuyeuse réunion, il faut être soigneusement coiffée en cheveux, avec de nombreuses coques de rubans ou des biais de gaze, ou bien avoir des berrets parés avec ou sans plumes, ou même des toques de salon. La robe doit être de gros de Naples, chali, cachemire, mousseline de l'Inde, popeline, satin, velours, suivant la saison; le fichu, une guimpe de tulle, de blonde; des écharpes de même tissu, ou des fichus-pélerines extrêmement élégans : on les assortira aux robes énoncées ci-dessus. On peut aussi avoir le cou un peu découvert. Il va sans dire que les parures de diverses pierreries sont le complément de ces toilettes.

Pour une assemblée proprement dite, comme une soirée de jeu, un punch, un thé, un concert, la mise est à-peu-près semblable, mais encore plus riche : si vous y paraissez en blanc, que ce soit en mousseline de l'Inde, garnie ou de sa bordure en or ou brodée; en robe de tulle, en robe d'organdi, brodée en laine de couleur; tous ces vêtemens avec des dessous de satin : si c'est l'hiver, en robes de soie, chali, avec raies satinées (popeline, moires, velours, crêpe de Chine),

garnies de blonde ou de fourrures distinguées, telles
que petit-gris, renard doré, martre, chinchina. La
coiffure en cheveux y paraîtrait mesquine; des berrets de blonde, avec fleurs ou marabouts, des toques
de velours de couleur, avec des ornemens d'or ou d'a-
cier, des toques à grandes plumes, des turbans à bouquets de plumes d'oiseau de paradis; des chapeaux à
fleurs de la plus grande élégance, et qu'il faut renouveler souvent; des schalls-cachemires des manteaux de
satin ou de drap-cachemire : voici un aperçu du costume de rigueur pour ces brillantes réunions.

Négligé. Reposons-nous un peu de cette fastueuse
nomenclature, par la description d'un joli négligé :
capote de soie, chapeau de paille-fantaisie, ornés de
rubans : robe, jaconas peint, jaconas anglais, broché,
redingote d'étoffes simples, mais élégantes : pèlerine
semblable à la robe, guingamp de belle qualité; voici
pour la belle saison : marceline, gros de Naples de
couleur foncée, cachemiriennes unies, mérinos broché de forme très-peu ouvragée, grands schalls de
mérinos en quatre, palatine avec un schall quelquefois, ce qui est de mauvais goût. Manteaux simples ou
riches; voici pour le négligé d'hiver : il est bon de remarquer que le négligé de cette froide saison s'accom-
mode aussi des cachemires, des chapeaux noirs à
plumes, en satin, en velours, des schalls-cachemires, etc.

Demi-négligé. Avant notre époque d'élégance, le demi-négligé que je vais décrire eût passé pour une
grande toilette, et, quand j'aurai dit de quels objets
il se compose, on n'en sera pas étonné. En effet, des
robes garnies de broderies, de tulles, de ruches
placées au-dessus du grand ourlet; des redingotes de
mousseline ou linon, doublées de taffetas; des robes
de mérinos, de marceline, convenablement enjolivées; des mousselines peintes et beaucoup d'autres
étoffes de fantaisie, sont des vêtemens qui ne conviennent pas précisément à une demi-toilette, d'autant
mieux que, parmi les robes de jakonas brodé il y
en a qui s'élèvent souvent à une valeur de 600 fr.
Les fichus, les chapeaux répondent aux habits; cols
rabattans de tulle de coton, cols garnis de ruches de

tulle *idem*, pélerines en tulle, jaconas ou mousseline brodée, schalls de barège, crêpe de Chine et bourre de soie; palatines de diverses fourrures; chapeaux de paille d'Italie (à moins qu'ils ne soient ornés de grandes plumes blanches, car alors ce sont des chapeaux de toilette), Suisse ou tissu de coton; chapeaux de gros de Naples, satin, velours, etc. Il est vrai qu'en ce genre la forme et les ornemens font beaucoup plus que l'étoffe; mais il n'en est pas moins vrai qu'un demi-négligé semblable pourrait faire une toilette entière au besoin.

Il serait ridicule de porter des pierreries en négligé ou demi-négligé. On ne passe absolument autour du cou que les rubans-galons unis ou dorés, larges d'un demi-pouce environ, qui servent à suspendre les montres, et les chaînes d'acier ou d'or, au bout desquelles sont également suspendus ces utiles bijoux, ou les lorgnons et binocles (lorgnon double à branches) que l'on porte par nécessité, et que l'on ne devrait jamais avoir autrement. Quelques personnes portent leur montre à la ceinture, et passée dans une chaîne longue seulement d'un demi-pied à-peu-près, mais composée d'une multitude de rangées. Cet usage est incommode et prétentieux. Il était de meilleur goût de ne pas mettre la montre en évidence, et cela est si fondé que, lorsque la forme du corsage permet de cacher la montre en dessous, on ne manque jamais de le faire. Puisque nous nous occupons de ce bijou, je dirai que rien n'est puéril et ridicule comme l'habitude d'avoir une quantité de breloques représentant mille objets en or, tels que jouets d'enfans, animaux, figures burlesques, etc. Excepté la clé de la montre, qui peut être plus ou moins riche et variée, et si l'on veut, un cachet en pierre précieuse, tout cet attirail doit être dédaigné.

Les petits flacons que l'on suspendait au cou, comme les montres, étaient une mode agréable et jolie; mais ces flacons trop exigus ne pouvaient pas servir à grand'-chose; il n'est donc pas trop à regretter que l'usage les ait laissés là. Les flacons de poche, surtout quand le second bouchon de métal tient après, au moyen d'une charnière, sont bien préférables à ceux-ci, et je con-

seille à mes lectrices d'en avoir toujours remplis de
sel de vinaigre, d'eau de Cologne éthérée, ou de toute
autre liqueur balsamique (1), pour prévenir les accidens qui pourraient leur arriver, ou pour rendre service dans l'occasion.

Les bourses suspendues au côté, que l'on portait en demi-négligé, me semblent mériter le même reproche que
les montres placées de la même façon. Comme, dans le
genre de costume dont nous nous entretenons, il est
d'usage d'avoir des sacs enjolivés plus ou moins selon le degré d'élégance du demi-négligé; il vaut in-
comparablement mieux mettre sa bourse dans son sac;
elle y est, surtout à Paris, beaucoup plus en sûreté.

Beaucoup de dames prennent, en demi-négligé,
l'habitude que l'on a, en grande toilette, de porter à
la main sa bourse sur son mouchoir. Depuis que la
mode a ramené les bourses longues, fermées avec des
anneaux mobiles, elles les tournent autour du doigt; je
ne puis encore m'empêcher de trouver cela prétentieux.

J'ai dit que quelques différences dans la forme des
objets, semblables d'ailleurs, les classent dans le demi-négligé, ou la toilette proprement dite. En voici
plusieurs exemples :

Les voiles de gaze blancs, noirs ou verts, les demi-
voiles de tulle et même de blonde, avec une coulisse,
sont demi-négligé. Les voiles brodés tout autour sont
toilette.

Les bas de coton à jour sont encore demi-négligé;
les bas de soie à jour, blancs, sont le contraire. Noirs,
ils sont classés comme les bas de coton. Les bonnets
en gaze (de modiste) sont au-dessous du demi-négligé;
les berrets qui leur ressemblent sont parure.

Les spencers des plus riches étoffes, reibs, satin,
velours, étaient toujours demi-négligé.

---

(1) Il faut, à ce propos, que j'indique aux dames un moyen
d'ouvrir les flacons dont le bouchon résiste opiniâtrément. Plus,
ordinairement, on essaie de l'ouvrir, plus il persiste : pour le faire
céder au bout de quelques minutes, il suffit de frapper longitudinalement le col du flacon avec l'anneau d'une clé. Ces petits coups
répétés ébranlent le bouchon, qui sort ensuite dès qu'on le tire.
Faute de ce simple procédé, on est souvent forcée d'abandonner
les flacons bouchés de cette manière.

Les robes-blouses, à plis sur devant, sont ordinairement rangées dans cette dernière classe.

Convenances des saisons.

J'ai indiqué jusqu'ici, dans le cours de cet ouvrage, les différences qu'apportent les saisons dans les vêtemens et parures : cela suffirait certainement bien à Paris, mais non point en province où l'on a coutume de faire, à cet égard, une entière confusion. C'est là qu'on voit, pendant l'hiver, des chapeaux parés en crêpe ; pendant l'été, des chapeaux de satin, puis, en toute saison, des nœuds, sacs et ceintures de velours.

Quelques dames, chez lesquelles l'économie passe avant le goût, ont l'habitude de porter l'hiver des chapeaux de gros de Naples, afin qu'ils puissent servir en toute saison, et d'acheter des robes dont l'étoffe convient en tout temps. Mais c'est le moyen d'être coiffée, d'être vêtue sans variété et sans éclat. Ne les imitez pas, mesdames : que le velours, la peluche, le satin, forment la base de votre mise d'hiver.

Ne portez pas non plus indifféremment les bouquets de vos coiffures : assortissez les fleurs à la saison. Ainsi, dans le printemps, on fait des bouquets de bluets et de coquelicots, de jonquilles et de narcisses, etc. Les élégantes sont dans l'usage de changer les fleurs de leurs coiffures, à mesure que la saison en produit de nouvelles. Cet usage est charmant, mais il est onéreux. Pendant l'hiver on le néglige ; cependant on ne porte pas alors les bouquets du premier printemps, tels que les violettes, le lilas, les fleurs déjà citées. Les roses seules sont de tout temps. Les marguerites ne se voient qu'en automne, à l'époque de leur floraison. Les *jardinières*, ou bouquets mélangés, se portent en tout temps, mais elles sont peu distinguées et peu gracieuses.

CHAPITRE II.

DU CHOIX DES GARNITURES ET DE LA FORME DES ROBES HABILLÉES OU NON HABILLÉES.

Puisque, comme nous venons de le voir précédemment, la forme influe tant sur le fond (ce que dans la société nous savons de reste), je vais entretenir un instant mes jeunes lectrices des moyens d'assortir la forme du corsage et des garnitures selon la qualité de l'étoffe et sa destination.

Une robe commune doit être prise et quittée promptement : elle doit demander le moins d'attirail possible; donc il faut la faire en redingote et montante jusqu'au cou. Quand on s'ennuie d'attacher, d'agrafer ou de boutonner les deux lés du devant l'un sur l'autre du haut en bas, on peut, dans les deux tiers de leur longueur en commençant par le bas, les coudre ensemble l'un sur l'autre, en faisant cette couture à plat, à l'endroit de la robe et justement sur la ligne de points de l'ourlet, afin que cette couture soit inaperçue. On laisse le dernier tiers non cousu, afin d'entrer facilement la redingote, et on continue de l'attacher ou boutonner comme auparavant. Cette méthode, au reste, peut s'appliquer avantageusement sur toute espèce de robes en redingote, d'étoffe grossière ou non : elle empêche les devans de se disjoindre par le bas, ce qu'ils ne manquent jamais de faire quand on les joint par tout autre moyen que celui-ci; elle conserve les devans plus propres, parce que, les touchant moins, on les froisse moins par conséquent; et ce motif est important pour les douillettes de taffetas et autres redingotes attachées avec des nœuds de rubans. Quand on veut garnir chaque devant, ou plutôt montrer une double garniture, il faut nécessairement avoir recours à ce procédé ; car si les devans croisés l'un sur l'autre s'écartent souvent, que serait-ce donc s'ils étaient simplement rapprochés? Il faudrait leur mettre près à près une multitude innombrable d'agrafes et de boutons, et ce serait un travail à n'en pas finir chaque fois qu'on s'habillerait. Au lieu de cela, on coud les devans ensemble ; on place les deux garnitures en face l'une de l'autre, à une distance relative à leur forme, à leur grandeur, au caractère des nœuds ou boutons, que l'on doit placer ensuite entre elle pour figurer l'attachage des devans. La garniture des redingotes est toujours simple, quoique élégante (1).

_____

(1) Quelquefois on brode le devant d'une robe ronde de manière à ce qu'elle figure une redingote.

Les robes demi-habillées, telles que les robes de guingamp, mousseline peinte, mérinos, bombasine, se font ordinairement en *robe ronde* (on nomme ainsi la forme opposée à celle des redingotes). Le corsage est entièrement montant, et nécessairement attaché par-derrière. Il est cependant un moyen d'avoir en même temps un corsage un peu décolleté, attaché par-derrière, et un corsage montant tout-à-fait joint par-devant. Rien n'est plus simple ni plus commode.

La robe se fait comme à l'ordinaire avec le corsage décolleté. Ensuite l'on prépare un corsage de redingote en étoffe pareille ; on le fait comme tout autre corsage, seulement on n'y met point de manches ni de mancherons, et l'on garnit l'entournure d'une ganse en passe-poil. Quand on veut s'habiller légèrement, on met seulement la robe. Veut-on être plus chaudement, ou désire-t-on varier, on passe le second corsage sur le premier. L'entournure bordée de ganses se trouve autour de celle des manches qui semblent montées après elle ; la ceinture sur laquelle est montée le second corsage s'adapte bien sur celle du premier, et l'on ne s'aperçoit en rien que ce corsage n'est pas cousu après la robe (1).

Ce genre de robe ne demande pas trop d'élégance et de hauteur dans les garnitures. Les modes actuelles semblent taxer ce conseil d'inutilité ; mais qu'on veuille bien se reporter à six années. Les biais formant des dents par leurs zigzags rapprochés, les volans à la fille d'honneur, en if, en triple et quadruple, rangés en mille diverses façons, ne justifient-ils pas la précaution ? Au reste, puisqu'en voilà l'occasion, je dirai que rien n'est plus désavantageux que ces garnitures exagérées qui montent jusqu'au genou et le dépassent très-souvent. La robe perd sa grâce et sa souplesse : elle paraît lourde, roide, cesse de draper agréablement. Ce sot et prétentieux ornement nuit à toutes les tailles ; mais il rend surtout les petites femmes grotesques. La hauteur des garnitures est d'environ huit

---

(1) Beaucoup de dames séparent habituellement le corsage du jupon : cela ne convient que pour les corsages attachés par-derrière.

à dix pouces, encore faut-il que l'on soit au moins d'une taille moyenne. La grande toilette, il est vrai, exige des garnitures un peu élevées, mais non ridicules, et les garnitures qui vont à la naissance des hanches (j'en ai vu beaucoup, surtout aux robes à entre-deux et broderies) méritent complètement cette dénomination.

Ce haut volume de garnitures est encore bien plus insupportable quand les rangées qui le composent sont étroites et très-éloignées l'une de l'autre ; cela paraît entièrement l'œuvre de l'indigence et de la vanité. Tout ce qui est luxe ne doit jamais s'allier à la pénurie.

Les corsages très-décolletés, en draperie, d'étoffe pareille à la robe ou à la garniture ; les volans brodés en couleur, les vraies ou fausses blondes, les ruches, les torsades de rubans, les rouleaux formant des dessins, les garnitures mêlées de tulle et satin conviennent aux robes de parure.

Tout le monde ne peut avoir des garnitures de blonde véritable, dont le prix est fort élevé ; aussi tâche-t-on de les imiter avec des bandes de tulle de soie brodées en soie ou en coton ; mais cette garniture, mesquine en tout temps, n'est tout au plus jolie que quelques jours. Le bord dentelé des bandes, simplement découpé, se tire, se resserre et grimace horriblement. Mais je puis assurer que j'ai trouvé moyen d'imiter parfaitement, et à très-peu de frais, la blonde. Quoique j'aie cru devoir retrancher dans ce Manuel l'indication de plusieurs ouvrages à l'aiguille, je pense qu'il réclame les détails de cette imitation. Ce sera rendre un véritable service aux dames, et je le ferai dans le chapitre des *petits travaux d'agrément*.

On ne porte jamais de ceinture de rubans moirés, écossais, ou à dessins divers, lorsqu'on est en grande toilette. Les rubans-gaze ou rubans-satin sont seuls admis.

CHAPITRE III.

DIFFÉRENCE DE LA TOILETTE ENTRE LES DAMES ET LES DEMOISELLES.

Leur âge, leur position dans le monde, la protection de leurs époux, les objets de prix qu'elles ont reçus à l'époque de leur mariage expliquent pourquoi les dames sont plus fastueuses dans leur mise que les demoiselles. Une gracieuse simplicité compose toute la toilette de ces dernières, surtout quand elles sont très-jeunes ; car, lorsqu'elles parviennent à un certain âge sans avoir changé d'état, elles se dédommagent d'être demoiselles en se parant comme les dames. Mais, soit dit en passant, c'est le moyen de le rester toujours. Quoi qu'il en soit, notons la différence.

La coiffure. Les très-beaux chapeaux de paille d'Italie, les plumes de salon, même les marabouts ; les esprits, les toques d'assemblée, les berrets parés, les grands voiles de tulle ou de blonde, brodés tout autour et jetés sur le chapeau, sont le privilége des dames. Toute autre coiffure est du domaine des demoiselles, principalement les larges chapeaux de paille non coupés, garnis de rubans blancs.

Les cachemires vrais ou faux, surtout en six quarts, les grands schalls de blonde, noire ou blanche, ou seulement de tulle, seraient on ne peut plus déplacés pour les jeunes personnes. Il en faut dire autant des écharpes de tulle, blonde, ou cachemire.

Les robes de satin, velours, crêpe de Chine, tulle uni ou brodé, mousseline de l'Inde, et les garnitures assorties, seraient blâmées avec raison dans la parure d'une demoiselle. *Qu'aura-t-elle pour son mariage?* serait une générale et bien naturelle question.

Enfin, les parures de perles fines brillantes ou pierres précieuses de haut prix leur sont sévèrement interdites. Les jais noirs ou blancs, les perles fausses, les coraux, les turquoises, les parures d'acier, leur sont permis.

CHAPITRE IV.

MANIÈRE DE PORTER LE DEUIL CONVENABLEMENT.

LE jeûne, les macérations, dont se composait le deuil chez presque tous les peuples de l'antiquité, n'auraient guère semblé plus rude aux élégantes parisiennes que la nécessité de renoncer pendant quelque temps au spectacle, au bal, à la variété des couleurs et des ornemens. Aussi abrégent-elles autant que possible cette cruelle privation. Le deuil de veuve, fixé ordinairement à deux ans en province, est seulement de 15 mois à Paris. Pour la perte des père, mère, aïeul, aïeule, beau-père ou belle-mère, le deuil, communément d'une année, n'est plus que de moitié. Le deuil, pour un oncle ou une tante, un frère ou une sœur, était de six mois; trois mois paraissent suffisans. Le deuil d'un cousin-germain n'est pas obligatoire; cependant, par déférence ou par amitié, on le porte six semaines ou un mois.

Le deuil a trois degrés différens : 1° Le grand deuil: des robes de laine en alépine ou mérinos, sans garniture ; schall noir sans bordure, fichu de crêpe noir, bonnet ou capote de crêpe extrêmement simple, voile de crêpe, gants et chaussure noirs : aucun bijou à moins que ce ne soit en acier bronzé, et seulement pour la boucle de ceinture. 2° Le second deuil : robe de soie avec garnitures, fichu de gaze-laine, chapeau pareil, ou même en soie et velours, perles et pierreries blanches un peu plus tard. 3° Demi-deuil : étoffes mélangées de blanc et de noir, telles que guingamps, madras, robe grise et lapis clair imitant le gris, robe blanche avec ceinture et fichu de rubans noirs; écharpes et schall de même couleur; chapeaux de soie gris, chapeaux blancs avec fleurs noires, ou même fleurs grises tirant sur le lapis. Enfin, sur la fin d'un deuil, veut-on, sans le rompre, aller dans une assemblée, paraître à un bal, une robe blanche en gaze ou soie, garnie de satin blanc, d'épis d'argent, de fleurs blanches sans feuilles, comme la turbéreuse, sont des parures de demi-deuil; ce deuil s'achève avec des brillans ou des perles; mais ordinairement on porte ce qu'on appelle *parure de Berlin.* Ce sont des plaques de fer bronzé, représentant en relief des têtes antiques, des camées, qui composent le peigne, le collier, les bracelets. Ces parures se fabriquent en Prusse et sont extrêmement distinguées.

Les veuves ne bouclent et ne montrent pas même leurs cheveux pendant tout le temps du grand deuil, qui dure trois ou six mois, suivant qu'elles suivent l'usage de Paris ou de la Province : le petit deuil se prend ordinairement à la moitié du temps que doit durer le deuil.

Le grand deuil défend d'aller aux spectacles, aux bals, aux assemblées, aux dîners de cérémonie et de plaisir. Pendant les six premières semaines on ne sort pas du tout, on ne reçoit que ses amis intimes, et l'on ne rend de visites qu'après les quarante jours. L'étiquette veut aussi que l'on ne travaille pas à l'aiguille, même avec ses parens et ses amis; on ne doit ni acheter, ni faire, ni raccommoder ses vêtemens de deuil, parce qu'il est supposé que l'on est trop accablée par la douleur pour pouvoir s'occuper, et surtout de semblables soins. Quand on se marie en cet état, ou qu'on assiste à un mariage, on quitte le deuil ce jour-là et on le reprend le lendemain. Si l'on épouse un homme en deuil, on le porte avec lui jusqu'à ce que le temps en soit expiré. Si, au contraire, l'homme est en deuil pour cause de veuvage, il le quitte le jour des noces, ne le reprend plus, et par conséquent sa nouvelle épouse ne le partage pas.

CHAPITRE V.

CONVENANCES DES PARURES ET DES COULEURS.

L'AGE, la taille, le caractère de la figure, la teinte des cheveux, mettent une telle différence entre les

femmes, qu'il est impossible qu'elles s'habillent toutes exactement de la même façon ; et si l'on en voit si
peu d'agréables, c'est que très-souvent, jeunes ou
vieilles, grandes ou petites, brunes ou blondes, avec
des traits romains ou un minois chiffonné, elles adop-
tent également les mêmes formes de robes, de chapeaux ; les mêmes couleurs, les mêmes ornemens,
lorsque la mode l'a voulu. La mode est puissante
comme la nécessité, je le sais ; il faut lui obéir ; mais
le bon sens et le bon goût peuvent parfois modifier
un peu ses oracles.

Si vous êtes d'un certain âge, non-seulement il faut
abandonner la coiffure en cheveux, les fleurs, mais
encore les écharpes, les fichus-pélerines, tout ce qui
dégage la taille, quelque belle tournure que vous ayez
d'ailleurs. Pour éviter la chaleur, vous porterez de
grands schalls de barége, de tulle ou de blonde.
Comme tout sied dans la jeunesse, nous nous dispen-
serons de rien spécifier pour cette époque de la vie.

Vos traits sont-ils nobles, graves, même un peu sévères, portez des toques, des berrets ornés de plumes,
surtout celles qui retombent en saule pleureur ; ayez
des boucles d'oreilles un peu longues et très-brillantes ;
dégagez le front autant que possible, mettez des ornemens d'acier, d'or ou d'argent entre les boucles de
vos cheveux, comme la mode l'indiquera ; garnissez
le cou, surtout s'il est un peu long : des ruches, des
collets montans, un peu ouverts, en très-belle blonde,
est ce qui vous conviendra le mieux ; votre charme est
la dignité. Si votre taille répond à votre figure, c'est-
à-dire si elle est élevée, imposante, de longues robes
de belles étoffes, avec de hautes garnitures, des schalls
très-amples qui drapent sur vos épaules, un manteau
très-large, de riches fourrures, voilà ce que vous devez
choisir.

Au contraire, êtes-vous petite, mignonne ? la beauté
de vos traits consiste-t-elle dans la gentillesse, et celle
de votre taille dans la grâce ? des robes un peu courtes,
transparentes, légères, garnies très-bas, des écharpes,
des petits fichus-pélerines, des collets rabattans pas
trop grands, surtout de jolies pointes brodées, vous
conviennent principalement ; que vos schalls ne dépas-

ient jamais quatre quarts; n'ayez de manteau que le plus rarement possible, et substituez-y un boa de médiocre grosseur : il devra accompagner votre schall. Ornez vos chapeaux et vos coiffures de fleurs, et de fleurs délicates encore, quand la mode s'y opposerait : la gentillesse de votre physionomie ressortira avec des guirlandes de jasmin, de boutons de rose, de muguet, et vous paraîtriez écrasée sous des bouquets de grosses marguerites, de lis ou de pavots.

Des robes de couleur foncée, des corsages un peu longs avec le moins de plis possible, des fichus légèrement garnis, des chapeaux évasés, est ce qu'il faut choisir lorsqu'on est chargée d'embonpoint, parce que tout cela fait paraître plus mince : par la même raison, les personnes maigres préféreront le blanc et les couleurs claires, les robes à draperie, les cols à ruches doublées ou triplées, etc.

La nuance des cheveux, le coloris du teint apportent aussi une grande différence dans le choix des couleurs. Un chapeau gros jaune, une robe de batiste écrue, enfin toutes les espèces possibles de jaune, depuis l'aurore jusqu'à la couleur paille, vont parfaitement aux brunes : des fleurs jaunes dans leurs cheveux noirs les rendent charmantes, tandis qu'avec tout cela une blonde paraîtrait presque livide; au contraire, les verts tendres, les lilas, les roses, et en même temps le noir, le brun, le violet, le gros bleu, qui font ressortir l'éclat d'une dame blonde, donneraient à une brune l'air sauvage et dur. Les bleus clairs vont, dit-on, mieux aux blondes qu'aux brunes; selon d'autres, aux brunes qu'aux blondes : je partage le premier avis. Les couleurs écossaises, où dominent le rouge et le vert, sont ennemies des brunes et fort amies des blondes.

Les couleurs rouges, depuis le ponceau jusqu'au rose, et le blanc, conviennent à toutes les femmes; cependant une personne dont la peau est un peu brune, ce qui arrive souvent aux porteuses de cheveux noirs-jais, sont très-mal en blanc ou en rouge, et ressemblent beaucoup aux mulâtresses : quant aux brunes claires, c'est différent, presque toutes les couleurs leur sont avantageuses; elles sont surtout bien en bleu céleste.

Par les motifs que nous venons d'exposer, voici le choix que les dames feront dans les pierreries : les brunes prendront des topazes, des turquoises, des rubis; les blondes des améthystes, des coraux, des perles, des émeraudes : les turquoises leur conviendront aussi. Pour les parures de fantaisie, elles s'abstiendront de colliers d'ambres, qu'elles laisseront aux brunes; mais la pâte de roses, le jais noir et blanc, les grenats, leur siéront au mieux. Il est inutile de parler des brillans qui embellissent toutes les femmes : les blondes se garderont aussi des parures d'or mat ou soufflé.

Du choix à faire dans les modes.

Quand les manches dites *en gigot* commencèrent à paraître, chacun se récria sur la bizarrerie d'une pareille mode, qui, non-seulement cache la forme du bras, mais encore le fait paraître beaucoup plus gros que le buste. Les dames, qui les premières doublèrent ces manches de bougran pour les rendre gonflantes, semblèrent avoir passé chaque épaule dans un ballon; cependant le genre de ces manches grotesques est devenu général, alors le ridicule a disparu : leur grâce de convention s'est établie aux yeux même de ceux qui la raillaient d'abord. C'est, par parenthèse, un fait à l'appui du système de M. de la Mennais, *on a cédé à l'autorité du grand nombre*, et maintenant l'on serait ridicule de ne pas suivre une mode qui l'est à l'excès.

C'est là l'histoire de presque toutes les modes, sauf que parfois certaines conventions ne prennent pas, on ne sait pas trop pourquoi : l'empire modiste a ses mystères; la bizarrerie, la laideur, ne sont pas des motifs de non-succès. Tout n'est-il pas convenable et beau, grâce à ce seul mot : *c'est à la mode;* mais enfin cela ne fait pas fortune, et l'on est forcée de jeter-là des objets que le premier ordre de la mode a fait payer le double de leur valeur.

Mes lectrices ont déjà vu, dans ce petit récit, quels seront les conseils que je vais leur donner : elles devinent que je leur recommanderai d'attendre, pour adopter de nouvelles modes, qu'elles soient un peu

établies, et que les modes précédentes soient tout-à-
fait abandonnées ; cette précaution est indispensable
si l'on ne veut pas dépenser prodigieusement de temps
et d'argent pour paraître presque toujours grotesque-
ment accoutrée : elles penseront aussi que je les prie-
rai de faire un choix dans les modes ; de ne pas adopter aveuglément les formes, les dessins tellement exagérés ou bizarres, que les étoffes, les bijoux qu'ils
gâtent, ne pourront plus servir à rien, si peu que la
vogue en soit passée, comme, par exemple, *les robes à
la Robin des Bois, les écharpes à la Dame du Lac, les
boucles d'oreilles à pendans longs de plus de deux pouces.*
Les robes rouges de sang avec de grandes raies, des
feuillages, des zigzags noirs, les robes de foulards chi-
nois avec figures d'hommes et d'animaux, enfin toutes
ces étoffes magnifiquement ridicules coûtent énormé-
ment cher, et, au bout de cinq à six semaines, en-
combrent les magasins des revendeuses à la toilette :
le moyen de porter un pareil costume quand la mode
ne l'excuse plus ! Puis ces exagérations, ces formes
baroques sont extrêmement désavantageuses ; le grand
charme de la toilette est une élégante simplicité, l'art
de faire valoir ses agrémens sans paraître y prétendre,
de tout régler dans ses vêtemens par la grâce et d'a-
près le genre de grâce qui vous est départi.

Pliez la mode à vos moyens de plaire, et non vos
moyens de plaire à la mode. Ainsi, votre main est-
elle sèche, allongée, n'ayez pas de manches à poignets ; ne les gardez pas non plus comme elles étaient
autrefois, adoptez un palliatif, un moyen terme ; une
petite bande de biais adaptée au bas du poignet, qui
garnit la main sans se rapprocher de l'ancienne
forme, une petite dentelle ou broderie bien délicate :
voilà un excellent moyen de corriger la mode et de
n'en être à la fois ni trop près ni trop loin. Agissez de même pour les formes disgracieuses du corsage ;
quoi que veuille la mode, ne le faites jamais court de
manière à comprimer la gorge, à mettre la ceinture
au niveau des omoplates, comme on le pratiquait autrefois ; ne le faites pas non plus allongé, de telle sorte
qu'il se rapproche des hanches, surtout si vous avez la
taille élancée ; car vous exciteriez un sourire de rail-

lerie chez la personne la moins disposée à se moquer.
Gardez-vous aussi de décolleter trop vos robes, et de
faire tomber les épaulettes, de façon que l'on voie le
rond de l'épaule : c'est l'œuvre d'une coquetterie de
mauvais goût ; élargissez convenablement les épaules
en plaçant les épaulettes sur le bord, mais que jamais
les manches n'aient l'air de tomber des bras. Quand
la robe est en étoffe transparente, décolletée ou sans
fichu, ce n'est plus seulement le bon goût qui s'oppose à cette pratique, c'est la décence, ce guide vigi-
lant et délicat de toutes les actions d'une femme.

Les robes trop décolletées ont l'inconvénient de
montrer la saillie des omoplates, de nuire à la grâce
de la gorge, et de faire paraître la ceinture moins
svelte ; les corsages montans à demi, tels qu'on les
porte maintenant sur le bord des clavicules, n'ont pas
le moindre agrément, ils sont trop ou pas assez décol-
letés ; les épaules paraissent rétrécies, la gorge semble
resserrée, le cou découvert justement à sa naissance
n'a plus ce contour séduisant qu'on lui remarque lorsque la robe est décolletée un peu au-dessus du sein,
ou même mieux encore plus bas ; mais alors il faut
que le tour du corsage ait une garniture quelconque,
ou bien que l'on porte un fichu. Ne peut-on pas suivre ces pratiques indiquées par le bon goût, malgré
les préceptes de la mode? Quelques modifications de
ce genre-là vous feraient très-peu perdre en élégance,
et gagner beaucoup en beauté.

L'entassement des ornemens, l'ampleur démesurée
des garnitures, la confusion des couleurs, la bizarrerie des formes, les choses désavantageuses relativement au caractère de votre taille, de vos traits, doivent être tous modifiés de la sorte ; car autrement la
toilette irait diamétralement contre son objet.

La mode veut, pendant quelque temps, que les jupes traînent par terre ; immédiatement après, elle
exige qu'elles soient au-dessus de la cheville. Dans le
premier cas, une femme a l'air empêtrée ; la robe se
salit, s'use horriblement, embarrasse de même : dans
le second, elle ôte tout l'agrément de la taille, rape-
tisse, vous donne l'aspect d'une sauteuse de corde :
est-il donc raisonnable de se réduire à ces deux excès?

CHAPITRE VI.

L'ART D'AVOIR UN MAINTIEN ET DES GESTES CONVENABLES.

§. Ier. *De la tenue.*

UNE tenue convenable est non-seulement le complément de la beauté, mais l'annonce d'une bonne éducation, et la preuve d'un sentiment habituel d'ordre, de modestie et de dignité. Egalement éloignée de la trivialité et de l'affectation, l'aisance noble et gracieuse du maintien paraît si simple, si naturelle, qu'il semble ridicule au premier abord de vouloir l'ériger en préceptes : il en est cependant, et qui en sont, pour ainsi dire, les conditions matérielles : je vais les indiquer ; ce sera ensuite à l'imitation des personnes bien élevées, à l'habitude, aux dispositions morales, aux grâces enfin, à leur donner (si l'on peut s'exprimer ainsi), le coloris convenable.

Procédons avec ordre pour procéder avec clarté.

La bonne tenue des pieds influe considérablement sur l'agrément de la taille; assise, tenez-les croisés l'un sur l'autre, le droit placé sur le gauche, posé sur la pointe, et de côté, afin de le faire paraître plus petit et plus gracieux : évitez, en tenant ainsi les pieds, d'appuyer le bas de l'un sur le soulier de l'autre, surtout si le soulier est noir, parce que le bas serait sali en peu d'instans : effacez bien le talon, et baissez la robe sur le pied de manière qu'on n'aperçoive que le bout, ou tout au moins que la moitié. En marchant, posez toujours sur la pointe du pied, mais pas tout-à-fait à l'extrémité, car cela est fatiguant, prétentieux, et force souvent à courber le corps.

Si les genoux ne doivent pas être tournés en dedans, ils ne doivent pas non plus l'être en dehors d'une manière trop marquée, c'est par trop masculin. Les croiser l'un sur l'autre est du plus mauvais ton: on en peut dire autant de l'habitude d'embrasser les genoux avec

18

les mains jointes : il faut les laisser simplement l'un auprès de l'autre à peine écartés. La tenue des bras demande un peu plus d'attention ; plusieurs manières de les porter sont très-vicieuses ; entre autres celle de les appuyer sur les cuisses en se courbant en avant , et surtout de les croiser alors de façon que chaque coude se trouve enfermé dans chaque main : celle d'étendre les mains écartées sur les genoux est presque aussi désagréable ; mais la pire de toutes est de rejeter les bras excessivement en arrière, et de les serrer contre la taille ; une personne spirituellement moqueuse appelait cela se *tenir en sauterelle,* et en effet, les bras ainsi crochus ne ressemblent pas mal aux élytres rapprochées des grosses sauterelles vertes lorsqu'elles sont en repos. C'est , du reste, le trait distinctif de l'affectation, et si j'étais faiseuse de caricatures, je le prêterais constamment à la pruderie et au bégueulisme. Ne tendez jamais le bras tout roide, mais arrondissez-le élégamment en relevant un peu le coude. Que les doigts aussi ne soient pas tendus avec roideur, mais légèrement courbés, et non moins légèrement écartés.

Le meilleur moyen de porter les bras est de les tenir au niveau de la ceinture, les mains à demi-croisées l'une sur l'autre, ou placées l'une dans l'autre : il sera bien de varier cette attitude de temps en temps ; mais non par le frottement répété des doigts ; car cette habitude est le véritable tic des prétentions.

Les épaules et la poitrine seront effacées en même temps, et non aux dépens l'une de l'autre. Vous y parviendrez en redressant naturellement les reins , et en portant le cou bien droit. La tenue de cette partie est de la plus grande importance : elle agit à la fois sur la taille et sur le visage ; un cou penché en avant arrondit le dos, rend le menton pointu, imprime à toute la personne un caractère d'embarras et de stupidité : penché en arrière, il se gonfle devant comme si on avait un goître, renverse ridiculement la tête, et fatigue le regard par son attitude forcée : complètement droit, il manque de grâce. Au lieu de tout cela, penchez-le à peine sur le côté droit ; ce mouvement léger, insensible, donne au cou une sorte de moelleux , une expression timide , caressante , pleine de charme; mais gare l'affectation !

§. II. *Des gestes.*

Parlons maintenant de l'accessoire si principal du maintien, c'est-à-dire des gestes. On n'en peut donner les règles qu'en présentant leurs abus. Rappelons donc ces gens qui croient avoir des gestes spirituels, énergiques, et fatiguent leurs malheureux auditeurs par l'éternelle répétition des tics véhémens et bizarres qu'il leur plaît de qualifier ainsi. Allonger fréquemment les bras, frapper l'air comme si l'on ramait, donner de grands coups de poing sur les meubles, battre des mains, secouer rapidement la tête, lever les épaules, se renverser en arrière, remuer les genoux, se tirer les doigts, relever et froncer tour-à-tour les sourcils, se pincer la peau du cou, du visage, des mains, etc. Tout cela est au moins fort importun et fort désagréable; cela toutefois se rencontre souvent chez les personnes vives; aussi doivent-elles apporter *quelque* attention à leurs manières. Je souligne *quelque*, parce que trop d'attention les ferait paraître guindées, et le remède égalerait le mal.

Des gestes rares, point forcés, gracieux, déterminés par l'inspiration, et non exagérés par l'habitude, sont à la fois le complément et la parure du discours : ils ajoutent à l'agrément de la figure, et donnent, pour ainsi dire, une physionomie expressive au maintien.

QUATRIÈME PARTIE.

CHAPITRE PREMIER.

CONSERVATION DES VÊTEMENS.

PARTAGE de quelques femmes privilégiées ou frivoles, l'élégance autrefois n'avait pour but que l'agréable : plus générale aujourd'hui, elle embrasse également l'utile. Tels sont, à cet égard, l'esprit du siècle, l'influence des sciences économiques, que l'un des plus brillans parfumeurs de la brillante rue Richelieu (à Paris), M. Saissy, a cru faire, et a fait effectivement une bonne spéculation, en offrant aux dames *l'arsenal de la ménagère*, pour les étrennes de 1832. C'est un *nécessaire* nécessaire renfermant, 1° de *l'encre inaltérable* pour marquer le linge (nommée *encre saissyde*) ; 2° de *l'essence vestimentale* propre à enlever les taches ; 3° de *l'essence de Tripoli* destinée à donner aux cuivres polis le brillant du neuf ; 4° de *l'encaustique au noyer*, pour lustrer les meubles ; 5° *l'insectomortifère* ou mort aux insectes ; 6° une composition pour nettoyer l'argenterie ; 7° du chlorure de chaux très-concentré ; 8° du ciment indien pour réunir les débris du verre, de la porcelaine, etc. ; 9° des papiers émerisés en verres propres à nettoyer le fer, le cuivre, l'acier, le bois, etc. ; 10° de la poudre préparée pour nettoyer les couteaux et tous les fers polis. Cette boîte est accompagnée d'un livret d'une feuille d'impression (36 pages) indiquant l'emploi de toutes ces substances, et quelques bonnes recettes d'économie domestique. Quand un semblable assortiment, devenu cadeau fashionable, remplace tous ces jouets brillans, réunion d'amoureuses images, de sucreries, de parfums et de fleurs que l'on offrait naguères aux dames, il est tout naturel de joindre à cet ouvrage quelques chapitres spéciaux sur la conservation et réparation des effets. Le premier d'entre eux traitera de la conservation des vêtemens proprement dits *le linge, les robes, les schalls.* Le deuxième, de la conservation des draps et fourrures. Le troisième enfin de la conservation des objets de parure, comme fleurs, gants, rubans, bijoux, etc. Ce premier chapitre, à son tour, se divise nécessairement en deux paragraphes, 1° *manière de ranger et de préserver les vêtemens ;* 2° *moyens d'enlever les taches qui les souillent.*

§ 1er. MANIÈRE DE RANGER ET DE PRÉSERVER LES VÊTEMENS.

ART. 1er. *Du linge.*

Le linge (chemises, camisoles, jupes, fichus de nuit, bonnets, bas,) a dû être si bien suivi, si bien reprisé avant le repassage, qu'on ne doit pas y trouver un point à faire lorsqu'on veut s'en servir. Partagé par douzaines qui le classent suivant sa qualité, il se range soigneusement dans des armoires sur les rayons et les parois desquelles on a collé du papier. Une toile de largeur, égale à celle de l'armoire, recouvre le linge qu'elle protège ainsi contre la poussière, et s'oppose à l'évaporation des douces odeurs (vitivert, iris), dont il est parfumé.

Il faut ranger en piles, dans les armoires ou commodes, le linge selon chaque espèce, et l'assortir ou trier ; c'est-à-dire placer les pièces des vêtemens selon leurs rapports ; par exemple, les camisoles auprès des chemises, les jupons près des camisoles, ainsi de suite. Il est bon de séparer chaque douzaine par un ruban de couleur que l'on suspend sur le douzième objet ; ou bien, on commence par mettre la première douzaine de chemises du côté où ce vêtement se replie sur lui-même ; et, à la seconde douzaine, on met la chemise du côté où l'ourlet se trouve réuni avec le tour-de-gorge et les épaulettes : les camisoles, les jupons, et toute autre chose, se disposent aussi de cette façon ; mais il me semble qu'il vaut mieux réserver

cette sorte de placement pour reconnaître le linge à
raccommoder, ou celui qui vient immédiatement du
blanchissage, et qui devra servir plus tard. Ces habitudes sont très-utiles pour conserver parmi votre
linge l'ordre, qui, sans elles, serait bientôt inter-
verti.

Moyennant les papiers et le rideau dont vous garnissez vos commodes et vos armoires, vous pouvez,
sans inconvénient, avoir beaucoup de linge blanchi
à la fois. Mais il n'en est pas de même pour les objets
empesés : l'empois les coupe. Il ne faut pas cependant laisser vos bonnets et fichus dans la crasse, qui
les use et les jaunit à l'excès. Prenez un moyen terme;
ne faites blanchir de fichus qu'à mesure que vous voudrez vous en servir, et *échangez* ceux qui sont salis,
pour attendre sans nul risque que leur tour arrive d'ê-
tre blanchis. *Echanger* du linge, c'est le faire tremper quelque temps à l'eau simple, le frotter un peu et
le mettre sécher. Cette facile opération emporte les
saletés avant que le tissu n'en soit fortement impré-
gné, en arrête les progrès et prépare les voies au plus
beau blanchissage.

L'*échangeage* prévient également l'embarras où l'on
se trouve pendant l'hiver relativement aux robes d'été;
car, si on les fait blanchir, quoiqu'elles soient parfaitement rangées et recouvertes, elles prennent ce
qu'on nomme un *œil jaune*, et souvent il faut les faire
reblanchir au printemps sans les avoir portées. Si on
ne les blanchit pas, la crasse les jaunit bien autrement et les use encore davantage. En les échangeant,
comme je viens de le dire, on n'a rien à redouter; de
plus, ces robes échangées laissent la place libre à vos
autres effets; car on peut les plier et les mettre en
paquets dans un coin de l'armoire.

Au surplus, cette habitude d'échanger doit s'étendre à tout votre linge, si vous ne le donnez pas souvent à la blanchisseuse, ou si vous faites la lessive chez
vous : si le linge jaunit ordinairement avec le temps,
c'est qu'on néglige une précaution si salutaire. Ainsi
que je l'ai dit, en parlant des fichus, rien n'arrête
mieux les progrès de la crasse et ne la détache du
tissu. Par cette raison, on est dispensée de faire la

lessive très-forte, ou de trop frotter le linge en le savonnant, toutes choses qui en brisent les fils. Ayez donc soin, à mesure que vous quitterez les pièces de votre linge, de le faire passer dans de l'eau froide en été et dans de l'eau tiède en hiver ; qu'il soit un peu rincé, puis étendu dans le grenier. Il sera bon, pour trouver le linge tout trié, quand on voudra le livrer au blanchissage, de mettre toutes les pièces semblables séparément. (*Voyez* le *Manuel d'Economie domestique*.)

Art. 2. *Des robes.* La forme de garniture des robes et la nature de l'étoffe déterminent la manière de les ranger et replier. Si les garnitures en sont saillantes, si l'étoffe est gommée, il faut les suspendre dans une armoire en garde-robe, en passant l'une et l'autre manche dans une espèce de bâton carré, long d'un pied trois pouces environ, arrondi par les bouts, et suspendu par le milieu, au moyen d'un crochet de fer, après une forte tringle de fer ou de bois, qui va transversalement d'un bout à l'autre de l'armoire. Les robes qui pendent après ces *porte-manteaux* (ainsi se nomment ces instrumens) ne doivent pas être trop rapprochées, afin que les garnitures puissent s'étaler librement, et que les jupes drapent sans être comprimées. Ce moyen est fort bon, non-seulement pour conserver les garnitures inférieures, mais encore celles des manches et du corsage, s'il y a lieu. Quand les robes ont des garnitures plates, ou qu'elles n'en ont pas, on peut les ranger dans une commode, en les pliant à la manière des jupons. Placez une tringle de fer à l'intérieur, le plus près possible du haut de l'armoire et près des portes ; passez-y ensuite un rideau de toute la largeur et de toute la longueur de l'armoire. Il faudra arrêter ce rideau à gauche, afin qu'en l'ouvrant et le fermant à droite, il ne vienne pas tout entier à la main : il doit cacher entièrement les robes et fermer complètement l'armoire ; ce rideau arrêtera si bien l'action de la poussière, et s'en chargera tellement, qu'au bout de quelque temps il sera extrêmement sali. Il ne faut pas attendre, pour le renouveler, qu'il le soit autant ; parce qu'en le tirant, pour prendre les vêtemens qu'il protège, on secouerait la poussière sur ces vêtemens.

Mais il est toujours plus avantageux de les suspendre, à raison des plis de la jupe, qui autrement peuvent être froissés. Beaucoup de personnes ont l'habitude de tourner les robes à l'envers, de rentrer en même temps les manches dans la jupe, et de suspendre au moyen du cordon, ou lien cousu à la ceinture, lien dont elles nouent les deux extrémités. Cet usage ne serait pas le mien : on agit avec lenteur, et les manches d'ailleurs se froissent toujours lorsqu'on tourne et retourne la robe.

Il importe si bien de conserver la fraîcheur de ce vêtement, d'y éviter les faux-plis, que j'engage mes lectrices à le faire poser, lorsqu'elles se disposent à s'habiller, sur un de ces grands porte-robes à quatre pieds et demi de haut, que l'on voit chez les marchands qui exposent en vente des robes, des manteaux, etc.

Les robes blanches veulent être repassées de nouveau lorsqu'on les remet : les robes en laine, comme mérinos, cachemirienne, doivent de temps en temps recevoir quelques coups d'une brosse douce. Quant aux robes d'étoffe légère et très-parée, il faut les nettoyer à l'aide de ces plumeaux élégans de plumes d'autruche.

Je n'ai rien de particulier à dire sur les schalls de toutes grandeurs, ni sur les fichus carrés, si ce n'est qu'ils doivent toujours être pliés carrément, au lieu d'être laissés avec le pli diagonal, parce que ce biais replié ainsi continuellement ne tarderait pas à produire un *clair*, et le clair à se déchirer.

§. 2. Moyen d'enlever les taches.

Cette instruction sur les moyens d'enlever les taches sera nécessairement fort abrégée ; nous ne traitons pas de l'art du dégraisseur ; mais elle sera suffisante pour maintenir les vêtemens en bon état.

La première condition, pour enlever toutes sortes de taches, est de ne pas attendre qu'elles aient pénétré le tissu. Immédiatement après l'accident qui a produit la tache, on l'enlève avec un simple savonnage. L'encre, le cambouis même alors ne résistent pas : un peu plus tard, des agens plus actifs sont néccssaires; enfin souvent, quand la tache est vieillie, ces agens ne suffisent plus.

ART. 1er. *Des taches simples.* On nomme ainsi les taches causées par une seule substance.

Taches graisseuses. Les taches graisseuses tiennent le premier rang dans cette série. Sur les étoffes de fil ou de coton blanc, elles passent à la lessive : sur des étoffes de coton coloré, (bon teint ou grand teint en style de fabricant), le frottement de savon sec les fait disparaître : mauvais teint, ces étoffes perdraient un peu de leur couleur par l'emploi du savon sec : le fiel de bœuf le doit remplacer, ou le savon au fiel de bœuf. Au reste, ces deux substances sont d'un usage extrêmement avantageux, et mes lectrices, si elles m'en croient, auront toujours chez elles du fiel de bœuf purifié.

Taches résineuses. Sur la soie, la laine, quand la tache de graisse n'a pas vieilli, on l'enlève parfaitement au moyen de l'alcool pur, que l'on fait tomber par deux ou trois gouttes sur la partie tachée et que l'on frotte ensuite jusqu'à siccité. L'alcool dissout aussi fort bien la cire, la térébenthine, la poix et généralement tous les corps résineux qui peuvent souiller les étoffes. Il jouit seul de cette propriété.

Deux circonstances empêchent quelquefois l'alcool d'agir seul sur les corps résineux et graisseux ; lorsqu'ils ont demeuré long-temps dans une étoffe, lorsqu'ils sont mélangés. Par exemple, on aperçoit sur une robe de soie une tache faite depuis fort long-temps : on emploie l'alcool, la tache persiste. Il faut prendre alors une très petite quantité d'essence de térébenthine récente, la mêler à l'esprit-de-vin, et frotter la tache avec ce mélange : elle disparaît à l'instant. Mais, si la térébenthine n'est pas fraîche, au lieu de combattre la tache, elle produira un *cerne* beaucoup plus grand et souvent plus désagréable qu'elle. L'alcool très-fort, pur, chauffé au bain-marie, est le seul moyen de combattre ce nouvel inconvénient.

Quand la térébenthine est chargée de graisse et qu'elle a séjourné dans une étoffe, elle est d'une désespérante ténacité. Pour en triompher sur du drap , il m'a fallu imbiber largement la tache d'alcool chauffé au bain-marie, retourner promptement l'étoffe à l'envers, l'étendre à plat sur une table, et la couvrir d'une couche très-épaisse de terre à foulon en poudre, sur laquelle j'ai passé et repassé fortement la paume de la main. Cette terre absorbante s'est emparée de la térébenthine à l'instant où l'esprit-de-vin l'avait mise en dissolution : j'ai laissé sécher, j'ai battu et brossé ensuite le drap, et j'ai réussi après d'infructueuses et fréquentes immersions d'alcool.

L'essence de citron, le jus de ce fruit, l'essence vestimentale s'emploient avec succès pour enlever les taches graisseuses récentes.

Taches mielleuses. Les taches que le sucre fondu, les confitures non acides, le miel, déterminent sur la soie et la laine, s'enlèvent à l'eau tiède.

Taches qui délustrent les étoffes. Quand l'eau tombe sur une étoffe de laine glacée, elle en fait disparaître le brillant, et produit des taches ternes. On est tellement exposée à ce désagrément par une pluie soudaine, que beaucoup de personnes n'osent porter ni drap, ni mérinos lustrés. Elles le peuvent cependant sans crainte, pourvu qu'elles veuillent prendre soin de bien secouer l'étoffe mouillée, et de la repasser encore humide, avec un fer bien chaud. Si les taches étaient sèches, elles les humecteraient d'esprit-de-vin, et les repasseraient en appuyant bien fort. Elles verraient alors le lustre revenir sur tous les points où il aurait disparu. Il importe néanmoins que ces taches ne vieillissent pas.

Taches de fruits. Les taches de fruits ne cèdent qu'à la fumigation du soufre ; pour cela, on fait brûler au-dessus de la tache, et le plus près possible, le bout d'une allumette ou un petit morceau de soufre.

Taches d'encre. Sur les étoffes blanches de fil et de coton, l'encre demi-vieillie cède au sel-d'oseille : plus ancienne, elle résiste à cet agent employé seul. Alors, pour lui donner la force convenable, on le fait fondre dans une cuiller d'étain remplie d'eau. Quand, placée sur la flamme d'une bougie, cette eau bouillonne, on en verse quelques gouttes sur la tache d'encre qui disparaît à l'instant, ou bien au bout de quelques minutes. Mais il faut bien prendre garde que nulle goutte de cette dissolution ne s'égare, parce qu'elle enlève les couleurs. Par ce motif, on n'en fera jamais usage pour ôter des taches sur une indienne, un guingamp, car elle produirait une large tache blanche, bien plus visible que ne l'était la tache noire. Sur cette sorte d'étoffe, et sur toutes les toiles peintes, il faut combattre tout de suite l'encre avec le frottement d'une feuille d'oseille, l'immersion dans le vinaigre blanc. Si cela ne suffit pas, il faut en prendre son parti.

La dissolution du sel-d'oseille dans l'étain enlève encore parfaitement les taches de rouille et les taches de cambouis, quand la substance graisseuse est enlevée au moyen d'un autre agent.

Taches d'indigo sur la broderie. Ce genre de taches est peu commun ; mais, comme je l'ai éprouvé, je veux faire profiter mes lectrices de mon expérience à cet égard. J'avais tracé un dessin avec de l'indigo sur du jaconas : je croyais faire disparaître au savonnage toutes les traces superflues de ce dessin, après la broderie terminée. Mais probablement le jaconas avait été blanchi à la chaux ; l'alcali fit tourner l'indigo au jaune brun ; il vieillit, et ni savon, ni eau de javelle ne le purent faire partir. J'imaginai de baigner ces taches opiniâtres de *chlorure d'oxide de sodium*, tout aussitôt l'indigo reprit sa couleur primitive et céda au premier savonnage.

ART. 2. *Taches composées.* Elles sont composées de plusieurs substances. Ainsi le cambouis est formé de graisse et de fer ; l'encre de la décoction de noix de galle et d'un oxide de fer ; la boue des grandes villes est formée de débris de végétaux, de terre et de limaille de fer. Chacune de ces taches demande plusieurs opérations pour disparaître. Nous savons comment on traite celle de cambouis. L'eau savonneuse emporte d'abord la partie végétale de l'encre, l'acide citrique, la dissolution de sel-d'oseille emporte ensuite la partie minérale. On en peut dire autant de la boue ; mais l'oxide étant moins fort, on le fait souvent partir avec la crème de tartre.

Quant aux taches produites par l'altération ou

l'enlèvement des couleurs, il faut la rétablir, et ce ne peut être l'affaire que d'un habile ouvrier.

Je prie mes chères lectrices d'ajouter foi à cette petite instruction sur l'art d'enlever les taches : elle ne contient pas un mot qui ne m'ait été dicté par une expérience journalière.

CHAPITRE II.

CONSERVATION DES ÉTOFFES DE LAINE ET DES FOURRURES.

S'il y a des insectes ennemis des belles peaux, il y a aussi des insectes ennemis des riches parures. Des premiers, on n'en parle pas, malgré les vigoureux efforts de l'ultra-romantisme pour mettre en relief les objets les plus dégoûtans, mais les teignes ou mites ont le privilége d'être nommées sans périphrases et sans hésitations. Les teignes donc sont un tel fléau pour les étoffes de laine et les fourrures, que la *Société d'encouragement pour l'industrie nationale* a proposé, en 1816, un prix de 3,000 fr. pour leur destruction. Ce prix a été prorogé pour 1822. Les programmes, les rapports relatifs à ces prix, l'extrait d'une excellente notice de M. Bosc sur ces insectes destructeurs, des expériences personnelles, telles sont les sources où j'ai puisé, afin d'apprendre à mes lectrices à se garantir de leurs ravages.

Il y a trois espèces de teignes; 1° la teigne fripière (*tinea sarcitella*), à ailes d'un gris jaunâtre argenté; 2° la teigne tapissière; ses ailes sont d'un blanc jaunâtre, les supérieures sont brunes à la base; 3° la teigne des pelleteries (*tinea pellionella*), à ailes d'un gris plombé et brillant. Ces teignes sont à-peu-près de la même grosseur. Toutes pondent depuis le mois de mai jusque vers la fin d'août.

Il est essentiel de bien faire attention à cette époque; parce que c'est alors qu'il convient d'user des moyens préservatifs, c'est-à-dire d'empêcher les teignes-papillons de déposer leurs œufs sur les lainages et pelleteries dont les larves doivent se nourrir. Plus tard, on a recours aux moyens mécaniques pour détacher les larves de dessus ces objets et pour les faire périr.

Pour prévenir l'action de la ponte, il faut, un peu avant le mois de mai, envelopper chaque robe, schall, palatine, boa, etc., dans une toile imprégnée de savon, de fortes dissolutions de feuilles de tabac, de feuilles de noyer, de feuilles de sureau, de poivre, de menthe, etc. Mais toutes ces odeurs sont extrêmement désagréables, et la préparation de ces toiles ne laisse pas que d'occasioner de l'ennui. On peut leur préférer la toile cirée ou la toile camphrée. Malgré l'opinion vulgaire, la *toile blanche de lessive* est moins favorable.

Le soin de bien envelopper les choses à conserver est indispensable ; car, si on les mettait dans des coffres ou dans des sacs sans cette précaution, on favoriserait le développement des larves qui se trouveraient alors dans l'obscurité et dans une température peu variable.

Le meuble dans lequel on renferme ces objets doit être placé au nord, parfaitement fermé, et ne jamais s'ouvrir, surtout le soir jusqu'à la fin du mois d'août.

On conseille de saupoudrer les lainages et fourrures de poivre, de camphre, d'y semer des brins de vitivert ; mais tout cela n'a pas une action assurée comme l'essence de térébenthine.

Vous allez, mesdames, vous récrier sur sa mauvaise odeur ; mais, après tout, ce n'est pas un inconvénient sérieux, puisque quelques jours d'exposition au grand air la font disparaître. Il en est un grave, ce sont les taches opiniâtres que cette liqueur produit par fois sur les étoffes ou les fourrures, lorsqu'elle n'est pas employée à l'état de vapeur.

On en fait usage, à cet égard, de trois manières ; 1° on imprègne de térébenthine les linges et papiers destinés à envelopper les objets à conserver, mais là quelques taches sont possibles, et, pour les prévenir, il faut laisser sécher, c'est-à-dire, évaporer une grande partie du préservatif ; 2° on renferme dans une vessie de porc de la térébenthine, et l'on place cette vessie dans le coffre aux fourrures. La térébenthine s'échappe insensiblement à travers les pores, et sa vapeur pénètre doucement tous les objets : aucune larve ne peut résister à cette action. Nous avons donc atteint le but ? Oui, mais à condition de prendre bien garde que la vessie soit toujours placée verticalement, parce qu'on n'est jamais sûre que quelques gouttes ne s'échappent par l'ouverture : oui, mais à condition que l'on saura, à point nommé, le moment où cette térébenthine brise le tissu de la vessie et s'épanche à flots. Je pense qu'il conviendrait de mettre deux vessies l'une dans l'autre, et de les renouveler chaque saison ; 3° on emploie la térébenthine à l'état de vapeur en étalant les objets à conserver dans un cabinet bien clos, et en mettant au centre, dans un poêlon placé sur des cendres chaudes, cette huile essentielle. On laisse ainsi s'exhaler la vapeur pendant vingt-quatre heures, et le succès est parfaitement assuré. Ce mode est néanmoins assez désagréable par l'infection qu'il répand dans l'habitation.

On sait que les fourreurs prennent en pension des pelleteries dont ils répondent : on dit qu'ils les enduisent avec une faible solution de perchlorure de mercure dans l'alcohol (un demi-gros par litre), ou bien encore avec la solution alcoholique d'arseniate de potasse préparée dans les proportions de 13 grains de ce sel pour un litre d'esprit.

L'huile de cajeput, dont maintenant chacun a entendu parler, grâce au choléra, jouit, pour la conservation des lainages et fourrures, des mêmes propriétés que la térébenthine, et son odeur est agréable. Mais elle est, comme on sait, d'une excessive rareté. On la distille des feuilles et de l'écorce du mélaleuque, bois blanc, dans les îles de la Sonde : il est probable, ajoute M. Bosc, que les autres sortes de mélaleuques que nous cultivons dans nos jardins fournissent aussi une huile de même nature.

Renfermer des fourrures, plumes, lainages dans des armoires construites récemment avec des planches de pin ou de sapin, c'est détruire les larves, ou mieux encore éloigner les teignes pondeuses, à raison de l'odeur de la térébenthine qui s'exhale de ce bois.

Des pommes de pin mises dans un coffre de chêne produisent un effet semblable, d'après *Réaumur.*

Il est bon de saupoudrer, de temps à autre, les objets à conserver de poudre de tabac, de coloquinte, de gentiane, de sauge, de marjolaine, de lavande, d'origan, etc.

Au surplus, quel que soit le moyen préservatif que vous avez choisi; il faut, depuis le 15 au 20 août jusqu'à la fin de septembre, sortir plusieurs fois les objets, les étaler au grand jour, les battre, les brosser, pour faire tomber les larves qui auraient pu s'introduire : jeunes encore, ces larves ne pourront résister au frottement ou à la percussion. Si vous voulez achever de les détruire, faites brûler en même temps quelques chiffons de laine, des cheveux, des plumes, et renfermez de nouveau ces effets.

Un des moyens préservatifs d'abord, puis le battage, l'exposition, et, pour plus de sûreté, la fumigation des plumes, poils, doivent être pratiqués chaque année. Quelques gouttes de térébenthine, répandues dans la chambre où l'on étale les objets, peuvent remplacer la fumigation encore plus infecte.

CHAPITRE III.

CONSERVATION DES OBJETS DE PARURE.

Des chapeaux. Substituez aux cartons dans lesquels on range ordinairement les chapeaux, des caisses de bois blanc, bien tapissées de papier, afin que rien ne puisse érailler les blondes. Sur une ou deux parois de ces caisses, suivant leur grandeur, mettez une large bande de carton léger (celui dont les modistes se servent pour faire la forme des chapeaux), de telle sorte qu'elle présente une arcade (*fig.* 8), qui puisse pénétrer dans le fond d'un chapeau. Pour clouer ainsi cette bande aux parois, cousez d'abord aux deux bouts, puis au milieu d'un des bords, de petits rubans de fil destinés à recevoir les clous. Cette arcade servira

à supporter le chapeau, et à l'empêcher de porter sur
le fond de la caisse. Nous verrons plus tard comment
elle peut aider à l'emballage de cet objet délicat.

Il est nécessaire de recouvrir les chapeaux de toilette de papiers de soie : d'avoir un léger plumail de
plumes fines pour épousseter les chapeaux de toutes sortes : de les poser avant de les mettre, ou en les quittant,
sur de grands champignons de modiste. Toutefois, les
précautions à prendre pour l'entretien des chapeaux
se bornent à peu de chose. Si le vent, ou quelque
choc ou pression en a froissé les ornemens et les fleurs,
il faut relever légèrement les uns et les autres, en les
prenant délicatement avec le bout des doigts, mais les
derniers exigent un peu plus de détails; il faut (s'il y
a lieu) resserrer les pétales, en rassemblant d'a-
bord la fleur sous la paume de la main, que l'on relève en l'arrondissant; de cette manière, on approche
les pétales écartées, et, dès que la main est ôtée, on
souffle légèrement sur la fleur, qui reprend sa forme
gracieuse. Si quelques pétales refusaient de se redresser, il sera bon de les prendre avec une petite pince
de fleuriste, ou même avec la pince de toilette, et de les
rapprocher des autres, en mettant, au besoin, infiniment peu de colle ou d'empois au point de l'insertion
du pétale. C'est le procédé dont se servent les fleuristes pour achever de donner de la grâce aux fleurs,
ou pour les redresser, en cas d'accident. Si les feuilles
sont décollées, il suffira d'appliquer sur le bas de la
feuille, au milieu, un peu de colle, à son défaut, un
morceau de pain à cacheter, blanc ou vert, et de presser délicatement cette feuille sur son pédoncule. J'ai
vu des fleuristes les raccommoder ainsi. Je parlerai
plus tard de la manière de soigner et rafraîchir les
fleurs artificielles : nous ne les considérons maintenant
que comme ornemens de chapeau. Quant aux plumes,
qu'elles paraissent ou non mouillées, il faut absolument, lorsque vous venez de sortir par la pluie ou le
brouillard, les approcher le plus près possible du feu
(la chaleur d'une colonne ou tuyau de poêle est préférable, en ce qu'on ne risque pas de brûler les plumes), afin d'en faire évaporer l'humidité; à mesure
qu'elles chaufferont, vous les verrez se redresser et dé-

velopper leurs petites barbes. Grâce à cette précaution, vous serez très-rarement obligée de faire *friser* vos plumes, opération qui les casse, et qui, pendant plusieurs jours, leur donne un air roide et commun.

Des fleurs et plumes. Cela nous conduit tout naturellement à poursuivre les conseils relatifs à la conservation des plumes et des fleurs. Il faut suspendre celles que l'on place dans les cheveux, que l'on destine aux robes, chapeaux, etc., comme les fleuristes suspendent leurs bouquets, ou les parties de ces bouquets à mesure qu'ils les terminent, ils font un petit crochet au bout de la tige, et l'accrochent après une ficelle tendue transversalement sur la table où ils travaillent; ils agissent ainsi pour empêcher que les fleurs ne se trouvent en contact avec un objet quelconque, et même ils mettent assez d'intervalle entre les fleurs voisines pour qu'elles ne se puissent toucher. L'expérience prouve qu'ils ont raison; car les guirlandes et les bouquets se fanent souvent plus dans les cartons qu'en servant plusieurs fois. Vous ferez donc très-bien de tendre de ficelles, ou de ganses rondes, un moyen carton de chapeau, et d'y suspendre vos fleurs comme le font les fleuristes : cette méthode aura encore un avantage. Ces bouquets ainsi accrochés ont les fleurs tournées vers le fond du carton, et les papiers, linges ou gazes que vous mettez sous le couvercle du carton, pour empêcher la poussière d'y pénétrer, ne chargeront ni ne pourront froisser les parties délicates des fleurs. Les guirlandes se suspendent également par un des bouts; les plumes, une à une ou en faisceau, doivent de même s'accrocher.

Des schalls et voiles. Si les schalls (surtout ceux de crêpe de Chine, de barège), les voiles ont essuyé la pluie ou seulement l'humidité, il faudra, lorsqu'ils seront secs, les repasser sous un papier non collé. Si vous négligiez ce léger soin, ils paraîtraient froissés et ternis.

Après une promenade à la campagne, il est bon d'éplucher avec le doigt, ou bien avec un grand peigne à démêler, les franges allongées de quelques schalls d'été.

Des gants. L'obligation d'avoir toujours des gants parfaitement frais et assortis à la toilette rend cet article assez coûteux. Nous allons donc nous appliquer à donner les meilleurs moyens de conserver et réparer les gants.

Vous savez qu'il est disgracieux et commun d'avoir des gants trop larges : prenez-les donc le plus juste possible, mais d'assez belle qualité pour qu'ils se tendent sans se déchirer. Pour aider à ce résultat, il est d'usage de souffler quelques instans dans l'intérieur des gants, et de les détirer doucement.

Lorsque les gants sont humectés, soit par la sueur, soit par l'humidité, il faut bien se garder de les rouler comme à l'ordinaire, mais au contraire bien les étendre, et passer même dans chaque doigt un fer à gauffrer médiocrement chaud, afin de n'en pas altérer les couleurs ni faire rider la peau.

Lorsque vos gants non-glacés seront un peu salis, vous les étendrez bien sur une table, vous détirerez bien les doigts en les aplatissant, et vous en frotterez à plusieurs reprises les deux surfaces avec de la mie de pain demi-frais, comme on s'y prend pour effacer les traits défectueux sur un dessin au crayon. Vous terminerez par passer et repasser sur le gant un linge blanc et fin. Vous agirez de la même manière pour nettoyer les gants glacés; mais, au lieu de mie de pain, vous vous servirez d'un morceau de gomme élastique. Vous frotterez, non avec la surface, mais avec les bords du caout-chouc. Pendant l'hiver, il faudra légèrement le faire chauffer pour s'en servir. Il y a des gants à peau tendre qu'il faut frotter doucement, crainte de la déchirer.

Manière de nettoyer les gants sans les mouiller.

Nous ne dédaignons aucun nettoyage, n'est-ce pas, mesdames, surtout le nettoyage des gants; car, si nous savons combien il est de mauvais ton de porter des gants malpropres ou fanés, nous savons aussi combien il faut renouveler souvent cette partie de la toilette.

Posez les gants sur une planche très-propre, prenez une petite brosse ferme, et frottez-les avec un mélange d'argile à dégraisser bien sèche et d'alun en poudre. Après les avoir bien battus et brossés pour faire tomber les matières, vous répandrez dessus du son sec et du blanc d'Espagne, puis vous les époussetez de nouveau. Cela suffira, si les gants ne sont pas très-sales ; s'ils l'étaient, vous enleveriez la crasse avec de la croûte de pain grillée et de la poudre d'os brûlés. Vous frotteriez ensuite avec de la flanelle imprégnée de poudre d'alun et de terre à dégraisser. De cette façon, vos gants seront blanchis sans le lavage, qui les gâte et les fripe toujours.

Des bijoux. Les pierres précieuses, les bijoux en or, en acier doivent être parfaitement à l'abri de l'humidité, et préservés de tout contact crasseux ou graisseux : aussi, quoiqu'on n'aperçoive aucune trace de malpropreté sur leur surface, quoiqu'ils semblent entièrement secs, il ne faut pas en croire l'apparence, et les frotter de temps en temps avec un morceau de peau blanche ou de peau chamoisée. Pour que l'occasion vous en fasse contracter l'habitude, il sera bon de mettre ce morceau de peau dans la boîte aux bijoux.

Cette précaution est surtout indispensable pour les bijoux d'acier que l'humidité couvre de rouille. On dit qu'on peut la leur ôter à l'aide d'un mélange de suie et d'huile d'olive. J'ignore si ce moyen a de l'efficacité.

Manière de nettoyer les bijoux en or.

Sans vouloir faire un rapprochement prétentieux, je dirai que les bijoux sont comme celles qui les portent ; plus ils sont jolis, délicats, plus ils demandent d'attention. Ainsi, quoique vous ayez soin de les tenir dans du coton, et recouverts de papier de soie, ils se terniront plus ou moins vite, à raison de la plus grande portion de cuivre qui se trouve en alliage dans leur composition.

Mais il est facile de leur donner plus d'éclat en faisant disparaître le cuivre qui, se trouvant à la surface, lui imprime une teinte cuivrée désagréable. Il suffit de faire bouillir ces objets dans de l'eau où l'on aura mis du sel ammoniacal. L'or, qui recouvre seul la surface, après cette opération, brillera comme s'il était sans alliage.

Les diamans montés à jour, ou formant une saillie ,

offrent, pour l'ordinaire, en-dessous, une surface
creuse dans laquelle la poussière et la crasse ne tar-
dent pas à se loger. Pour les nettoyer, on prend une
carte fine de visite, on la roule bien, et on fait pénétrer le bout dans le creux formé par la monture des
diamans.

Il est des boucles d'oreilles de pierres précieuses montées à jour, des chaînes d'or délicatement
travaillées à l'emporte pièce, qui sont d'un goût ex-
quis, mais qui s'introduisent par mille points dans les
collerettes, les blondes, les robes et schalls de soie
brochée, qu'elles tiraillent horriblement. Quelques
charmans que soient ces bijoux, défiez-vous d'eux, et
préférez-leur des ornemens plus commodes, quoique
moins gracieux.

CINQUIÈME PARTIE.

CHAPITRE Ier.

CONSEILS AUX DAMES SUR LE LOGEMENT ET LE MOBILIER.

Borner l'action de l'élégance aux vêtemens, c'est une erreur de provinciale, de parvenue ou de femme de mauvais ton. Le logement, le mobilier réclament, comme la toilette, ces soins d'ordre, d'hygiène, de gracieuse et simple dignité qui constituent la parfaite élégance. L'omission de ce qu'exigent, à cet égard, les convenances de l'état, de l'âge, du séjour, les avis de l'usage et les inspirations du goût étaient donc une faute grave dans la première édition de ce Manuel, et je vais travailler à la réparer.

Les femmes, comme nous le savons toutes, hélas! ont à peine le droit de conseil dans les affaires de l'extérieur; mais, lorsqu'il s'agit de l'habitation, des meubles, de l'ornement, c'est à leur tour de laisser aux hommes ce droit assez passif. Mais ce droit d'action, comme tant d'autres, n'a de force, de durée que par la discrétion, le bon usage. Ne restreignons donc point la part de nos maris, et servons-nous de cet unique pouvoir pour faire régner dans la maison l'agrément et le confortable.

Choix du logement. Nous le choisirons d'abord situé au levant ou bien au sud; car tout autre aspect est triste, malsain, nécessite une multiplicité, une épaisseur de vêtemens tout-à-fait contraire à l'élégance. Ne pouvez-vous faire autrement? que du moins les chambres à coucher et le cabinet de toilette jouissent de ce bienfaisant aspect. Si votre teint offre cette fraîche et douce pâleur qui ne plaît qu'aux gens délicats, ou la nuance faiblement rosée de l'églantine, ne séjournez pas habituellement au nord, et, tout en évitant le hâle, ne vous gardez pas trop du soleil ; car alors la pâleur animée, le tendre incarnat s'efface-raient, deviendraient ternes, livides, et montreraient un symptôme de maladie au lieu des traces de la pensée et du sentiment.

Outre son influence salutaire sous le rapport hygié-nique, la présence du soleil dans un appartement le colore, l'égaie, l'embellit. Les draperies ont plus de grâce, les couleurs ont plus d'éclat, le brillant des parquets, des meubles, des glaces présente des reflets plus chatoyans et plus purs, mais il ne faut jamais que le soleil y règne en maître. Il doit jouer dans les rideaux, se glisser dans les draperies et rendre seu-lement plus attrayant et plus visible ce jour voilé, si favorable à la beauté, à la rêverie, à l'amour.

Une très-mauvaise habitude de province est de se tenir dans la salle à manger et d'y recevoir. J'ai déjà dit, dans le Manuel de la politesse, combien la com-modité et la bienséance s'opposent à ce séjour dans une chambre presque nue, je dois ajouter ici com-bien l'élégance le condamne. Comme indispensable-ment la mise doit être assortie avec l'appartement, il s'ensuit que, si vous portez une robe de soie, de mousseline peinte, un berret, un bonnet garni de rubans, l'harmonie est rompue. Et d'ailleurs pas une glace pour rajuster un nœud de ruban, une boucle de cheveux, pour mettre un chapeau en sortant ; pas un joli meuble de travail, soit à l'aiguille, soit à la plu-me, qui ne soit déplacé dans un semblable apparte-ment. D'autre part, recevoir habituellement dans une chambre à coucher, surtout pour une assemblée, une réunion après un dîner de cérémonie, est tout-à-fait contraire à l'élégance, au bon ton. Cependant, tout en ayant un salon, il arrive souvent que, pour des raisons de localité ou d'économie, on reçoit dans la chambre à coucher. En ce cas, il est indispensable d'enlever tous les petits meubles qui rappellent trop spécialement sa destination, comme table de nuit, oreiller, aiguière, cuvette, etc., et de l'orner avec plus d'élégance.

Convenances du mobilier. Les rapports qui doivent

exister entre la mise et le mobilier demandent ici
quelques développemens. Beaucoup de mes jeunes
lectrices sont prêtes à m'en dispenser. Eh ! dit l'une,
ne sait-on pas qu'il est également ridicule de poser
une grossière chaussure sur un parquet brillant, sur
un tapis orné de fleurs, et d'avancer un pied chaussé
de prunelle, de bas à jour, de jolis brodequins, sur
un carreau de terre nu, mal joint, dans sa pâleur na-
tive ou sur l'ignoble chaufferette à charbon ? A quoi
bon, réplique une autre, de nous apprendre que,
malgré le culte des souvenirs, il est souverainement
niais et déplacé de porter une toilette de 1832 dans un
salon dont les trumeaux ornés de galans bergers, les
tapisseries à personnages, les meubles grêles et con-
tournés ramènent au temps de Louis VX. On ne
paraît avec l'habit d'une autre époque qu'à titre de
déguisement, et cette mascarade de mobilier n'est
pas moins grotesque que la mascarade de vêtement.
Vous avez raison, mille fois raison, mesdames, surtout à Paris ; mais allez dire cela à certaines gens de
province.

Les convenances de l'âge exercent encore à l'égard
du mobilier leurs droits rigoureux. Cinquante ans
viennent : alors, adieu aux couleurs tendres, aux ornemens gracieux, aux draperies offrant trop d'élégance ou trop d'éclat. L'oubli de cette prudente
omission, un peu triste, mais nécessaire, produit
parfois un fâcheux effet. Il arrive qu'un visiteur est
admis dans l'appartement de madame quelques momens avant qu'elle n'y paraisse : il est tout simple, en
pareil cas, d'examiner le lieu où l'on se trouve, de se
figurer l'habitante d'après l'habitation. Or, à l'aspect de
cette tenture gris-perlé, de ces fauteuils de même
couleur où se dessinent de légères couronnes azurées,
de ces vases d'albâtre, de ces corbeilles, de ces draperies de gaze et de soie bleue-céleste, le visiteur se
représente une jeune femme, fraîche, blonde, riante ;
lorsque la porte, ouverte avec une grave lenteur, lui
montre une douairière au col roide, à l'air sévère, au
tour frisé symétriquement sur un front jauni et ridé.
Ne voyez-vous pas comme le visiteur recule déconcer-
té, comme il trouve la dame laide, vieille, re-

vêche. Sans ce malencontreux contraste, il n'y eût fait nulle attention.

Par un semblable motif, veillez, mesdames, à ce que toutes les parties de la maison soient assorties à leur destination. Ne mettez jamais dans le cabinet d'étude de votre mari les pendules de fantaisie, les bois odorans, les brillans colifichets, parures d'un boudoir; ni dans cet élégant réduit les meubles simples et sévères, les gravures sérieuses, les bronzes imposans qui conviennent à cet asile des sciences, de la politique ou des lois. Ce n'est pas que je vous conseille une recherche prétentieuse, bien moins encore un choix de tableaux voluptueux, mais tout ce que peut avouer un goût pur, gracieux et tendre. Je n'insiste pas sur ces convenances; car, vous sentez qu'il appartient seulement aux parvenus, aux sots, de placer dans une chambre d'homme des vases de roses artificielles auprès d'un buste de Cicéron; d'embarrasser l'alcove d'une femme âgée d'une glace risible (assez peu convenable d'ailleurs dans tous les temps), d'orner une cheminée, de mettre un petit nombre de fauteuils parmi beaucoup de chaises dans une salle à manger, etc. C'est encore œuvre de parvenus de surcharger les consoles, commodes, secrétaires, de cristaux, de porcelaine, de riches superfluités, et de n'avoir pas un coussin, pas un écran, à glisser devant les dames.

Convenances des couleurs de l'ameublement. Mais laissons-là les parvenus et leurs sottises; car le chapitre entier n'y suffirait pas, et ce chapitre doit nous apprendre quel soin il faut apporter dans le choix des couleurs de l'ameublement, non pas seulement relativement à votre âge, mais au caractère de votre beauté.

Beaucoup de dames apportent au choix des nuances une attention presque scrupuleuse lorsqu'il s'agit d'une fleur, d'un ruban, qui durera c 'ques mois, peut-être quelques jours, et lorsqu'il s'agit d'un mobilier qui vivra des années, elles oublient tout-à-fait l'influence des couleurs. Cependant, aux reflets de ces tentures jaunes, cette blonde acquiert une fadeur désespérante. Près de ces rideaux verts, sur cette ottomanc de même couleur, cette brune foncée semble attendre la garde-malade et le médecin.

Si votre taille ne se fait remarquer par aucun défaut sensible de proportion, je n'ai aucune observation à faire, mais autrement, il y aurait quelques petits conseils à vous donner. Par exemple, si vous êtes trop grande, il vous serait désavantageux d'habiter un appartement à plafond bas, comme il vous serait nuisible, dans le cas contraire, d'avoir un plafond élevé. Etes-vous mince, maigre, d'une taille exigue, tenez-vous le plus possible dans un petit salon, un cabinet, un boudoir. Si vous avez, au contraire, beaucoup d'embonpoint, d'obésité, ces pièces resserrées les feront paraître encore davantage.

~~~~~~

CHAPITRE II.

DES HONNEURS DE LA MAISON.

Voici, mesdames, l'une de vos plus douces obligations, le moyen de vous rendre le plus utiles et agréables à vos maris, enfin l'un des droits qu'il vous importe le plus de conserver. Si votre mauvais destin vous force d'habiter avec une tante, ou une mère, ou bien une belle-mère, tâchez au moins de partager avec elle le soin des honneurs de la maison ; car, sans cela, soyez-en bien sûre, quels que soient vos agrémens, votre mérite, votre esprit, vous vous trouveriez bientôt réduites au rôle d'une pensionnaire ou d'un enfant. Vos hôtes s'accoutumeraient bien vite à porter vers votre remplaçante toutes les prévenances, tous les égards, et cela par analogie avec cet oracle bien connu :

« Le véritable amphytrion est l'amphytrion où l'on dîne. »

Usez donc de votre privilége, mais n'en abusez point : gardez-vous d'imiter ces femmes si ridiculement jalouses de leur droit, qui, dans un grand repas, préfèrent la langueur du service, l'attente des conviés, leur propre ennui au moindre partage des hon-

neurs avec une parente, une amie ; qui repoussent ai-
grement comme une usurpation toute offre de service,
et qui, rouges, essoufflées d'orgueil, de fatigue et de
faim, disent ensuite, d'un ton d'importance : « Je
n'en puis plus ; mais, quand on est maîtresse de maison !.... »

Pour achever ce beau portrait dont le modèle
abonde partout, ne voyez-vous pas que ce majordome
femelle semble plutôt un maître de pension à la
tâche, qu'une femme gracieuse et prévenante partageant le plaisir qu'elle procure aux conviés ? Ne voyez-
vous pas ceux-ci muets, contraints, ennuyés, se disant
en eux-mêmes : « Ah ! quel despote ce doit être dans
l'intérieur ! Ne voyez-vous pas surtout les jeunes filles
d'une telle mère réduites à la plus pénible gaucherie
par le manque d'habitude, par la timidité, et le
pauvre mari à qui revient en tête le discours du héros
Robert :

« Il faut toujours que la femme commande,
» C'est-là son vœu, si j'ai tort, qu'on me pende. »

Pardonnez-moi cette citation, mesdames, je la
fais entre nous, et puis d'ailleurs nous ne saurions
trop nous prémunir contre cet esprit de domination,
l'un des plus tristes fruits de la *quarantaine*; nous ne
saurions trop nous rappeler qu'alors la vanité presque
enfantine de notre sexe prend cette teinte foncée,
pour ainsi dire, et devient plus insupportable et plus
marquée de jour en jour. La précipitation, la négligence, l'embarras, tout désagréables qu'ils soient
dans une maîtresse de maison, obtiennent bien plus
l'indulgence ; mais nous n'aurons jamais besoin, mesdames, de ce sentiment-là.

Convenances du couvert.

Le luxe et les ornemens du couvert doivent être
assortis au nombre et à la qualité des convives : il serait ridicule de faire pour quatre ou cinq amis un éta-
lage de cristaux, de pièces d'argenterie. La compli-
cation du service, comme de faire au dessert changer
les couteaux, brosser la table, serait également dé-
placée alors ; mais le couvert n'en doit pas moins

offrir une exquise propreté, une élégance simple et
gracieuse. Tous les objets adoptés par l'usage pour
servir et diviser certains mets ne seront point, en ce
cas, jamais remplacés par des choses analogues et
vieillies. Ainsi, vous ne présenterez point les hors-
d'œuvre légers, tels que beurre, radis, anchois, thon,
cornichons, olives, et autres, dans des assiettes ou
plats ronds, comme le font les ménagères antiques
ou provinciales, mais vous les mettrez dans de jolis
bateaux ou coquilles en terre de pipe, porcelaine ou
verre bleu. Les salades ne seront jamais accommodées
à l'aide d'un couvert d'argent, encore bien moins d'un
ignoble couvert de fer et d'étain, mais avec le buis,
l'ébène, ou mieux l'ivoire, façon de Dieppe. Des couteaux de cette dernière substance, dits *couteaux
d'huîtres*, accompagneront ce coquillage sur votre
table. Des counelles, truelles à poisson, des cuillers
d'argent ou de vermeil à jour pour servir les olives, de
semblables cuillers pour le sucre en poudre, des
pinces de même matière pour le sucre en morceaux,
et autres élégantes spécialités annoncent le goût distingué d'une maîtresse de maison.

On en peut dire autant des objets qui suivent : un
tire - bouchon mécanique en bel acier, un affiloir
en bronze, des corbeilles à jour pour les fruits crus,
d'élégans compotiers de cristal pour les fruits cuits
ou confits : une boîte à thé en bois exotique avec ses
gracieux accessoires de vermeil ou d'argent : beaucoup de vases, de plateaux en tôle vernie d'une qualité supérieure. Je ne saurais trop du reste, recommander que les plateaux soient nombreux ; car leur
usage réitéré pour une infinité de choses est du
meilleur goût. Il est inutile de vous rappeler qu'en
hiver un tapis de laine, une sparterie en été doivent
toujours se trouver sous la table placée à demeure au
milieu de la salle à manger, et qu'il est tout-à-fait de
mauvais ton de servir les déjeuners autrement qu'à la
hollandaise, c'est-à-dire sans nappe, sur une table
parfaitement cirée, ou sur un tapis de toile peinte
cirée également.

Ce que j'ai dit sur le ridicule des décorations mobi-
lières et des meubles suranés s'applique, sans restric-

tion, aux vases, aux mets, aux ornemens de table passés de mode.

La grâce, la fraîcheur, l'élégance de votre couvert, le bel ordre du repas, la parfaite entente des honneurs sont choses fort désirables sans doute; mais elles seraient trop payées si vous vous montriez négligée sur votre personne, affairée, de mauvaise humeur, comme tant de révêches ménagères, se dédommageant ainsi, pendant plusieurs jours, des efforts que leur coûtera leur amabilité de quelques heures. Mais ce n'est pas seulement la tribu des acariâtres prédestinées pour cet écueil qui vont y donner tête baissée; il est beaucoup de dames pleines d'aménité, que l'ennui de ces apprêts rend insupportables par *intérim*, et leurs pauvres époux regardent comme une des tribulations de la vie sociale les réunions qui devraient en faire les plaisirs. Nous craindrons cet écueil, n'est-il pas vrai, mesdames, avec le même soin, que nous nous efforçons d'empêcher la monotonie, d'affadir l'uniformité de la vie commune, nous tâcherons d'empêcher que l'impatience, la maussaderie, viennent troubler les circonstances extraordinaires. Nous redoublerons de bonne humeur, d'enjouement, pour que le mari ne s'aperçoive pas de cette circonstance, ou pour qu'il s'en aperçoive agréablement. Ne savons-nous pas que les préparatifs de fête auxquels préside une joyeuse activité procurent souvent plus de plaisir que n'en donne la fête elle-même?

Ce n'est pas seulement lorsqu'on a des étrangers qu'il faut soigner les honneurs de la table, on le doit faire pour son époux, pour civiliser l'intérieur. J'emploie ce mot à dessein; car, ce qui distingue la civilisation est d'imprimer à la satisfaction de tous nos besoins un caractère de jouissance et de dignité. On le doit faire, parce que les occupations de la vie sociale, surtout pour les hommes, ne laissent presque que le temps des repas à la vie de famille, parce que l'exprience et *l'art de prolonger la vie* conseillent de consacrer ce temps à la gaieté pour rendre la digestion facile, inaperçue. Combien de motifs pour embellir votre repas par la douce causerie, la plaisanterie fine

et gracieuse, un abandon tour-à-tour tendre et spiri-
tuel, par toutes les attentions délicates qui peuvent
contribuer au plaisir. Je voudrais que la salle à manger, claire, agréable, en belle vue, fût toujours ornée
de quelques fleurs, embaumée de quelques parfums :
que la table offrît toujours du linge parfaitement doux
et blanc : que la netteté, la grâce, la quantité des
objets du service, éveillassent à-la-fois des idées
d'ordre, d'abondance et de goût : que toujours joliment vêtue, ayant toujours sur les lèvres un sourire,
un mot aimable, un récit intéressant, la jeune épouse
ne fît point comme madame Scarron, oublier les
mets absens, mais rendît plus agréables encore les
mets variés recommandés par la plus exquise saveur.

SIXIÈME PARTIE.

CHAPITRE Iᵉʳ.

DES PLAISIRS.

Dans un manuel de l'élégance, un tel sujet semble
bien important; car, en effet, que seraient les plaisirs
sans cet aimable composé de grâce, de dignité douce,
de bienséance, d'enjouement, de poésie enfin, qui
porte le nom d'*élégance?* hélas ! ce qu'ils sont chez
tant de gens ? Des bals, où le luxe, la vanité, s'efforcent vainement d'atteindre la déesse; de gastrono-
miques réunions lourdement fastueuses; de sopori-
fiques assemblées où l'avidité seule fait trêve à l'ennui; une triste nécessité, tribulation de la vie sociale,
dont on s'excuse à grand renfort de rhumes, de migraines, et d'engagemens supposés.

§. Iᵉʳ. *Des réunions.*

C'est qu'il est une erreur importante à rectifier :
le luxe n'est point l'élégance : on peut être fort peu
élégant avec de riches habits, un mobilier somp-
tueux, une table splendide. C'est l'opulence, et voilà
tout; mais l'élégance, c'est l'art de saisir vivement
ces douces et rapides nuances de la délicatesse, de la
grâce, du goût : c'est je ne sais quoi d'élevé, de ca-
pricieux, de naïf et d'aimable qui change les vêtemens en parures, anime les discours, colore les mouvemens, idéalise les besoins, enfin, répand surtout
un charme insaisissable et pourtant bien senti.

Cependant, ce que j'ai dit plus haut sur le choix
des parures pour diverses réunions, et d'autre part
les conseils du *Manuel de la politesse* à ce sujet,
semblent borner la matière de ce chapitre à quelques
généralités, mais il n'en est pas ainsi : nous sommes
dans le pays des détails. Il reste encore à mentionner
quelques préceptes de bon ton, quelques aperçus in-

génieux, quelques habitudes gracieuses concernant particulièrement les dames; toutes choses dont la place est marquée ici.

Des visites. Ne vous récriez pas; les visites sont un plaisir lorsque l'esprit, la bienveillance y président, et vous saurez bien les y fixer.

Nous connaissons le costume reçu pour les visites de différens degrés, mais nous avons omis un gentil accessoire, le *porte-cartes de visites.* Il doit offrir beaucoup d'élégance. Le bois peint et vernissé, d'autres bois odorans et précieux, la nacre, la laque chinoise, et surtout l'ivoire travaillé façon de Dieppe, forment cet objet tout-à-fait moderne.

Je ne vous dirai pas qu'il ne faut point avoir de cartes écrites; que, si vous n'êtes plus jeunes, des cartes couleur de rose, ou bleu céleste, lapis, etc., seraient d'une affectation ridicule : que, si vous êtes en deuil, vos cartes doivent être garnies d'une bordure noire, et en petit deuil, d'un gris plus ou moins foncé. Vous savez tout cela, et nous n'en parlons que pour mémoire.

Par le même motif, nous rappellerons que, dans une visite de cérémonie pendant l'hiver, on quitte son manteau dans l'antichambre, (et même dans le salon) quelque brillant qu'il soit. Mais il en est tout différemment pour son chapeau, son schall : il faut les garder, en pareil cas, et même à moins de visiter une amie, on ne doit s'en débarrasser que sur l'invitation expresse de la personne, ou après lui en avoir demandé la permission. Si le feu incommode, on peut, sans nulle impolitesse, tenir devant son visage, à distance, son mouchoir, ou son sac, mais il serait souverainement ridicule de chercher à préserver ses vêtemens de l'action du feu, soit en les relevant, les repliant, ou bien en étendant son mouchoir sur sa robe. Nous dirons aussi combien il est de mauvais ton de prendre trop de soin des objets que l'on quitte, de manifester du regret de quelques accidens survenus à ses habits, comme taches, accrocs, brûlures. Les belles manières veulent qu'on ait l'air de n'y faire nulle attention et que l'on s'empresse de parler d'autre chose, en remerciant la maîtresse du logis de la sollicitude qu'elle doit témoigner à cet égard.

Des dîners. N'avez-vous pas vu quelquefois de roides provinciales en toilette replier carrément leur schall, poser avec précaution leur chapeau, le soulever, le poser encore pour bien s'assurer si nul contact n'en froisse les ornemens? Les avez-vous vues à table étaler puis replier avec affectation leur robe, étendre leur serviette, l'attacher sur leur poitrine, recommander aux domestiques de faire attention en servant? Les avez-vous vues suivre d'un regard inquiet les plats que l'on passe sur leur épaule, reculer promptement leur chaise quand leur voisin va découper, redoubler d'anxiété quand le vin de Champagne mousse auprès d'elles? Les avez-vous vues? oui, la chose n'est pas rare; ces ridicules vous faisaient sourire, puis bientôt détourner les yeux, et vous les fixiez avec plaisir sur d'aimables jeunes femmes, d'une propreté recherchée, d'une élégance parfaite, oubliant leur parure, et montrant une aisance, un laisser aller du meilleur ton. Entre ces deux modèles, vôtre choix n'est pas douteux.

Des soirées, bals concerts, etc. Quand vous invitez les dames avec lesquelles vous avez quelque liaison, ayez soin de leur faire pressentir le degré de cérémonie et d'apprêt de l'assemblée, afin qu'elles ne soient pas exposées à pécher par excès, ou par défaut, dans leur toilette. Le premier cas les embarrasserait, le second leur donnerait de l'humeur, et le plaisir de la réunion se trouverait bien compromis. Quant aux personnes que vous connaissez peu, votre seule invitation leur indique assez ce qu'elles ont à faire. Lorsqu'on vous invitera, à moins d'amitié intime, informez-vous avec adresse, mais jamais directement.

Toutes les fois qu'une maîtresse de maison reçoit chez elle, sa mise doit être d'une gracieuse simplicité, afin de ne pas paraître rivaliser avec les invitées. Si leur parure est dérangée en quelque chose, fournissez-leur avec empressement les moyens de la réparer; mais ne leur donnez jamais de conseils pour l'améliorer, même quand ils seraient urgens. Ne leur laissez jamais croire que vous ne les trouvez pas parfaitement bien, parfaitement à la mode (ce qui se doit d'ailleurs en toutes circonstances). Si vos amies ont quelque chose de nouveau, remarquez-le, faites-leur en compliment. Il ne s'agit pas d'être vraie, mais d'être agréable.

Veillez avec le plus grand soin à la satisfaction de tout le monde, sans néanmoins y mettre la moindre affectation. Cette tâche est particulièrement délicate, lorsqu'il s'agit d'une soirée dansante; car, il faut remarquer les dames qui ne dansent pas, sans avoir l'air de l'observer, et leur envoyer des danseurs, en évitant, sur toutes choses, qu'elles s'aperçoivent de la commission. Pour remplir convenablement ses devoirs, une maîtresse de maison ne doit danser que très-peu.

Êtes-vous simplement invitée, s'agit-il d'un bal de souscription, vos obligations sont moins étroites, moins nombreuses, mais elles ne sont pas moins indispensables. Adressez poliment quelques paroles à vos voisines, même inconnues. Dansent-elles beaucoup, félicitez-les de leurs succès : sont-elles, au contraire, délaissées, ne semblez pas vous en apercevoir, surtout si vous êtes plus heureuse : gardez-vous de leur parler de votre fatigue, de leur témoigner une insultante compassion, et, si vous le pouvez, contribuez à leur procurer des danseurs, sans qu'elles ne puissent soupçonner ce bon office.

Ne critiquez la mise d'aucune dame, ou, si vous en dites quelques mots, ne le faites que devant des personnes dont vous connaissez la parfaite discrétion. Accueillez, avec une grâce enjouée et modeste, tous les danseurs, quels que soient leur âge et leur rang.

Dans les concerts de société, louez sans restriction : dans les concerts de souscription, énoncez fidèlement et modestement vos impressions, d'une manière brève, naturelle, tout en interrogeant, avec intérêt, vos compagnons sur leurs plaisirs.

§ II. *L'art de danser agréablement.*

Mes belles pupilles ont pris les leçons d'un habile maître, elles sont servies à la fois par la nature, l'habitude et le goût; cependant, je vais encore glisser quelques avis. La danse la plus simple, la plus ordinaire, comme les autres arts, s'inspire de la pensée : qu'une pensée dirige donc la vôtre : mettez-la en harmonie avec votre genre de beauté. Vos traits respirent-ils l'enjouement, la vivacité? votre taille est-elle mignonne? que votre danse soit animée. Ne craignez pas d'employer un style presque sémillant, les sissones battues, les jetés, pas d'été, etc. ; si une taille élevée, des grâces nobles vous distinguent, dansez avec une dignité décente, un calme gracieux ; les pas les moins pressés, les mouvemens les plus doux, conviennent au caractère de votre danse. Mais gardez-vous bien de tomber dans la roideur, dans un abandon maniéré ou dédaigneux, comme tant de danseuses actuelles qui, pour avoir un air élégant ou majestueux, marchent, se traînent, et se contentent de faire de temps en temps quelques pas isolés.

La tenue de la robe est chose importante. Si on la ramène trop en avant, on marque les formes postérieures, on dessine avec les bras un demi-cercle disgracieux, et, si peu que l'on rentre le torse en-dedans, on est la plus plaisante caricature. Si on l'écarte trop sur les côtés, on ressemble aux grand'mères dansant le menuet ; mais, en laissant les plis de la robe en arrière, en l'appliquant un peu sur les cuisses pour qu'elle drape agréablement, en la tenant sur la partie latérale de celles-ci, entre le pouce et l'index, on obtient une tenue fort élégante. En même temps, on tient les pieds en-dehors, arqués, de manière à porter toujours sur la pointe en relevant le coude-pied : les coudes arrondis, les doigts groupés et présentant un léger contour, analogue à celui des bras : la poitrine en avant, les épaules effacées, le buste bien d'aplomb, afin qu'il ne participe en rien aux mouvemens des jambes. La tête est droite, mais jamais fixe ; le col s'incline imperceptiblement par un mouvement répété, gracieux, en accord avec la musique, avec le genre de votre danse. Cette attitude, également éloignée de l'affection et de la roideur, est surtout importante à la walse.

Que votre regard ne soit ni baissé, ni fixe, ni errant ; qu'il s'attache sur le danseur sans paraître le poursuivre ; qu'il exprime toujours la bienveillance et la gaîté. En donnant la main à vos voisines pour la chaîne des dames, en traversant pour la queue du

chat, rendez vos mouvemens encore plus gracieux,
plus légers. Vous adresserez un sourire aimable, vous
semblerez glisser, tout en conservant la fermeté du
corps et l'exactitude de l'oreille.

Vous aurez soin, en walsant, que votre danseur ne
vous presse pas trop étroitement, et cela par un double
motif de grâce et de modestie. Vous courberez doucement la tête; vous ferez les pas très-petits, gardant bien
votre rang, et ne sautillant pas comme tant de walseurs
de mauvais goût qui gâtent à plaisir la charmante walse
allemande. Si, comme je vous le conseille, vous donnez
la main gauche à votre danseur, tandis que sa main
droite s'applique sur votre ceinture, arrondissez légèrement les bras et les doigts. Du côté où il vous sou-
tient, vous pouvez soutenir votre robe; ce mouvement est fort gracieux. Evitez de vous jeter trop en
arrière crainte de fatiguer votre walseur, et, dès que
vous sentirez la respiration pénible, arrêtez-vous; car
l'oppression, l'échauffement, la sueur rendent momentanément la plus belle danseuse un objet de ridicule et presque de pitié.

Mais ce n'est pas seulement cette fatigue instanta-
née que je vous prescris d'éviter, je veux que vous
préveniez la fatigue permanente. Sitôt qu'elle se fera
sentir, cessez de danser, cessez-le, il n'y aurait plus
ni charme, ni plaisir. Vos pas, vos attitudes n'auraient
plus ce naturel gracieux, cette facile élégance, cette
mollesse aérienne, qui prêtent aux danseuses le plus
poétique aspect. Songez-y, la danse n'est que par la
grâce: éloignez-vous avant que vos grâces s'éloignent.
Nous devons toutes avoir cette coquetterie là (1).

_____

(1) N'oublions pas, pour le bal, une sorte de petit meuble
tout-à-fait moderne, tout-à-fait élégant, mais que l'on ne doit
hasarder que lorsqu'on est bien assurée d'être danseuse en vogue;
car autrement ce serait un sujet de dérision pour les spectateurs
même les plus indulgens. Ce petit meuble est un très-minime porte-
feuille assez semblable aux porte-cartes de visite; le mot *Bal* est
tracé à l'extérieur, et, dans l'intérieur, deux feuilles de fine peau
d'âne portent l'intitulé *Contredanses.* Un léger crayon fermant le
souvenir sert à noter les contredanses promises. Un crochet de
métal est attaché à la face de dessous; on l'enfonce dans la ceinture, et le souvenir qui ne dépasse pas le ruban semble un bijou
destiné à l'orner. On fait ces souvenirs de bals en ivoire, en nacre,
en acier, en vermeil, en or, etc.

CHAPITRE II.

DES PROMENADES A CHEVAL.

L'art de monter à cheval est un des exercices les plus favorables aux dames, sous le double rapport de la grâce et de la santé. Voyez comme chacun regarde avec plaisir une amazone à la taille svelte, au maintien aisé, gracieux, légèrement assise sur un beau cheval, dont sa jolie main tient haut la bride. Le bruit des pas de sa monture ne l'empêche pas d'entendre en passant « qu'elle est bien! » Et son teint s'anime encore; son cou se redresse involontairement... Et le nôtre aussi, n'est-ce pas, mesdames? Nous nous voyons sur ce noble animal, suivies de ce flatteur murmure. Mais, si le sort malencontreux nous a donné des formes inélégantes; si nous sommes petites, malfaites, chargées d'embonpoint, renonçons à ce trône équestre; nous ne pourrions y recueillir que la dérision ou l'oubli.

Nous n'avons pas, grâce à Dieu, ce sacrifice à faire : le cheval ne nous épouvante d'aucune façon, et nous allons écouter, à cet égard, *The Young Lady's Book, riding, page* 127, (le livre des jeunes dames, art de monter à cheval). Nous y joindrons quelques conseils d'une expérience personnelle.

Habits de cheval. Puisque vous voilà écuyères, mesdames, il faut songer au petit trousseau qu'exige cette qualité. C'est, 1° un voile de gaze verte; 2° un chapeau de castor assez semblable à un chapeau d'homme; c'est, 3° un *habit de cheval*, joli costume que représente la *fig.* 13; c'est, 4° un tablier de cheval; 5° une pelisse imperméable; 7° un coqueluchon semblable; 8° des pantalons.

Pendant l'été, il convient de remplacer le chapeau de castor par un chapeau de paille, de forme à-peu-près pareille, de faire en nankin l'habit de cheval, qui, pendant l'hiver, se confectionne ordinairement en drap léger (dit drap-zéphyrine ou de dame), bleu foncé, ou gros-vert. Cet habit, à taille bien collante, et d'une forme très-avantageuse, a de longs pans destinés à s'étendre sur le côté du cheval quand la dame est montée, et à lui recouvrir les jambes : cette disposition est fort commode tant que l'on est sur l'animal ; mais, lorsqu'on en descend, et que, sans avoir le temps de se déshabiller, on veuille agir, parcourir la campagne, cet habit traînant gêne et fatigue à l'excès. Aussi, pour ces occasions, les amazones entendues ont-elles d'abord un habit de cheval de la longueur d'une robe ordinaire, puis, en étoffe pareille, un ample et long tablier plissé tout autour, qui fait l'office des pans de l'habit. Si l'on craint que ce tablier ne soit trop lourd en drap, ou trop salissant en nankin, on le fait en toile noire imperméable. Sa façon est bien simple, on le fronce par le haut, on le monte après une ceinture dont les deux bouts, terminés par un ruban, viennent boucler par-devant ; on le garnit tout autour d'un ruban de fil noir. Pour empêcher que le vent n'en soulève continuellement les bouts, on place à chaque coin, entre l'étoffe et le ruban de fil, une forte balle de plomb. On le fixe de place en place par derrière avec des cordons.

Quand on monte à cheval, on ne se borne pas longtemps à se montrer sur les boulevards, les quais, les promenades de la ville ; bientôt on veut explorer la campagne, tenter diverses excursions. Pour cela, il importe d'être à l'abri d'un soleil ardent, d'une ondée soudaine, et l'on se munit du coqueluchon, ou cape de la pelisse dont j'ai parlé plus haut.

Ce coqueluchon a la forme de celui des pelisses ordinaires, et se trouve monté sur une pèlerine ressemblant assez à la partie supérieure d'une palatine, ou à la partie inférieure d'un camail. On le fait en toile cirée, taffetas gommé, ou toile imperméable : le plus communément il est noir ou de couleur foncée. On le met sur les épaules qu'il garantit ; on l'entre sur le chapeau qu'il entoure sans le charger ; mais, pour qu'il remplace l'ombrelle que l'on ne peut porter à cheval, voici l'amélioration que je propose à mes lectrices :

Il s'agirait d'abord de tailler le coqueluchon assez

grand, pour qu'il dépassât le chapeau de quatre à six pouces : ensuite, dans l'ourlet du bord, on passerait une baleine légère et cintrée qui le maintiendrait fermement ; deux ou trois autres cercles semblables placés à distance égale, de manière que le dernier s'appuierait sur le bord du chapeau, contribueraient à faire du coqueluchon une sorte de parasol léger qui se replierait facilement sur le chapeau, lorsque cesserait la nécessité de l'opposer au soleil.

Quant à la pelisse en étoffe pareille à celle du coqueluchon, elle a la forme des pelisses ordinaires, si ce n'est qu'on la fait plus ample et plus longue, afin qu'elle entoure complètement la personne assise sur le cheval. On en trouve de toutes préparées à Paris ; mais d'ailleurs, la façon en est bien facile : on les garnit, on les leste comme les tabliers de cheval. Ces pelisses, fort légères, et sur lesquelles l'eau tombe impunément, sont indispensables pour toutes les promenades lointaines, équestres et pédestres.

Par un motif qui rend presque toutes les dames peureuses à cheval, et qui les éloigne de cet exercice agréable et salutaire, les pantalons sont d'une absolue nécessité. Je ne crains pas de dire qu'en rassurant sur certaines suites probables des chutes, ils donnent beaucoup plus de courage que tous les raisonnemens.

Nous aurons donc des pantalons analogues à ceux des petites filles : ces pantalons seront, pour les promenades en ville, blancs, en percale ou jaconas, et agréablement garnis. Pour la campagne, ils peuvent être de couleur ; mais, autant que possible, de couleur assortie à celle des vêtemens.

Choix des selles. La toilette de l'amazone ainsi disposée, il faut penser à l'équipement du cheval. Cela regarde principalement, mais non pas uniquement le sellier ; car la dame écuyère doit connaître les diverses espèces de selle, et les choisir d'après le degré de son habileté, de sa force, de l'élégance des promeneurs, de la nature des chemins, de la longueur du voyage, etc.

Mais, quand vous seriez timide, novice, ne montez jamais à la française ; craignez la position ridicule, fatigante et disgracieuse du califourchon. A moins que

les chemins ne soient décidément détestables , et qu'il
n'y ait impérieuse nécessité à se tenir ainsi en équilibre pour résister aux efforts du cheval ; n'ayez jamais
qu'une selle anglaise, et demeurez-y assise le plus légèrement qu'il se pourra.

Pour une course brillante, où vous serez entourée
d'une nombreuse cavalcade, exposée aux regards, choisissez une jolie selle en veau fauve d'Angleterre avec
avances piquées soigneusement et garnitures vertes;
bride à filet, frontail également vert : cet équipement
est de très-bon goût. Si vous en voulez un plus riche,
vous pouvez avoir une selle à quartiers de chasse pi-
qués, une selle à pommeau droit, et portant en-dessous un petit tapis élégant à la manière de l'équipage
de hussard.

Ces selles-là sont les plus légères, les plus gracieuses; mais elles n'offrent aucun point d'appui pour le
dos, et, si vous manquez d'habitude, si vous êtes délicate , si les chemins sont peu sûrs, il faut prendre
une selle à dossier volant, ou bien une selle à la fermière. La première est aussi élégante que commode.
Le dossier, formé d'une bande de bois mobile, convenablement rembourré , tient par-devant à l'un des
liéges allongés de la selle, et par derrière après un
montant. Quand l'écuyère, assise à droite, est incom-
modée par le vent ou le soleil, elle enlève, sans nul
effort, le dossier, se tourne à gauche, et le replace
derrière elle.

Moins élégante, mais encore plus solide, la selle à
fermière ressemble assez au siége du cocher des lan-
daus coupés et autres voitures analogues. On y est
assise comme sur un fauteuil : elle est très-convena-
ble pour les cavalières débutantes, et dans les mauvais chemins.

Presque toutes les selles anglaises pour dames offrent une disposition propre à réunir la solidité des
selles d'hommes à l'élégance de celles de femmes. On
y est à la fois assise, de côté et à cheval. Voici comment : Les liéges, très-élevés, écartés un peu l'un de
l'autre et rembourrés moelleusement, présentent un
intervalle qui reçoit la jambe droite de l'écuyère. Malgré l'apparence, cette manière de monter n'offre au-

cun embarras au bout de quelques jours. La dame commence à mettre les deux pieds sur l'étrier, elle s'assied sur la selle, comme à l'ordinaire, mais en se tournant à demi en face du cou du cheval; ensuite, ayant la jambe droite convenablement enveloppée, elle la soulève et la passe entre les deux liéges. Cette jambe tombe à peu de distance de la jambe gauche, l'habit ou le tablier de cheval la recouvre entièrement, ainsi que le liége le plus rapproché de l'écuyère, de sorte que l'on semble assise avec la plus grande légèreté, en se procurant presque autant d'équilibre que si l'on était montée jambe deçà, jambe delà.

Permettez, mesdames, que j'agisse, pour l'art de monter à cheval, comme je l'ai fait pour la danse, et que je vous donne des conseils que la plupart de vous ont reçus d'une bouche plus habile et plus sûre, de la bouche d'un maître. Mais, il se peut que vous soyez cavalières par tradition, par hasard; que vous le soyez grâce aux leçons d'un frère ou d'un époux, tout de feu pour votre sûreté; mas s'inquiétant d'ailleurs fort peu de l'élégance de vos poses. Si cela est, je vous dirai, mes chères pupilles, de maintenir les reins fermes, d'aplomb, légèrement cambrés; de ne pas vous tenir complètement assises de côté, mais de vous tourner à moitié devant le cheval : en même temps, suivez ses mouvemens par un mouvement imperceptible et gracieux de la tête, sans le permettre à votre corps. Arrondissez un peu les bras en tenant la bride et la houssiue. Maintenez la première un peu haute, afin de forcer le cheval à lever la tête avec grâce. Soyez ferme sur l'étrier, mais sans effort, crainte d'imprimer de la roideur à votre contenance, et de vous engourdir douloureusement les pieds.

Lorsqu'un cavalier, ou une dame écuyère, cheminera près de vous, il faudra passer la bride sur un bras, ou l'attacher au pommeau de la selle, et faire sans affectation, avec une gracieuse aisance, les gestes peu marqués, mais habituels au discours; enfin agir à cheval, comme en calèche, comme sur un fauteuil.

Tâchez, le plus tôt possible, de vous passer d'aide pour descendre de cheval et pour y monter. C'est un assujettissement incommode et de plus inélégant. Un peu de hardiesse, d'aplomb, de légèreté, développés par l'exercice, vous aura bientôt fait acquérir toute l'habileté désirable. Posez bien fermement les pieds sur l'étrier, ajustez le bas de vos vêtemens, afin de n'être ni embarrassée, ni inquiétée, puis élancez-vous par un saut rapide, par un seul bond assez bien calculé pour arriver tout d'un coup, soit sur la selle, soit en bas du cheval.

Je profite de cette occasion pour vous recommander de faire également attention à la manière dont vous montez en voiture. Se hisser lourdement avec hésitation, tout en cherchant gauchement un appui, c'est un cachet de mauvais ton, quand ce n'est pas l'annonce de la maladie ou de l'âge. Oh! quelles bien différentes idées éveille cette jeune dame qui, tout en adressant d'agréables adieux, franchit comme un trait la distance du sol au marche-pied, du marche-pied à la calèche, où déjà elle est assise, quand on s'apprête à lui donner la main.

CHAPITRE III.

DES VOYAGES.

L'élégance varie avec les circonstances : celle qu'exigent les voyages consiste uniquement dans la commodité, la facilité d'action, la simplicité : c'est une élégance toute spéciale qu'on ne soupçonne guère avant d'avoir voyagé, avant d'avoir connu l'ennui, la gêne, la perte de temps et d'effets qu'entraîne l'omission des objets dont je vais donner l'indication. Ils regardent, 1° l'emballage ; 2° les vêtemens et autres objets.

§. Ier. *Emballage d'effets délicats.*

Je suppose les malles faites, aucun détail n'étant nécessaire à cet égard, chacun sachant de quelle manière on emballe le linge; mais il en est tout autrement pour les chapeaux, les fichus gaufrés, les fleurs artificielles, etc.

Manière d'emballer les chapeaux. Quand on met les chapeaux dans des cartons, des caisses ordinaires, il faut nécessairement faire des trous pour passer les cordons qui soutiennent le chapeau, et par conséquent détériorer ces objets, ouvrir l'entrée à la poussière : l'emballage est long, difficile et jamais assuré. De plus, les cartons se froissent, se brisent par les chocs et l'humidité, et quant aux caisses ordinaires, comme il faut enlever les clous qui fixent momentanément le couvercle, il s'ensuit qu'en très-peu de temps les bords complètement usés ne peuvent recevoir ni retenir les clous. Je ne vous conseille donc point de vous servir de ce genre de boîtes ; mais, si vous le faites, du moins, collez intérieurement à l'un, clouez à l'autre des boucles de lien, de place en place pour recevoir les cordons du chapeau et vous épargner de percer des trous. Mettez aussi sur le couvercle une large toile cirée qui puisse amplement couvrir les parois. Cette dernière condition regarde particulièrement les cartons.

Caisse de voyage. Mais au lieu de prendre toute cette peine, et de courir toujours la chance d'avoir quelques désagrémens, ayez une *caisse de voyage, fig.* 10, que préparent tous les layetiers. Cette figure vous montre la caisse ouverte et vide. En *a,* est le support ou arcade de carton destiné à entrer dans le fond du chapeau et assez semblable pour la position à la *fig.* 8. Ce support est monté sur une planchette qui entre à coulisse sur la paroi de devant de la caisse, de sorte que, si la forme et la grandeur du chapeau venaient à le rendre plus embarrassant qu'utile, on pourrait le mettre de côté ; on le voit isolé *fig.* 11. En *b b b b b, fig.* 10. On voit les boucles de galon clouées intérieurement pour suspendre le chapeau à l'aide d'épingles ou de cordons. L'intérieur de cette caisse est tapissé de papier ; son couvercle l'est d'une toile cirée dont les bords tombent de six pouces environ sur les parois. Elle est fermée par une serrure.

Vous jugez déjà qu'elle est bien commode, vous allez voir qu'elle l'est bien davantage. Regardez, *fig.* 12, cet encadrement de petites parois hautes de 5 pouces, ayant un fond formé d'une grille de larges rubans de fil croisés les uns sur les autres. C'est le couvercle intérieur qui se pose au-dessus du chapeau à l'aide du liteau *c c c c*. On remplit ce couvercle de collerettes, de choses légères, qui ne peuvent éprouver aucun mal, en faire éprouver aucun au chapeau, et de cette manière on emballe en moins de vingt minutes une infinité d'objets délicats, qui, sans caisse, auraient exigé plus de deux heures.

Quand on n'a pas toujours de chapeau à mettre, et qu'on a beaucoup de fichus gaufrés, des robes d'étoffe brillante, légère ou gommée, dont le tissu ou les garnitures craignent le froissement, lorsqu'on veut emballer des fleurs artificielles, il faut faire préparer la caisse à deux fins, c'est-à-dire, la faire garnir d'espace en espace de liteaux comme *c c c c*, qui puissent recevoir autant de couvercles intérieurs à grilles de rubans de fil, après qu'on aura enlevé l'arcade fig. 11. Cependant, comme on a toujours besoin d'emballer un chapeau, et que cette caisse n'offrirait pas complètement la largeur et la profondeur nécessaires pour ce second emploi, il serait plus avantageux d'en avoir une autre destinée particulièrement aux robes de parure.

Emballage des fleurs artificielles. Si l'on craint que les robes ou fichus soient ballotés, on les fixe aux rubans de fil croisés, à l'aide de quelques épingles. Mais s'il s'agit de fleurs artificielles, il faut coudre solidement leurs tiges principales après ces rubans. On s'y prend de la même manière pour les emballer dans des cartons peu élevés. Avant de les coudre, on les étale convenablement, en les appliquant sur le côté plat.

Revenons à l'emballage du chapeau : nous en avons bien dit quelques mots qui pourraient suffire si nos lectrices étaient modistes, mais cela n'étant pas, je dois leur expliquer en détail cette importante manœuvre.

Plus le chapeau est élégant, plus l'emballage est minutieux : il faut avoir des bandes de papier de soie, et les placer *à cheval* tout autour du bord du chapeau en les fixant de place en place par un petit camion, que l'on enfonce dans la couture du bord, afin de ne

laisser aucune trace de piqûre. Ce papier a pour but
d'empêcher que le bord du chapeau ne soit usé par le
frottement, si par hasard ce frottement avait lieu. On
place aussi de pareilles bandes sous les rubans qui tra-
versent le chapeau; on en met de plus larges sur les
points où les nœuds et les fleurs peuvent frotter, fixant
toujours ce papier avec beaucoup de légèreté et de
délicatesse. Cela terminé, on place en croix sur le
chapeau deux longs rubans de fil, fixés solidement
avec des épingles sur le bord, derrière et devant,
ou bien au milieu, à la base de la forme; les quatre
bouts de ces rubans de fil sont attachés ensuite aux
boucles de galon *b b b b.* Lorsqu'on établit le chapeau
sur le support, *fig.* 9 et 11, on ne met qu'un seul ruban de fil, et l'on place le chapeau de manière que le
devant soit tourné vers le fond de la caisse. Dans le
cas contraire, le chapeau est suspendu sur les rubans
en croix, de manière à ne toucher la caisse par aucun point. On choisit entre ces deux méthodes, selon
la hauteur respective de celle-ci, du chapeau, les objets dont on veut entourer celui-ci, et autres motifs
analogues.

Manière d'emballer les fichus gaufrés. On place les
fichus verticalement dans la caisse, ou les cartons,
en les attachant par les deux bouts du col après les
boucles *b b b b;* (il va sans dire que la partie plate du
col s'appuie sur la paroi). Si la caisse dont on se sert
n'a pas de ces boucles, et même lorsqu'elle en aurait,
il est bon qu'un cordon y soit tendu d'un bout à l'autre, très-près de chaque paroi du devant et du derrière, afin que l'on puisse attacher le long de ce cordon les fichus et collerettes, comme je viens de l'expliquer. Le corps du fichu tombe ensuite librement le
long de la paroi.

§. II. *Des objets nécessaires en voyage.*

Chacun sait que les vêtemens de voyage sont simples et solides; qu'une pelisse ou un manteau sont indispensables; mais l'on est moins généralement in-
formé de la coiffure qui convient, quoique tout le
monde soit d'accord à dire que les chapeaux sont insupportables.

Je le répétais comme les autres, ennuyée que j'étais de ne pouvoir appuyer la tête sur le fond de la voiture, de heurter à chaque instant mes voisins quand j'avais mon chapeau, et de le voir froissé, brisé par chaque mouvement des voyageurs quand je le suspendais au filet, ou d'en être embarrassée à l'excès en le tenant sur mes genoux. Je le maudissais donc vigoureusement, lorsqu'une voyageuse, se disposant à passer la nuit, quitta une capote en batiste écrue montée sur baleines, et la plaça dans un grand porte-feuille ou carton à dessins qu'elle mit derrière son dos. Le matin, quand on voulut quitter la diligence, elle tira sa capote, la secoua un peu, et la remit, sans que celle-ci parut avoir souffert de son séjour dans le carton. Je me promis bien de profiter de l'exemple, et d'en faire profiter les lectrices de ce Manuel. On peut avoir cette capote élastique en taffetas, gros de Naples, cotpali, palmirienne, ou toute autre étoffe ; il importe qu'elle n'ait aucun nœud monté sur cannetille.

Une autre chose parfaitement commode en voyage, surtout en diligence et lorsqu'on passe plusieurs nuits, sont les *coussins d'air* en tissu imperméable de M. Champin, ou de la fabrique, rue du faubourg Montmartre, n° 4, à Paris (il y a un dépôt chez madame Bergeron, passage du Grand-Cerf, n° 44). Ces coussins sont en soie, exhalant une odeur analogue à celle de la jacinthe : ils sont carrés, et présentent à l'un des angles un petit robinet en cuivre, ou bouchon à vis. Ce coussin est plat ; quand on veut le gonfler, on le débouche, on soufle par l'ouverture : au bout de quelques instans, il est convenablement enflé et son élasticité est pareille à celle du duvet. L'air ainsi contenu demeure, et l'on n'a pas besoin de le renouveler souvent. Or ces coussins, que l'on rembourre si facilement, que l'on vide de même, que l'on aplatit et met dans la poche quand on ne veut plus s'en servir, sont de grande, de moyenne et de petite dimension. Les premiers, du prix de 50 francs, forment d'excellens matelas élastiques pour enfant : les seconds, qui en coûtent 15, se placent sur le siége ou banquette de la voiture, pour que le voyageur soit assis à-la-fois,

fraîchement et mollement. Les troisièmes, coûtant
6 francs, sont destinés à soutenir le coude lorsqu'on
l'appuie sur la table ou le secrétaire, en lisant, écri-
vant, etc., (et par parenthèse, je vous conseille l'emploi de celui-ci comme du précédent).

Je recommande aussi aux voyageuses de prendre,
dans le magasin de tissus imperméables, un clissoir.
C'est une précaution d'hygiène tout-à-fait salutaire
en voyage, à raison des veilles, du changement de
nourriture qui échauffent considérablement.

Il vous faut avoir un sac-porte-feuille carré pour
ranger une multitude de choses, puis encore un sac
de nuit, façon d'Angleterre. Ce sac, d'une commodité parfaite, est ainsi disposé : sa forme est celle
d'un parallélogramme allongé : les bords en sont
garnis d'une bande de peau ou de cuir : l'intérieur,
doublé de toile, est d'abord partagé longitudinalement en deux parties, au moyen d'une toile qui divise
le sac dans toute sa longueur. L'un des bouts de cette
toile est cousu avec le fond, l'autre est roulé autour
d'une tringle de fer, pour le maintenir fermement par
le haut. Voici donc déjà deux cases : l'une d'elles porte
près de l'ouverture du sac une poche en toile assez
profonde, boutonnant par le milieu après le sac, et
destinée à contenir les peignes et autres objets de
toilette que l'on ne veut pas chercher au milieu des
autres effets contenus dans le sac.

L'ouverture de ce sac est entourée de deux tringles
se joignant à charnières : au centre est une petite poignée de fer formant la fermeture au bas d'un bourrelet de peau disposé en manière d'anse ou de poignée,
ayant pour objet d'aider à soulever et à porter le sac.

Avec ces différens objets, si vous avez une cave, un
nécessaire de toilette, un autre nécessaire de table,
une chancelière, et surtout un *chauffe-pieds-bassi-
noire*, vous aurez conjuré toutes les incommodités
du voyage.

Ce dernier, peu connu, mériterait de l'être généralement. C'est une boîte ayant la forme d'une chaufferette ordinaire, excepté qu'elle est plus large, et
que le dessus est rembourré et couvert de velours
d'Utrecht, pour servir de coussin. L'intérieur est

garni de fourrures de mouton ou d'agneau, afin de servir de chancelière quand on la dégarnit ; car, pour
l'ordinaire, cet intérieur contient une sorte de flacon
en cuivre de la grandeur de la boîte. Ce flacon porte
au col une ouverture propre à recevoir de l'eau
chaude, ouverture fermée bien exactement à l'aide
d'un bouchon à pas de vis. Tout auprès de cette ouverture est une tige qui rentre à coulisse au centre
du flacon, de manière qu'elle ne sort que de quelques lignes, et paraît seulement un ornement, si l'on
juge à propos de mettre celui-ci au milieu de la fourrure, et d'appuyer les pieds dessus. Veut-on, au contraire, en faire une petite bassinoire pour se réchauffer
les genoux, les coude-pieds, pour la faire passer dans
son lit, on tire la tige, et la bassinoire se présente
immédiatement.

CHAPITRE IV ET DERNIER.

DES PETITS OUVRAGES DE SOCIÉTÉ.

Les petits travaux à l'aiguille auxquels on se livre
dans une réunion de jeunes dames, en écoutant une
amie, en suivant une partie d'écarté, sont un passe-
temps agréable, un maintien gracieux, une occasion
de montrer de l'élégance et du goût. Il serait donc
tout-à-fait déplacé, ou plutôt ridicule, d'apporter, en
ces occasions, de l'ouvrage purement utile, de l'ouvrage de ménagère qui causerait de l'embarras, et
n'offrirait nul agrément. Ainsi, faire du linge, des
robes, surtout raccommoder des bas, en compagnie,
serait une sottise et presque une grossièreté. Malgré
ses charmans résultats, l'art des fleurs artificielles en
batiste n'a été admis dans les cercles brillans de nos
prétendues travailleuses que, grâces aux soins d'a-
droits spéculateurs qui rassemblent dans de gentilles boîtes toutes les parties complètes d'une fleur
à monter.

Les bourses, la broderie, les festons, des fleurs en

chenille, de légères tapisseries, quelques jolis passe-
temps à la mode, voici les ouvrages reçus ; encore
faut-il que leurs petits outils, que les matières mises
en œuvre soient d'une élégance souvent fastueuse.
Par exemple, les dés en ivoire, en nacre de perle, en
bois de Santal, et surtout en or, sont les seuls convenables ; les dés d'argent qui noircissent le doigt, les
dés d'acier maintenant à si bas prix, sont, en langage
fashionable, des instrumens de couturière. Les valises
de carton, les nécessaires de moiré métallique pour
ranger l'ouvrage, si enjolivés, si dorés qu'ils soient,
n'en sont pas moins réputés meubles de pensionnai-
res : il faut, à cet égard, des bois exotiques, odorans,
précieux, des bois peints et vernissés, des laques chi-
noises, etc. Les ciseaux, étuis, porte-dés et autres,
sont également des objets que doivent embellir le luxe
et le goût ; car, il arrive assez communément que tout
le labeur de la soirée se borne à l'examen mutuel de
ces gracieux instrumens. Les magasins de tablettiers,
de merciers, de marchands de nécessaires fourmil-
lent si bien de ces riens délicats, de cette sorte de parure, que vous éprouverez seulement l'embarras du
choix pour fournir votre contingent.

Il est bien convenu que l'on ne travaille en société
que pour avoir un genre de contenance ; que la principale affaire est la conversation, à laquelle ce travail
sert tout au plus d'accessoire ; aussi, regardez assidue-
ment votre ouvrage, gardez le silence de l'attention ;
enfin, travaillez sérieusement, et tout en vous faisant
compliment d'être aussi laborieuse, chacun dira : « *in
petto.* » Quel air, quel ton d'ouvrière ! Après tout,
l'on n'aura pas tort, car un salon n'est pas un atelier.

Il faut donc choisir les ouvrages qui exigent le moins
d'attention : sous ce rapport, le tricot conviendrait
parfaitement ; mais c'est un travail d'enfant, qu'avec
toute la politesse du monde, il est impossible d'admirer. Or, il importe que vos ouvrages soient délicats,
jolis ; qu'ils fassent honneur à votre adresse ; qu'on
puisse les passer de main en main, et se les montrer à
l'envi : c'est de rigueur. Laissez donc là le tricot aux
petites filles, aux grand'mères, à moins qu'il ne soit
artistement travaillé à jour.

Mon intention n'est pas de vous indiquer, dans ce chapitre, tous les petits travaux dont vous pouvez vous occuper avec agrément. Il faudrait pour cela un ouvrage étendu, spécial; et cet ouvrage c'est le *Manuel des Demoiselles*, où je puis promettre que l'on trouvera la plus exacte description de tous les produits de l'aiguille. Je me bornerai à mettre ici les détails de quelques ouvrages faciles et peu connus, apparens et gracieux; d'ouvrages actuellement à la mode, et qui demandent peu de développement.

Fleurs en pains à cacheter. L'imitation des fleurs est le but principal de beaucoup d'ouvrages de femmes, surtout des ouvrages d'agrément. Quand ce but peut-être atteint avec un appareil très-simple, peu de soin et d'attention, c'est vraiment une bonne fortune pour les travailleuses de salon; et c'est sans doute à ce motif qu'il faut attribuer la vogue des fleurs en pains à cacheter. Les bobèches que l'on fait ainsi sont innombrables. Ces fleurs sont de deux sortes, les fleurs ordinaires et les fleurs préparées.

Les premières, dont on s'occupe le plus généralement, se font avec des cachets ordinaires, lustrés, le plus souvent en pains à cacheter de gélatine, si l'on veut soigner son travail. S'agit-il de préparer une bobèche, on commence par prendre un large cachet pour servir de base : on mouille avec la langue un cachet plus petit, on y applique d'une part le bout d'une feuille dont on a des paquets tout prêts, et d'autre part on colle ce petit cachet après le grand : on agit ainsi pour toutes les feuilles que l'on doit placer, et, dans l'intervalle de ces feuilles, on place des cachets plats collés à la salive et s'appuyant à demi les uns sur les autres. La base, ainsi préparée, élargie et formant le calice de la fleur, pour ainsi dire, on s'occupe à faire les pétales (1).

La chose est aisée : il s'agit seulement de gaufrer chaque cachet en le posant sur un fer à gaufrer les collerettes, quand il est médiocrement chaud : on mouille ensuite (toujours de salive; mais il serait plus

_____

(1) Pour obtenir plus de solidité, on place une rondelle de carton sous cette base.

propre et plus solide d'avoir près de soi, à cet effet,
un petit vase rempli d'eau gommée), la base des pétales, et on les applique autour du grand cachet de
manière à former un premier cercle; on en dispose ensuite un second, tous deux disposés horizontalement,
ce dernier toutefois se relevant un peu verticalement,
pour préparer la voie au troisième rang placé tout-à-
fait dans la situation verticale. Il ne reste plus que le
centre : on commence, pour le remplir, par prendre
un cachet jaune ou vert selon la couleur de la fleur,
on le replie en trois ou quatre sur l'extrémité inférieure
des étamines qui se vendent aussi en paquets préparés. Le nombre des étamines à mettre varie nécessairement; mais ordinairement il est de quatre à six.

Ce paquet d'étamines, placé au centre, on l'entoure de cachets gaufrés, profondément, placés droits,
et pressés les uns sur les autres. La fleur est alors achevée : elle présente une sorte de renoncule, d'anémone
ou de rose : on en fait cinq, six ou sept semblables,
de couleur variée, et on les applique, par le grand
cachet, à l'aide d'un autre, aux pointes ouvertes de la
bobèche de carton qui doit leur servir de support.

Ce sont les fleurs les plus communes et les plus simples : veut-on les enjoliver, et mieux imiter certaines
fleurs? 1° au lieu de courber les cachets avec le fer, on
les coupe en deux, et l'on rejoint ces deux moitiés par
la partie coupée, de manière à rapprocher les bords.
C'est ce qu'on nomme *pétale rapporté*. L'effet est encore plus agréable quand le cachet a été d'abord gaufré;

2°. Pour imiter les pétales d'œillets, de bluets, on
découpe l'un des bouts des cachets, et on retranche à
gauche et à droite sur la rondeur. On implante ensuite
ces pétales sans les gaufrer, les disposant çà et là par
groupe, et collant au milieu de longues barbes de plume
à écrire tournées un peu sur les ciseaux. Quand on
mélange des cachets blancs, et des cachets roses, on
obtient un œillet panaché extrêmement joli;

3°. Si l'on désire avoir de larges fleurs formant des
rayons comme les radices, les demi-flosculeuses, on
forme une large base, autour de laquelle on place, à
plusieurs rangées, les cachets disposés comme je vais
l'expliquer. Le centre se garnit de petites houppes

d'étamines (1), ou de morceaux de cachets découpés à petites dents.

Vous commencez par prendre un large cachet, et vous le rapportez en écartant l'un des bouts et resserrant l'autre. Dans le bout resserré, vous placez un second pétale rapporté, mais plus petit, de manière que le précédent le dépasse : après cela, à l'aide de la pince, vous courbez tellement le premier pétale que sa base vient se joindre à la base du second. Vous commencez ainsi une ligne circulaire que vous continuez en plaçant un troisième et quelquefois un quatrième pétale ; mais, comme vous allez toujours en diminuant, le dernier pétale est formé seulement de la moitié d'un cachet, mise entre l'avant dernier pétale. Tous ces pétales, disposés comme le premier, et se dépassant toujours, se courbent si bien en arrière, et s'entuilent si bien l'un dans l'autre que toutes leurs bases se trouvent réunies au même point. Ces pétales sont toujours de plus en plus petits. Si la couleur n'est pas mélangée, elle est plus claire à mesure que le pétale est plus intérieur ; sinon on néglige cette loi naturelle, et l'on met, par exemple, le premier pétale lilas, le second vert, ainsi de suite. On garnit toutes ces fleurs de feuilles artificielles en papier.

Les fleurs composées sont infiniment plus belles ; mais pourtant aussi faciles à faire. On achète des pétales en pâte de pains à cacheter, mais taillés, colorés, peints d'après nature ; on n'a d'autre peine que de les disposer et coller selon la disposition de la fleur qui sert de modèle. Ces jolies fleurs, qui produisent une illusion parfaite, ne se mettent pas en bobèche : on en fait des bouquets, des garnitures de vase, en les montant sur des tiges, des feuilles, des calices de fleurs artificielles ordinaires.

Pelotes en fleur. C'est encore un ouvrage du même genre, c'est-à-dire offrant de gracieux résultats et beaucoup de facilité. On prépare le sac en toile d'une petite pelote ayant à-peu-près la forme d'une *grimace*. Etant enfants, nous avons toutes connu ces pelotes-là : on l'emplit de son, puis, on la recouvre de taffetas ou

(1) A cet effet, on met à plat au centre de la fleur des cachets bien mouillés l'un sur l'autre jusqu'à ce que la surface soit bombée, puis on saupoudre avec de la poudre colorée.

de satin de la couleur de la fleur que l'on veut imiter.
Cela fait, on assujettit bien au centre, avec une aiguille enfilée de gros fil ou de forte soie, la tige garnie
de ses feuilles, boutons et solidement implantée dans
un pied garni de mousse. Après cela, on a des pétales
de rose ou de pavots, on les colle avec de la pâte de fleuriste, (ou de la colle, de l'amidon, de la gomme arabique, il n'importe), autour de la pelote formant le centre
de la fleur. Avec une brucelle, on les courbe, on les étale
comme l'exige la nature : on place ensuite à la base
extérieure de la fleur et à l'extrémité supérieure de la
tige les folioles du calice, puis, on pousse au-dessous
le calice lui-même, que l'on a dû probablement enfiler
dans la tige avant de coudre celle-ci après la pelote.
On termine en garnissant cette dernière d'épingles.

Décalques sur bois. La mode, qui n'a pas toujours
tort, quoiqu'en dise la prévention des gens spécialement raisonnables, a mis en honneur ces jolis décalques sur bois qui embellissent nos écrans, nécessaires,
boîtes, porte-feuilles, et forment même d'agréables
petits tableaux. Nous allons obéir à la mode et nous
en occuper, n'est-ce pas, mesdames, d'autant mieux
que, suivant la devise de ce chapitre, nous paierons un
charmant succès avec de bien faibles efforts.

Voici les matériaux nécessaires :

1°. Des gravures sur vélin ou sur papier ordinaire :
on peut aussi décalquer des gravures coloriées représentant des fleurs : rien n'est d'un emploi plus élégant
et plus gracieux. On les renferme dans un joli porte-
feuille ou carton à dessins;

2°. Une petite bouteille de vernis, et une bouteille
semblable d'encaustique approprié. Vous trouverez ces
deux liqueurs chez tous les merciers bien assortis; mais,
si vous voulez les faire préparer, en voici la recette.

Vernis à l'esprit de vin.	*Encaustique.*
Esprit de vin . . . . . 8 onces.	Esprit de vin . . . . . . 4 onces.
Mastic en larmes.. . . . 1 once.	Mastic en larmes. . . . 1/2 once.
Sandaraque en larmes . 1/2 once.	Sandaraque en larmes *id.*
Térébenthine de Venise 3/4 d'onc.	Térébenthine de Venise 3/4 d'onc.

Ces deux préparations demandent les mêmes soins;
elles se font au bain-marie sur un feu doux et toujours
égal.

Mettez l'alcohol, le mastic et la sandaraque, dans

un vase qui ferme exactement : couvrez-le, et faites dissoudre les gommes, en remuant, de temps à autre, avec une spatule de bois. Ces gommes doivent être très-blanches et sans aucuns corps étrangers. Lorsque les matières sont fondues, vous ajoutez la térébenthine en tournant, et vous laissez le tout quelques momens sur le feu, pour que l'ébullition achève d'incorporer la térébenthine avec les matières en fusion. Cela fait, vous passez le mélange à travers un linge, vous laissez reposer pendant deux ou trois jours, en tenant toujours le vase hermétiquement fermé, afin que la préparation ne s'évapore et ne s'épaississe point. Décantez-la ensuite dans une bouteille pour vous en servir dans l'occasion. Si elle s'épaississait en vieillissant, vous l'éclairciriez au point convenable en ajoutant une suffisante quantité d'alcohol, tout en agitant le mélange avec un léger pinceau.

Une maîtresse de pension, qui exécute et fait exécuter journellement de jolis décalques, m'a conseillé de remplacer l'esprit de vin par l'éther, et de diminuer d'un tiers au moins la dose d'essence de térébenthine. Je crois qu'il faut suivre ce conseil.

Maintenant, supposons que vous vouliez faire des décalques sur une petite corbeille de bois. Vous vous procurez cette corbeille en bois blanc, poli et léger. 1° Vous enduisez sa surface de vernis avec un pinceau doux en blaireau. Vous laissez sécher, et vous choisissez les gravures que vous voulez mettre sur le fond, puis sur les parois. Nous allons commencer par le fond ; 2° vous plongez, dans une assiette remplie d'eau, votre gravure, et vous l'y laissez environ cinq minutes ; 3° vous la retirez ensuite, vous la placez entre deux linges pour absorber l'eau, puis vous la posez entre les feuilles d'un livre relié ; 4° quelques momens après, vous trempez d'encaustique un autre pinceau doux, et vous enduisez bien exactement toute la surface de la gravure, prenant bien garde de n'omettre aucune partie, car l'opération ne réussirait pas ; 5° vous appliquez, après cela, votre gravure sur la corbeille, en évitant de former aucuns plissemens, puis vous étalez dessus une feuille de papier ; 6° cela fait, vous prenez une cuiller d'argent, à bouche, et vous la passez et repassez sur la gravure, afin de la bien faire pénétrer dans les pores du bois; 7° cette manœuvre achevée, vous enlevez la feuille de papier, et vous frottez peu-à-peu avec le pouce et l'index de la main droite, la gravure qui, appliquée à l'endroit, présente l'envers au frottement des doigts. A mesure que vous frottez, le papier de la gravure se détache, se roule, et les traits gravés demeurent sur le bois; 8° vous mouillez alors un petit linge fin d'huile d'olive, et vous en frottez la partie gravée de la corbeille, sur laquelle le dessin apparaît avec une netteté parfaite. On termine par passer une couche ou deux de vernis quand le bois est parfaitement sec; mais il est une manière de vernir plus compliquée, plus belle, et que je vais vous indiquer.

Appliquez sur la pièce huit ou dix couches de vernis, ayant soin de ne pas faire passer le pinceau plusieurs fois à la même place, et de laisser sécher la première couche avant de commencer la seconde. Le nombre des couches n'est point déterminé, mais ordinairement huit ou dix couches couvrent suffisamment le décalque. Laissez sécher le vernis jusqu'à ce que l'empreinte du doigt ne s'y marque plus; après une assez forte pression, frottez alors avec de la prêle ou du papier de verre, n° 1, afin d'enlever toutes les ondulations que laisse le pinceau. Lorsque la pièce présente une surface bien lisse, sans inégalités, appliquez deux dernières couches bien étendues, laissez-les sécher au moins quarante-huit heures. Après cet intervalle, frottez avec un morceau de feutre mouillé et de la pierre-ponce pilée très-fine, jusqu'à ce que le brillant du vernis soit enlevé par tout, et que la pièce soit terne comme une glace dépolie. Il faut avoir la précaution de mouiller souvent son feutre pour éviter de tracer des lignes qu'il serait difficile de faire disparaître. Frottez avec un autre morceau de feutre et de blanc d'Espagne délayé à l'eau pour rendre le brillant, séchez la pièce en la frottant doucement avec la paume de la main.

Porte-alumettes en osier peint.

Cet ouvrage n'est, à vrai dire, qu'un gentil jeu conseillé par la mode. Vous allez voir plutôt : il s'agit d'avoir, 1° une rondelle et un cercle de carton percés circulairement de trous à peu de distance du bord, 2°; un paquet de morceau d'osier peint en rouge, que l'on entre dans les trous des rondelles, de manière à présenter une galerie circulaire. Pour empêcher les morceaux de se déplacer, on passe au-dessous très-peu d'eau fortement gommée, ou d'amidon teint en rouge par une très-petite quantité de vermillon. Pour rendre le porte-alumette plus joli, on peut coller une gravure sur la rondelle, et colorier le cercle agréablement.

Manière d'imiter parfaitement la blonde.

Ne vous récriez pas, mesdames; malgré l'apparence, nous serons fidèles à la condition des ouvrages de société : *jolis résultats obtenus sans trop de travail.*

Un des objets les plus onéreux de la toilette des dames est la blonde sans contredit. Onéreuse déjà par son prix élevé, elle le devient d'autant plus qu'elle se flétrit bien vite, que son blanchissage est coûteux, imparfait, et qu'enfin il se répète rarement deux fois, jamais trois. Cependant, pour peu qu'on aille dans le monde, qu'on ait une mise soignée, l'usage de la blonde est indispensable à tout âge. Point de toilette de bal, de salon, de parure de ville élégante où elle ne figure, soit aux robes, aux fichus, aux bonnets, aux chapeaux. On l'emploie non seulement comme garniture, mais comme étoffe, puisqu'on en fait des mantilles, des voiles, même des robes. De plus, elle semble échapper aux caprices de la mode; car, si cette bizarre et gracieuse souveraine admet, rejette, admet de nouveau certaines dispositions de la blonde, elle ne proscrit du moins jamais son emploi.

Ces motifs ont fait chercher depuis long-temps les moyens de remplacer la blonde en l'imitant; mais ces moyens ont tous des inconvéniens. En premier lieu, la *fausse-blonde*, ou tulle de soie en bande brodé, a l'intolérable défaut de s'érailler, s'étirer en peu de temps, de manière à présenter une masse hérissée, confuse, du plus désagréable aspect. Les autres imitations, faites sur de véritable blonde en pièce, soit

en la brodant en reprise, soit en y appliquant des
fleurs de blonde, sont préférables ; mais elles ont chacune leur désagrément. Dans le premier cas, la soie
est toujours trop grosse et le point trop allongé, quoiqu'on fasse, pour produire de l'illusion ; puis ce travail est d'une extrême lenteur et demande beaucoup
d'application. La seconde méthode offre plus d'avantages : elle est expéditive, elle donne de jolis produits ;
mais la blonde appliquée ne se blanchit pas, ou du
moins très-mal ; les fleurs d'application sont coûteu-
ses : dans beaucoup de villes de province on n'en
trouve pas, et la nécessité de les faire venir de Paris
ou de Lyon diminue beaucoup le bénéfice dans l'es-
poir duquel on entreprend cette opération.

Avertie, par l'expérience, des inconvéniens de ces
trois méthodes, j'ai cherché à rendre cette application
à bon marché, prompte, solide et facile en tous lieux.
Je crois pouvoir me flatter d'avoir atteint le but, et
je veux faire profiter mes jeunes amies de ma petite
découverte.

Ayez, mesdames, de la blonde en pièce (supposons
que ce soit une voilette), achetez de la gaze brochée,
dite *gaze-blonde* dont on fait de si jolies robes de bal ;
les fleurs ressemblent beaucoup aux dessins de la
blonde, il ne s'agit que de bien choisir. Appliquez
votre voilette sur du papier jaune ou bleu pour mé-
nager la vue : ayez des fleurs de gaze-blonde décou-
pées par petits carrés, et disposez-les avec grâce et
régularité sur la voilette, en les attachant par des ca-
mions. Montez votre ouvrage ; faites ensuite, dans
les espaces ménagés à cet effet entre les fleurs, des
jours à œil de perdrix, dits *jours de blonde*, (vous
pouvez les omettre quand la blonde a peu de hauteur) et des brides à l'échelle qui servent à éclaircir
et à fixer vos fleurs. Prenez ensuite une aiguille enfilée de soie fine à faire les jours, et faites tout le long
des contours du dessin une sorte de petit cordonnet
pour assujétir ce dessin sur la blonde : cela terminé,
passez à points-devants une soie demi-torse sur ce
cordonnet pour imiter le liseré des fleurs de blonde.
Passez un semblable fil de soie pour tracer les dents,
démontez, découpez autour des contours les parties

surabondantes de la gaze restées aux fleurs, et votre
broderie est terminée. Ce découpage est extrêmement facile, parce qu'on voit à travers la gaze les réseaux de la blonde, et, qu'avec un peu d'attention, on
évite de les couper.

Si vous voulez travailler avec la plus grande rapi-
dité, et que vous ne teniez pas à faire blanchir votre
voilette, vous pouvez vous dispenser de faire le cordonnet de soie fine.

Pour achever votre travail, vous découpez la blonde
le long du tracé des dents, de manière à ce qu'elle
dépasse ce tracé de deux à trois lignes, puis, avec la
soie fine, vous faites un point de froncé sur le tracé,
de manière à présenter un cordonnet. Cette précaution est nécessaire pour empêcher que les réseaux ne
se lâchent. Vous terminez par coudre un picot de
blonde à ces dents ainsi cordonnées, et par repasser
avec un fer légèrement chaud.

Vous savez qu'il ne faut point ourler ni rouler les
côtés de la voilette, mais y faire un dessin pareil à
celui du devant, quoiqu'un peu plus petit.

Toutes les dames, toutes les modistes qui ont vu
cette imitation de la blonde, se sont promis de l'essayer : j'engage donc bien mes chères lectrices à s'occuper d'un travail dont le succès est assuré.

Manière de préparer les pastilles, grains, colliers
odorans, camées et autres objets de parure.

Parmi les jolis ouvrages qui peuvent servir de délas-
sement, il en est peu de plus agréables que celui-ci.
Voici comment vous l'exécuterez :

Vous prendrez, poudre d'iris.......... 1 once.
Poudre de Chypre..... idem.
Poudre de mousseline.. idem.
Colle de poisson....... 6 gros.
Gomme adragante.... 2
Noir de fumée........ 2
ou deux cornets ordinaires.
On peut supprimer la poudre d'iris.

Vous ferez dissoudre la gomme adragante et la colle
de poisson dans de l'eau bouillante : vous en ferez une
dissolution très-épaisse, et, vous y ajouterez les pou-

dres bien mélangées ensemble, à sec, dans une boîte ou dans une bouteille bien sèche. Quand la pâte est bien homogène, vous la roulez en rouleaux de grosseur convenable ; vous coupez ces rouleaux en petits morceaux, que vous roulez entre les doigts pour en former de petites boules, comme les pharmaciens forment les pilules. Vous pouvez vous servir, pour cet usage, de l'instrument connu dans les pharmacies sous le nom de *pilulier*. On peut aussi facilement mouler cette pâte, de manière à obtenir une grande variété de formes et de dessins en relief, tels que camées, ornemens et bijoux de différens genres.

On varie ce genre de composition suivant les goûts, et on forme des colliers élégans qui peuvent faire de jolis cadeaux d'amitié. Nous donnerons encore les deux compositions suivantes qui peuvent se faire très-économiquement.

Prenez, pétales de roses doubles......	2 onces.
Noir de fumée.............	1 gros ½
Colle de poisson...........	1 once.
Gomme adragante..........	½

Vous pilerez les roses dans un mortier, en les mélangeant avec le noir de fumée, et vous procéderez pour le reste ainsi qu'il a été dit plus haut.

Ou bien prenez : Fleurs de menthe ou de jasmin...........	1 once.
Gomme adragante..	½
Vermillon.,.......	2

Vous aurez, par ce moyen, des pastilles colorées en rouge, et il sera facile de varier les teintes en employant des couleurs végétales ou minérales de différens genres.

———

Tel est, mesdames, le Manuel que je mets sous votre protection. Les femmes ont tant d'intérêt à ce que l'empire de l'élégance s'étende, se généralise de plus en plus ; elles lui doivent tant de prestiges, de douces joies, de fraîche et riante poésie, que vous voudrez bien, je l'espère, faire cause commune avec l'auteur.

FIN.

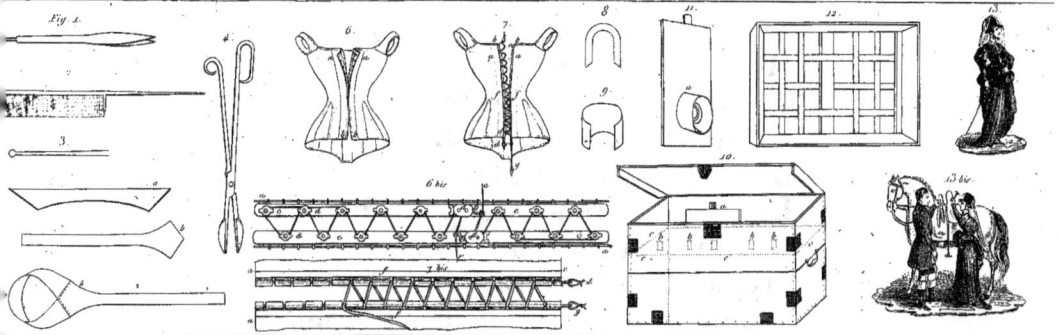

Fig. 1.

3.

6.

7.

8.

9.

11.

12.

10.

6 bis.

7 bis.

13 bis.

TABLE DES MATIÈRES.

DEUXIÈME PARTIE.

SIXIÈME PARTIE.

FIN DE LA TABLE.

TROYES. — IMPRIMERIE D'EUGÈNE SAINTON.

www.ingramcontent.com/pod-product-compliance
Lightning Source LLC
Chambersburg PA
CBHW070801270326
41927CB00010B/2234

9 7 8 2 0 1 2 7 4 8 5 1 4